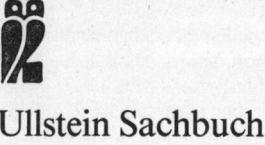

Ullstein Sachbuch

ÜBER DAS BUCH:

All die verflixten Fehler, die jedem Schachspieler unterlaufen können, sind in der Schachgeschichte schon einmal passiert. Es gibt also eine hervorragende Möglichkeit, aus Fehlern einen wirklichen Nutzen zu ziehen. Das Nachspielen der 500 Kurzpartien in diesem Buch macht vor allem Spaß, ist aber lehrreich dazu. Der russische Autor Mazukewitsch hat die Beispiele ausgewählt, die zugleich klassische Fehlersituationen aufzeigen und originelle Kurzpartien sind. Seine humorigen Kommentare regen den wißbegierigen Schachfreund zum vergnüglichen Lernen an.

Anatoli Mazukewitsch

Verflixte
Fehler

Ullstein Sachbuch

Ullstein Sachbuch
Ullstein Buch Nr. 34852
im Verlag Ullstein GmbH,
Frankfurt/M – Berlin
Aus dem Russischen
übersetzt von Walter Rhein

Ungekürzte Ausgabe

Umschlagentwurf:
Hansbernd Lindemann
Unter Verwendung eines Fotos von
Mechthild Wilhelmi, Berlin
Printed in Germany 1992
Druck und Verarbeitung:
Ebner Ulm
ISBN 3 548 34852 1

März 1992

Die Deutsche Bibliothek –
CIP-Einheitsaufnahme

Macukevič, Anatolij A.:
Verflixte Fehler: 500 lehrreiche
Minipartien / Anatoli Mazukewitsch. [Aus
dem Russ. übers. von Walter Rhein]. –
Ungekürzte Ausg. – Frankfurt/M; Berlin:
Ullstein, 1992
    (Ullstein-Buch; Nr. 34852:
    Ullstein-Sachbuch)
    ISBN 3-548-34852-1
NE: GT

Inhalt

Vorwort

Heutzutage finden sich in den Schachpartien kaum noch prinzipiell neue Fehler. Alle Fehler, die dem Schachfreund unterlaufen, haben andere in dieser oder jener Form schon längst vor ihm gemacht.

In diesem Buch hat der Autor 500 Partien zusammengestellt, die durch grobe Fehler rasch entschieden wurden. Das Nachspielen der Kurzpartien wird dem Leser gewiß Vergnügen bereiten. Gleichzeitig lernt er eine Vielzahl von typischen Fehlern kennen und wird dadurch gegen mancherlei Verlockungen und Reinfälle gewappnet.

Die moderne wie auch die ältere Schachpraxis bietet mannigfaltige scharfsinnige und schnell beendete Partien. Für das vorliegende Buch wurden Beispiele ausgewählt, in denen der Kampf gewöhnlich nicht länger als zwölf Züge währte. Ausnahmen bilden Partien, in denen der Sieger zu diesem Zeitpunkt praktisch schon feststand oder umgehend ein Matt erfolgte.

Über Kurzpartien wurden bereits zahlreiche Bücher geschrieben. Dennoch kann bis heute niemand genau sagen, wieviel Züge eine Kurzpartie im Höchstfall umfassen darf. Definitionen, die den Bereich der Kurzpartie eingrenzen, gibt es nicht. Der Autor hat sich einfach für das „runde Dutzend" als obere Begrenzung entschlossen. In derartig kurzen Auseinandersetzungen verläuft das Gefecht oft sehr vehement; die Angriffe sind scharf und eindrucksvoll, der entscheidende Fehler ist deutlicher erkennbar.

Der Autor würde sich freuen, wenn sein Ratgeber über typische Eröffnungsfehler den Leser auf dem Wege zur schachlichen Vervollkommnung voranbringt.

A. Mazukewitsch

Offene Spiele

Die unter den Schachliebhabern populärste Eröffnungsgruppe beginnt mit den Zügen 1.e4 e5. Nach dem darauffolgenden 2.♘f3 muß sich Schwarz um den Angriff auf den Bauern e5 kümmern. Er kann entweder einen Gegenangriff auf den Bauern e4 mittels 2. ... ♘f6 (Russische Verteidigung), 2. ... f5 (Lettisches Gambit) und 2. ... d5 starten oder aber seinen Bauern e5 mit 2. ... d6 und 2. ... ♘c6 decken, was wiederum zu neuen vielgestaltigen Eröffnungsverzweigungen führt. Eine wenig ratsame Seitenlinie, die aber in dieser Fehleranthologie nicht übergangen werden kann, stellen die unregelmäßigen Verteidigungen des Bauern e5 dar: 2. ... f6, 2. ... ♗d6, 2. ... ♕e7 und 2. ... ♕f6.

Am Ende des Kapitels werden offene Spiele ohne 2.♘f3 untersucht.

Russische Verteidigung

1.e4 e5 2.♘f3 ♘f6

Die strategische Idee dieser im 19. Jahrhundert von den ersten russischen Meistern Petrow und Jänisch ausgearbeiteten Eröffnung besteht darin, daß Schwarz nicht den bedrohten Bauern e5 verteidigt, sondern, bei gleichzeitiger Fortsetzung der Entwicklung, den Bauern e4 angreift.

Dabei entstehen oft halbsymmetrische Varianten, in denen Weiß ein kleines positionelles Übergewicht behält. Die der Russischen Verteidigung innewohnenden potentiellen Möglichkeiten des Nachziehenden sind jedoch so interessant, daß sie einen festen Platz im Eröffnungsrepertoire vieler Schachspieler eingenommen haben.

„Text und Musik stammen aus dem Volke" – so sagt man von einem Lied, dessen Komponisten unbekannt sind. Sie haben die erste und einzige namenlose Partie dieses Buches vor sich, da es viele Schachspieler gibt, die den hier von Schwarz begangenen Fehler schon selbst gemacht haben.

1
1.e4 e5 2.♘f3 ♘f6 3.♘:e5 ♘:e4?
Zuerst muß mit 3. ... d6

4. ♘f3 der gegnerische Springer vertrieben werden. Erst danach kann Schwarz den Bauern e4 nehmen.

4.♕e2 ♘f6??

Da ist schon die Katastrophe. Noch war es möglich, nur mit Bauernverlust davonzukommen: 4. ... ♕e7 5.♕:e4 d6 6.d4 de 7.♕:e5 ♕:e5+ 8.de ♘c6.

5.♘c6+. Schwarz verliert die Dame.

2

Lasarjew – Kundyschew
Moskau 1982

1.e4 e5 2.♘f3 ♘f6 3.♘:e5 d6

Ungünstig ist 3. ... ♕e7 4.d4 d6. Nach 5.♘f3 ♕:e4+ 6.♗e2 gewinnt Weiß durch die Bedrohung der gegnerischen Dame zusätzliche Tempi für seine Entwicklung.

4.♘:f7!?

Das wenig erforschte Cochrane-Gambit.

4. ... ♔:f7 5.d4 ♘:e4

Ein Bauernraub in der Eröffnung ist immer gefährlich und in dieser angespannten Lage in doppeltem Maße. Um die riskante Idee des Anziehenden zu bekämpfen, mußten schnellstens die Figuren entwickelt werden – 5. ... ♗e7 oder 5. ... d5.

6.♕h5+ ♔e7

Bei 6. ... g6 7.♕d5+ gewinnt Weiß den Springer mit Zinsen zurück.

7.♕e2 d5? 8.♗g5+!

Schwarz gab auf.

3

Schaschkow – Bylino
Woroschilowgrad 1982

1.e4 e5 2.♘f3 ♘f6 3.d4 ♘:e4

Eine andere Abzweigung in diesem System ist 3. ... ed 4.e5 ♘e4 5.♕:d4 d5 6.ed ♘:d6 mit beiderseitigen Möglichkeiten.

4.♗d3 d5 5.♘:e5 ♘d7

Im Falle von 5. ... ♗e7 6.0–0

0–0 7.c4 c6 8.♕c2 oder 8.♘c3 ist das weiße Spiel angenehmer.

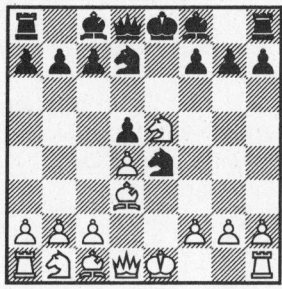

Hier verfügt der Anziehende über die ruhige Fortsetzung 6.♕e2 ♘:e5 7.♗:e4 de 8.♕:e4 ♗e6 9.♕:e5 mit Bauerngewinn auf Kosten eines kleinen Entwicklungsrückstandes. Er kann aber auch eine schärfere Methode wählen.
6.♘:f7!? ♔:f7
Interessant ging die Partie Saizew–Karpow (Leningrad 1966) zu Ende, in der der spätere Weltmeister gegen seinen späteren Trainer spielte: 6. ... ♕e7 7.♘:h8 ♘c3+ 8.♔d2 ♘:d1 9.♖e1 ♘:f2 10.♗:h7! ♘e4+ 11.♖:e4 de 12.♗g6+ ♔d8 13.♘f7+ ♔e8 14.♘d6+ mit Remis durch Dauerschach. Anstelle von 7.♘:h8 war 7.♕e2 ♔:f7 (falls 7. ... ♕:f7, so gewinnt 8.f3 einen Bauern) 8.♕h5+ ♔f6 9.0–0 mit Angriff möglich.
7.♕h5+ ♔e7 8.♕:d5?
Weiß überschätzt seine Chancen. Besser war 8.♕e2 mit der Drohung 9.f3. Dann würde

8. ... ♗f7 9.♕h5+ zum Remis führen.
8. ... ♘ef6 9.♗g5 c6?
Die einzige und ausreichende Erwiderung war 9. ... ♘b6. Damit hätte der Nachziehende den Angriff abgewehrt und gute Aussichten erhalten, die Mehrfigur zu realisieren.
10.♕e4+ ♔f7 11.♗c4+.
Schwarz gab auf.

Lettisches Gambit

1.e4 e5 2.♘f3 f5

Im vergangenen Jahrhundert wurde dieses Bauernopfer als „Königsgambit im Nachzug" bezeichnet. Aber nach seiner detaillierten Erforschung durch Rigaer Schachspieler mit Meister Behting ging diese Eröffnung unter dem Namen Lettisches Gambit in die Schachliteratur ein.
Ungeachtet einiger praktischer Erfolge des Nachziehenden gilt das Lettische Gambit als riskant und ist in der heutigen Turnierpraxis selten anzutreffen.

4
Schlezer–Tschigorin
Petersburg 1878

1.e4 e5 2.♘f3 f5
Eine der stabilsten und sichersten Möglichkeiten für den Anziehenden, Vorteil zu erlangen, ist jetzt 3.♘:e5 ♕f6

4.d4 d6 5.♘c4 fe 6.♗e2 nebst 0–0 und ♘c3.

3.ef ♘c6 4.♗b5 ♗c5 5.♗:c6?
Ein typischer Fehler. Ohne die Entwicklung zu beenden, beginnt Weiß aktive Handlungen. Diese Rückständigkeit und Vernachlässigung des Hinterlandes kann nicht ohne Folgen bleiben.
5. ... dc 6.♘:e5 ♗:f5!
7.♕h5+ g6 8.♘:g6 hg 9.♕:h8
Das Beste, was der Anziehende erreichen konnte. Jetzt ist jedoch sein Gegner an der Reihe.
9. ... ♕e7+ 10.♔d1
Auf 10.♔f1 ist 10. ... ♗:c2 unangenehm.

10. ... ♗:f2! 11.♕:g8+ ♔d7 12.♕c4 ♖e8. Weiß gab auf.

5
Kränzle–Krause
Mannheim 1939

1.e4 e5 2.♘f3 f5 3.d3
Bei einem derartigen Spiel ohne Ambitionen darf man in solchen Systemen nicht auf einen Vorteil hoffen.

3. ... ♘c6 4.♘c3 ♘f6 5.♗g5 h6?
In der Eröffnung, insbesondere in scharfen Varianten, müssen überflüssige Bauernzüge vermieden werden. Richtig war 5. ... ♗b4. Schwarz entwickelt eine Figur, bereitet die Rochade vor und besitzt im bevorstehenden Kampf gute Aussichten.
6.♗:f6 ♕:f6 7.♘d5 ♕d8 8.♘d4!
Es droht 9.♕h5+. Die Partie ist entschieden.
8. ... ♘e7 9.♘:f5 c6
Ein Abschiedsgeschenk.
10.♘d6 matt.

6
Kefler–Borman
Österreich 1974

1.e4 e5 2.♘f3 f5 3.♗c4 ♘c6 4.d4 ♕e7
Ein zweifelhaftes Unterfangen. Umsichtiger war 4. ... ♘f6.
5.0–0 fe 6.♘g5! ♘f6 7.♗f7+ ♔d8 8.de ♘:e5
Schwarz steht schlecht. Auch 8. ... d6 versprach wegen 9.ef gf 10.♕h5 keine Rettung.
9.♘e6+!
Nach Damenverlust weiterzuspielen wäre sinnlos! Schwarz gab auf.

7
Bukhari–Carvalho
Olympiade, Luzern 1982

1.e4 e5 2.♘f3 f5 3.♘c3
Die Praxis hat gezeigt, daß es

entgegen dem ersten Eindruck nicht leichtfällt, das Lettische Gambit zu widerlegen. Als aussichtsreichste Fortsetzungen für Weiß gelten 3.♗c4, 3.♘:e5 und 3.ef.

3. ... fe
Die unverhoffte Atempause mußte zu 3. ... d6 genutzt werden. Interessant wäre auch 3. ... d5.
4.♘:e5 ♘f6 5.♗c4

Die Bewertung der Handlungen beider Parteien hängt davon ab, ob Schwarz 5. ... d5 spielen kann: 5. ... d5 6.♘:d5! ♘:d5 7.♕h5+ g6 8.♘:g6 hg (8. ... ♘f6 9.♕e5+) 9.♕:g6+ ♔e7 10.d4 ♕d6 11.♗g5+ ♔d7 (11. ... ♘f6 12.♕f7+) 12.♕f5+ ♕e6 13.♕:d5+ ♕:d5 14.♗:d5. Weiß steht zweifellos besser (für den Springer besitzt er vier Bauern), aber für den Nachziehenden war dies die letzte praktische Chance.
5. ... ♕e7? 6.d4! ed 7.0–0 dc 8.♕d2 ♕c5 9.♖e1 ♗e7 10.♕g5 d6 11.♕:g7 ♖f8 12.♘d3. Schwarz gab auf.

Die Verteidigung
2. ... d5

Eine selten anzutreffende und wenig erforschte Fortsetzung.

8
Abrikossowski–Parkow
Moskau 1938

1.e4 e5 2.♘f3 d5 3.ed ♕:d5 4.♘c3 ♕a5
Im Vergleich zur Skandinavischen Verteidigung 1.e4 d5 2.ed ♕:d5 3.♘c3 ♕a5 wurden zusätzlich die Züge 4.♘f3 e5 ausgeführt. Dieser Umstand ist günstig für Weiß, da der Bauer e5 einer Sicherung bedarf. Gut für den Anziehenden ist jetzt 5.♗c4, was 5. ... ♗g4 verhindert (6.♗:f7+) und die Rochade vorbereitet.
5.♕e2 ♘c6 6.d3?
Der vorangegangene weiße Zug war nur in Verbindung mit 6.♕b5 und erneutem Angriff auf den Bauern e5 gerechtfertigt.
6. ... ♗g4 7.♗d2 ♘d4!
Was nun? Nach d1 zurückweichen? Niemals!
8.♕:e5+ ♕:e5 9.♘:e5 ♘:c2 matt.

9
Taeffner–Ullrich
Berlin 1940

1.e4 e5 2.♘f3 d5 3.ed e4 4.♕e2 ♘f6 5.♘c3

Gut ist auch 5.d3, z. B. 5. ... ♗e7 6.de 0–0 7.♘c3 ♖e8, und nun nicht 8.♕d3 wegen 8. ... ♘:e4! 9.♘:e4 ♗b4+ 10.♗d2 f5 mit gleichem Spiel, sondern 8.♗d2 ♗b4 9.0–0–0 ♗:c3 10.♗:c3 ♘:e4 11.♕c4. Schwarz hat keine ausreichende Kompensation für den Bauern, da 11. ... ♘:f2 wegen 12.♕d4 nicht geht.

5. ... ♕e7?
Etwas natürlicher war 5. ... ♗e7, obwohl Weiß auch dann nach 6.♘:e4 ♗:d5 7.d3 0–0 8.♕d1! ♖e8 9.♗e2 den König in Sicherheit bringt und in ruhiger Stellung den Mehrbauern behält.

6.♘g5 ♗f5 7.♕b5+ ♘bd7

Hier wäre 8.♕:b7 gut genug, aber Weiß verfügt über ein noch stärkeres Mittel.

8.d6! ♕e5 9.♕:b7 ♖b8 10.dc! Schwarz streckte die Waffen.

Philidor-Verteidigung

1.e4 e5 2.♘f3 d6

François André Danican Philidor (1726–1795) – der Welt stärkster Schachspieler in der zweiten Hälfte des 18. Jahrhunderts, Komponist, Musiker, Begründer der französischen komischen Oper – bezeichnete diesen Zug als den besten.

Die Verteidigung d7–d6 verband Philidor mit dem sofortigen Gegenangriff f7–f5. Und obwohl die Korrektheit dieses Plans in der Folgezeit in Zweifel gezogen wurde, fanden sich andere Wege, die bewirkten, daß die Eröffnung den Prüfungen der Jahrhunderte standhielt. Heutzutage gilt die Philidor-Verteidigung als eine sichere, aber initiativlose Spielweise und ist in der Turnierpraxis recht selten anzutreffen.

10

Mlotkowski–Deacon
Philadelphia 1913

1.e4 e5 2.♘f3 d6 3.d4 f5?!
Der Zug Philidors kommt in der Meisterpraxis schon nicht mehr vor. Die moderne Fortsetzung ist 3. ... ♘d7 4.♗c4 c6!

4.de fe 5.♘g5 d5 6.♘c3
Angebracht ist sofort 6.e6.

6. ... ♗b4 7.e6 ♗:c3+?
Auf 7. ... d4 genügt 8.♘f7

♕f6 9.♗g5! ♕:e6 10.♘:h8,
und 10. ... dc verbietet sich
wegen 11.♕d8 matt. Richtig
war gleich 7. ... ♘h6.
**8.bc ♘h6 9.♕h5+ ♔f8
10.♗a3+ ♔g8 11.♕f7+!
♘:f7 12.ef matt.**

Der einstige Bauer d2 – ein
Held!

11
Kudejew–Gergez
Tschita 1983

**1.e4 e5 2.♘f3 d6 3.d4 f5 4.de
fe 5.♘g5 ♗f5?**
Um die Partie zu verlieren,
reicht manchmal schon ein
Fehler aus. Und der Nachziehende hat ihn bereits begangen! Richtig war 5. ... d5 6.e6
♘h6.
**6.♕d5 ♘e7 7.♕:b7 ♘d7 8.e6
♘e5 9.♘f7! ♘:f7 10.♗b5+
c6 11.♗:c6+ ♘:c6 12.ef matt.**

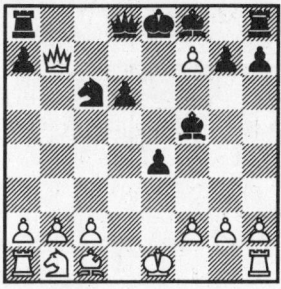

Und wieder dieser Bauer!

12
Blake–Hooke
London 1923

**1.e4 e5 2.♘f3 d6 3.♗c4 f5
4.d4 ♘f6**
Im Falle von 4. ... fe ist
5.♘:e5 d5 (oder 5. ... de
6.♕h5+ mit gefährlichem Angriff) 6.♕h5+ g6 7.♘:g6 ♘f6
8.♕e5+ ♗e7 möglich, und
nun 9.♘:h8 dc 10.♘c3 mit
Angriff oder 9.♘:e7 ♕:e7
10.♕:e7+ ♔:e7 11.♗e2 mit
weißem Vorteil.
5.♘c3
Solider ist 5.de ♘:e4 6.0–0
mit guten Aussichten für
Weiß.
5. ... ed 6.♕:d4 ♗d7?
Die Möglichkeit 6. ... ♘c6
sollte nicht ausgelassen werden.
7.♘g5 ♘c6
Als Antwort auf einen Damenrückzug plant Schwarz 8. ...
♘e5 nebst 9. ... h6 und hofft,
den Angriff irgendwie abzuwehren.

8. ♗f7+ ♚e7

9. ♕:f6+!! ♚:f6
Wenn Schwarz mit dem Bauern wiedernimmt, dann wird er sofort matt.
**10. ♘d5+ ♚e5 11. ♘f3+
♚:e4 12. ♘c3 matt.**

13
Legal–St. Brie
Paris 1787

**1. e4 e5 2. ♘f3 d6 3. ♗c4 ♘c6
4. ♘c3 ♗g4**

**5. ♘:e5 (...) ♗:d1 6. ♗:f7+
♚e7 7. ♘d5 matt!**
Welche Zeichen soll man nun in die Klammern nach dem fünften weißen Zug setzen?

Vom Standpunkt der Wahrheit aus: „??" Nach 5. ... ♘:e5 hätte Schwarz eine Figur mehr gehabt. Vom Standpunkt der Evolution der schachlichen Ideen aus: „!!" Damit wurde eine der berühmtesten Schachkombinationen geschaffen – das Legal-Matt.

Der Kummer über die ärgerliche „Illegalität" des Legal-Matts war für die ästhetischen Gefühle der damaligen Zeitgenossen und ihrer Nachfolger so groß, daß in einigen späteren Veröffentlichungen die Erstlingspartie in folgender Notation angeführt wurde:
1. e4 e5 2. ♘f3 d6 3. ♗c4 ♗g4
4. ♘c3 g6?!? 5. ♘:e5 ♗:d1
6. ♗:f7+ ♚e7 7. ♘d5 matt.
Aber das ist schon reine Falschspielerei.

14
Hartlaub–Worch
Bremen 1890

**1. e4 e5 2. ♘f3 d6 3. ♗c4 ♗g4
4. ♘c3 ♘f6 5. 0–0 ♘:e4?**
Ein Fehler in doppelter Hinsicht. Erstens läßt er die typische Kombination mit dem Motiv des Legal-Matts zu, und zweitens erwiese sich die Hoffnung des Nachziehenden auf 6. ♘:e4 d5 nach 7. ♗b3 de 8. ♗:f7+! ♚:f7 9. ♘:e5+ ebenfalls als unzureichend. Richtig war 5. ... ♗e7 oder 5. ...
♘bd7.

6.♘:e5! ♗:d1
Auf 6. ... ♘:c3 gewinnt
7.♗:f7+ ♔e7 8.♕:g4.
7.♗:f7+ ♔e7 8.♘d5 matt.

15
Chéron–Janloz
Zürich 1929

1.e4 e5 2.♘f3 d6 3.♗c4 ♘c6
4.♘c3 ♗g4 5.h3 ♗h5?
Schwarz mußte unbedingt auf
f3 tauschen.

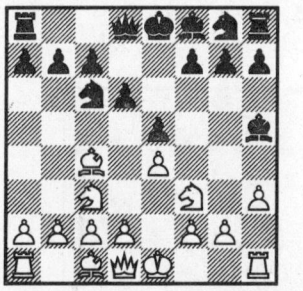

6.♘:e5! ♗:d1
Führt zum Legal-Matt. Im
Falle von 6. ... ♘:e5 7.♕:h5
♘:c4 folgt 8.♕b5+, und der
Nachziehende hat einen Bau-
ern verloren. So verliefen die
Partien Merkin–Tschaplinski

(Moskau 1958) und Mazuke-
witsch–Kislow (Dubna 1973).
7.♗:f7+ ♔e7 8.♘d5 matt.

16
Karaklajić–Fuderer
Belgrad 1955

1.e4 e5 2.♘f3 d6 3.d4 ♘d7
4.♗c4
Nicht nur ein normaler Entwicklungszug, sondern auch
eine schlaue Falle. Die richtige Erwiderung für Schwarz
ist jetzt 4. ... c6. Auf 4. ...
♘gf6 kann 5.de! ♘:e5 (5. ...
de 6.♘g5) 6.♘:e5 de 7.♗:f7+
♔:f7 8.♕:d8 ♗b4+ 9.♕d2
♗:d2+ 10.♘:d2 folgen, und
Schwarz hat einen Bauern weniger.
4. ... ♗e7?
Dieser dem Schein nach natürliche Zug bringt Schwarz sofort in Schwierigkeiten.
5.de! ♘:e5
Auch nach 5. ... de 6.♕d5 gewinnt Weiß.
6.♘:e5 de 7.♕h5. Schwarz
gab auf. Der Nachziehende
verliert bei schlechter Stellung
einen Bauern.
Dasselbe geschah auch in den
Partien Karaklajić–Nedeljković
(Belgrad 1960) und Mazukewitsch–Sheljandinow (Kaluga
1963).

17
McKenzie–Ferrin
New York 1868

1.e4 e5 2.♘f3 d6 3.d4 f6?

Diese vor dem Hintergrund der modernen Theorie überflüssige Verteidigung des Bauern e5 galt damals als durchaus angebracht.
4.♗c4 ♕e7?
Schwarz beabsichtigt ♗c8–e6, was positionell falsch ist: Seine Bauern stehen auf den schwarzen Feldern, und folglich muß er den weißfeldrigen Läufer behalten. Außerdem behindert die Dame die normale Entwicklung der eigenen Figuren.
5.0–0 ♘c6 6.♘c3 ♗g4 7.♘d5 ♕d8
Dieser Tempoverlust bleibt nicht ungesühnt. Weiß vergrößert allmählich seinen Eröffnungsvorteil.
8.c3 ♘ge7 9.de ♘:e5?
Die letzte Chance, das angeschlagene Schiff über Wasser zu halten, bot 9. ... fe, um anschließend nach ♕d7 den König auf den Damenflügel zu bringen.

1.e4 e5 2.♘f3 d6 3.d4 ♘d7 4.♗c4 c6
Schwarz muß sehr aufmerksam spielen. Auf 4. ... h6 kann 5.de de 6.♗:f7+ ♔:f7 7.♘:e5+ ♔f6 8.♕d4 mit sehr unangenehmem Angriff folgen.
5.♘g5 ♘h6 6.a4
Ein guter positioneller Zug und gleichzeitig eine hinterhältige Falle. Die richtige Reaktion von Schwarz wäre jetzt 6. ... a5, 6. ... ♕c7 oder 6. ... ♕f6, aber er fällt der Schablone zum Opfer.
6. ... ♗e7? 7.♗:f7+! ♘:f7 8.♘e6 ♕b6
Auch 8. ... ♕a5+ 9.♗d2 ♕b6 verliert wegen 10.a5 ♕:b2 11.♗c3.
9.a5 ♕b4+ 10.c3 ♕c4 11.♘c7+ ♔d8 12.b3!

10.♘:e5! ♗:d1 11.♘:f6+ gf 12.♗f7 matt.

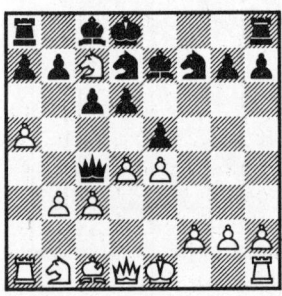

Die Dame hat sich zu weit von ihren Truppen entfernt. Schwarz gab auf.

19

Polo–Pasqualini
Ferrara 1923

**1.e4 e5 2.♘f3 d6 3.♗c4 ♗e7
4.d4 ed 5.♘:d4 ♘d7?**
Dieser Unglücksspringer behindert den König, die Dame, den Läufer c8 und gibt dem Gegner die Möglichkeit zu einer typischen, in vielen Partien erprobten Kombination.

6.♗:f7+! ♔:f7 7.♘e6! ♕e8
Es zeigt sich, daß bei 7. ...
♔:e6 das Leben des schwarzen Königs nicht mehr lange währt – 8.♕d5+ ♔f6 9.♕f5 matt.
8.♘:c7 ♕f8
Falls 8. ... ♕d8 9.♕d5+ ♔f8
10.♘e6+ ♔e8, so genügt
11.♘:d8 zum Sieg, eleganter ist jedoch 11.♘:g7+ ♔f8
12.♘e6+ ♔e8 13.♕h5 matt.
**9.♕h5+! g6 10.♕d5+ ♔f6
11.♗g5+ ♔g7 12.♘e6+.**
Schwarz gab auf.

20

Krause–Leussen
1908

**1.e4 e5 2.♘f3 d6 3.d4 ♘d7
4.♗c4 c6 5.♘g5 ♘h6 6.0–0
♗e7?**
Richtig war zuerst 6. ... ♘b6
und nach dem Rückzug des gegnerischen Läufers 7. ...
♗e7 (oder auch 7. ... ♗g4).
Allerdings scheint auch jetzt nichts zu drohen. Nach
7.♗:f7+ ♘:f7 8.♘e6 ♕b6 ist die schwarze Dame in Sicherheit. Der Anziehende kann jedoch anders spielen.
7.♘e6! fe 8.♗:h6 gh
Das kleinere Übel war 8. ...
0–0.
**9.♕h5+ ♔f8 10.♗:e6 ♕e8
11.♕:h6 matt.**

21

Svirbulis–Randvir
Tallinn 1950

**1.e4 e5 2.♘f3 d6 3.d4 ♘f6
4.♘c3 ♘bd7 5.♗c4 ♗e7
6.0–0 0–0 7.♕e2 c6 8.a4 ed
9.♘:d4 ♘:e4**
Der Beginn der Entlastungsoperation 10.♘:e4 d5. Lange Zeit spielte man danach
11.♗a2 de 12.♖d1 ♗f6
13.♘f5 mit etwas Initiative für Weiß. Aber in der Partie Zeschkowski–Lutikow
(34. Meisterschaft der UdSSR, 1967) wurde 11.♘f5! dc
12.♗h6! vorgezogen. Jetzt ist
12. ... gh schlecht wegen
13.♕g4+ ♗g5 14.♘:h6+,

und nach 12. ... ♘f6 13.♘eg3
♗:f5 14.♘:f5 gh 15.♘:e7+
♔g7 16.♕e5! gerät Schwarz in
eine kritische Lage.
Anstelle von 11. ... dc ist es
für den Nachziehenden besser, den Springer zu schlagen – 11. ... de, worauf Weiß
mittels 12.♕:e4 die Initiative
ergreifen kann, z. B. 12. ...
♗f6 13.♘h6+ gh 14.♗d3
♖e8 15.♕:h7+ ♔f8
16.♗:h6+ ♔e7 17.♖fe1+
♔d6 18.♕:f7 mit weißem
Vorteil (Keres).
10.♕:e4
Eine unglückliche Idee.
10. ... d5 11.♘:d5?
Nicht so tragisch für den Anziehenden verläuft 11.♗:d5
♘f6 12.♗:f7+ ♖:f7 13.♕d3,
obwohl Schwarz nach 13. ...
♘g4 auch hier mehr als ausreichende Initiative für den
Bauern besitzt.
11. ... cd 12.♕:d5

Was kann dem Anziehenden
in dieser auf den ersten Blick
ruhigen Stellung drohen?
12. ... ♘b6! Weiß gab auf.
Nach 13.♕:d8 ♖:d8 geht eine
der weißen Figuren verloren.

22
Sabater–Myhre
Katalonien 1980

**1.e4 e5 2.♘f3 d6 3.d4 ed
4.♕:d4**
Eine durchaus mögliche Spielweise. Weiß stellt sich von
vornherein auf den Abtausch
des Läufers f1 gegen den
Springer b8 ein und setzt auf
eine schnellere Entwicklung.
**4. ... ♘c6 5.♗b5 ♗d7
6.♗:c6 ♗:c6 7.♘c3 ♘f6
8.♗g5 ♗e7 9.0–0–0 0–0
10.♖he1**
Bis hierher spielten beide
Partner sachkundig und genau.
Jetzt sollte Schwarz das zu-
rückhaltende 10. ... ♘d7 wählen. Begründet wäre auch
10. ... ♖e8 gewesen. Zu seinem Leidwesen verfolgte
Schwarz jedoch eine zu
scharfe Idee.
**10. ... ♘d5? 11.ed ♗:g5+
12.♘:g5.**
Hier bemerkte der Nachziehende auf 12. ... ♕:g5+ den
Zug 13.f4 und gab deshalb
auf. Aber selbst wenn sich
diese Antwort nicht gefunden
hätte, wäre der Plan mit 10. ...
♘d5 fehlerhaft, da er dem
Gegner neue Angriffsmöglich-
keiten bietet, z. B. 12. ...
♕:g5+ 13.♔b1 ♗d7 14.h4!
♕d8 (sonst dringt Weiß durch
15.♖e7 ein) 15.♖e3 ♖e8
16.♖g3 mit drohendem An-
griff.

Ponziani-Eröffnung

1.e4 e5 2.♘f3 ♘c6 3.c3

Diese Eröffnung wurde vom bekannten italienischen Forscher des 18. Jahrhunderts Ponziani ausgearbeitet. Im darauffolgenden Jahrhundert wurde sie vom berühmten englischen Schachmeister Staunton detailliert untersucht. Die Idee des Zuges 3.c3 besteht in der Vorbereitung von d2–d4 und der Bildung eines starken Bauernzentrums. Das ist in einem so frühen Partiestadium jedoch mit einer gewissen Verzögerung der Figurenentwicklung verbunden.

23
Balabanow–Moros
Frunse 1984

1.e4 e5 2.♘f3 ♘c6 3.c3 ♘f6 4.d4 ♘:e4 5.d5 ♘b8 6.♘:e5 ♛e7

Manchmal wird auch 6. ... ♗c5!? gezogen mit der möglichen Fortsetzung 7.♛g4 0–0 8.♛:e4 d6 9.♗d3 f5 10.♛c4 b5! 11.♛:b5 ♛e7 12.0–0 de, und Schwarz besitzt für den Bauern die Initiative.

7.♛d4 d6 8.♛:e4 f5?

Zu gleichem Spiel führte 8. ... ♛:e5 oder 8. ... de.

9.♗b5+

Es zeigt sich, daß 9. ... c6 wegen 10.dc verliert, und 9. ... ♗d7 ist angesichts der Folge 10.♛:f5! ♗:b5 11.♛c8+ ♛d8

12.♛:b7 ebenfalls schlecht.

9. ... ♔d8

10.♗g5! Schwarz gab auf. Im Falle von 10. ... fe folgt das amüsante Matt 11.♘f7.

24
Blumenthal–N. N.
Berlin 1903

1.e4 e5 2.♘f3 ♘c6 3.c3 ♘f6 4.d4 ♘:e4 5.d5 ♘b8

Ebenso möglich ist 5. ... ♘e7 6.♘:e5 ♘g6, was nach 7.♛d4 ♛f6 8.♛:e4 ♘:e5 zum Ausgleich führt.

6.♗d3 ♘c5 7.♘:e5 ♛e7?

Ein ungünstiges Damenmanöver. Die richtige Fortsetzung war 7. ... ♘:d3+ 8.♘:d3 ♗e7 9.0–0 d6 10.♛f3 0–0 mit gleichen Aussichten.

8.0–0 ♛d6

Wenn Schwarz solche Züge machen muß, dann ist seine Stellung schon schlecht.

9.♗g5 ♛:d5 10.♖e1 ♘e6

Schwarz ist es gelungen, die gefährdete Diagonale zu versperren, aber seine ungesicherte Damenstellung bietet dem Gegner neue Chancen.

11.♘:f7! ♖g8 12.♗g6!
Schwarz gab auf.

25
Bachmann–Kunstmann
Augsburg 1899

1.e4 e5 2.♘f3 ♘c6 3.c3 ♘f6
4.d4 ♘:e4 5.d5 ♘e7 6.♘:e5
♘g6 7.♗d3
Objektiv als stärkstes gilt
7.♕d4, aber auch die Partie-
fortsetzung ist nicht schlecht
und beinhaltet außerdem eine
tückische Falle.
7. ... ♘:f2?
Richtig ist 7. ... ♘:e5 8.♗:e4
♗c5 mit gleichem Spiel.

8.♗:g6!! ♘:d1
Falls 8. ... ♕f6 9.♕e2 ♘:h1,
so gewinnt 10.♗:f7+ ♔e7
(10. ... ♔d8 11.♘c6+ und
12.♕e8 matt) 11.♘g4+.
9.♗:f7+ ♔e7 10.♗g5+ ♔d6
11.♘c4+ ♔c5 12.♘ba3!
♕:g5
Auf 12. ... ♘:b2 folgt 13.♗e3
matt, und nach 12. ... a5
13.♗:d8 fehlt es Schwarz
deutlich an Material.
13.b4 matt.

26
Grigoriew–Gabran
Fernpartie 1970

1.e4 e5 2.♘f3 ♘c6 3.c3 d5
4.♗b5
Besser ist 4.♕a4.
4. ... de 5.♘:e5 ♕d5
Unklar sind die Folgen der
halsbrecherischen Variante
5. ... ♕g5 6.♕a4 ♕:g2
7.♗:c6+ bc 8.♕:c6+ ♔d8
9.♖f1 ♗h3!?
6.♕a4 ♘e7 7.f4 ♗d7
Im Falle von 7. ... ef 8.♘:f3
♗d7 9.0–0 0–0–0 10.d4 h6
11.c4 ist Weiß im Vorteil.
8.♘:d7 ♔:d7 9.0–0?
Richtig ist 9.♗c4 und erst
nach 9. ... ♕f5 die Rochade
mit der Absicht, die ungesicherte Stellung des schwarzen
Königs anzugreifen.
9. ... ♘f5!
Damit ist ein Mattmechanis-
mus aufgebaut, der schon seit
Steinitz bekannt ist: ♗c5+,
♘g3+ und ♕h5 matt.
10.b4
Hartnäckiger war 10.d4.
10. ... a5!
Weiß gab auf. Falls 11.♔h1,
so folgt 11. ... ab! 12.♕:a8
♗c5 13.♕:h8 ♘g3+ 14.hg
♕h5 matt.

27
Russakow–Werlinski
Moskau 1947

1.e4 e5 2.c3
Der frühzeitige Versuch, das
Zentrum ohne Einschaltung

der Züge ♘f3 und ♘c6 einzunehmen, führt gewöhnlich nur zu Zugumstellung. Anzutreffen sind aber auch interessante eigenständige Varianten.

2. ... ♘c6 3.d4 ♘f6 4.♗g5 h6 5.♗h4 g5

Trotz seines erfolgreichen und großartigen Ausgangs ein recht riskantes Unternehmen. Solider ist 5. ... d6.

6.♗g3 ed

Bei 6. ... ♘:e4 kann 7.♗:e5 ♘:e5 8.de folgen, und die weißen Felder im Lager des Nachziehenden weisen unangenehme Schwächen auf.

7.e5 dc 8.ef?

Nach 8.♘:c3 erhält Weiß für den Bauern völlig ausreichende Initiative. Jetzt dagegen wird es dramatisch.

8. ... cb 9.♕e2+

9. ... ♕e7!! 10.fe ♗g7!
Weiß gab auf.

Schottische Partie

1.e4 e5 2.♘f3 ♘c6 3.d4

Ihren Namen verdankt die Eröffnung einer Fernpartie Edinburgh–London (1824), in der die schottischen Schachspieler mit Erfolg den frühen Vorstoß im Zentrum anwendeten. Die Idee des Zuges 3.d4 besteht in dem Versuch, die Herrschaft über das Zentrum zu erlangen. Es entwickelt sich ein lebhaftes Figurenspiel, in dem der Nachziehende gleiche Aussichten besitzt.

28
Distl–Rossipal
1900

1.e4 e5 2.♘f3 ♘c6 3.d4 ed 4.♘:d4 ♘:d4

Dieser Abtausch überläßt Weiß Raumvorteil und die größere Bewegungsfreiheit. Besser sind deshalb die gebräuchlichen Fortsetzungen 4. ... ♘f6 oder 4. ... ♗c5.

5.♕:d4 ♘e7

So verlief eine der beiden Partien des ersten Fernwettkampfes in der Geschichte zwischen den Städten Edinburgh und London. Weiter geschah dort 6.♗c4 ♘c6 7.♕d5 ♕f6 8.♘c3 ♗b4 9.♗d2 d6 10.♗b5, und Weiß besaß das freiere Spiel.

6.♗c4 c6 7.♘c3 d6 8.♗g5 ♕b6

Die Stellung des Nachziehen-

den ist schon problematisch, und deshalb entschließt er sich zu einer Flankenoperation, die jedoch erhebliche Mängel aufweist.
9.♕:d6 ♕:b2

10.♖d1! ♕:c3+
Ungenügend ist die Verteidigung 10. … ♕b6, wonach Weiß mit 11.♘b5 cb
12.♗:b5+ ♘c6 13.♕d8+!
oder 11.♘a4 ♕a5+ 12.♗d2
♕:a4 13.♕d8+! gewinnt.
11.♗d2 ♕:c4 12.♕d8+!!
Schwarz wird durch 12. …
♔:d8 13.♗a5+ ♔e8 14.♖d8 matt.

29
Frazer–Taubenhaus
Paris 1888

1.e4 e5 2.♘f3 ♘c6 3.d4 ed 4.♘:d4 ♕h4
Ein alter Zug, der zu sehr scharfen Stellungen führt.
5.♘c3 ♘f6?
Hier mußte sofort 5. … ♗b4 geschehen.
6.♘f5! ♕h5 7.♗e2 ♕g6 8.♘h4. Schwarz gab auf.

Ohne Dame lohnt die Mühe nicht mehr.

30
Prügel–Dyckhoff
Fernpartie 1899

1.e4 e5 2.♘f3 ♘c6 3.d4 ed 4.♘:d4 ♕h4 5.♕d3
Versuche, den frühzeitigen Damenausfall zu widerlegen, sind gewöhnlich mit dem Opfer des Bauern e4 verbunden. So ist es z. B. nach 5.♘f3 klüger, mittels 5. … ♕h5 zurückzuweichen, denn nach 5. … ♕:e4+ 6.♗e2 wird der weiße Entwicklungsvorsprung zu groß. Nach dem Partiezug macht sich dagegen die schwarze Aktion bezahlt.
5. … ♘f6 6.♘d2?
Seltsamerweise ist gerade dieser natürlich aussehende Zug der partieentscheidende Fehler. Weiß mußte zuerst auf c6 abtauschen.
6. … ♘g4 7.g3 ♕f6 8.♘4f3 ♘ce5 9.♕c3
Bei anderen Damenzügen ist 9. … ♗c5 gut.

9. ... ♗b4! Weiß gab auf.
Nach 10.♕:b4 ♘:f3+ 11.♘:f3
♕:f3 kann er Materialverlust
nicht vermeiden.

31
Sakirsjanow–Usmanow
Kasan 1983

**1.e4 e5 2.♘f3 ♘c6 3.d4 ed
4.♘:d4 ♕h4 5.♘b5**
Die Hauptvariante 5.♘c3 ♗b4
6.♘b5 ♕:e4+ 7.♗e2 ♗:c3+
8.♘:c3 ♕d4 9.♗d3 führt zu
scharfem Spiel.
5. ... ♗c5
Ebenso möglich ist 5. ...
♗b4+ 6.c3 ♗a5.
**6.♕f3 ♔d8 7.♗f4 d6 8.♕g3
♕f6?**
Richtig war der Damentausch
nebst Vertreibung des Springers durch 9. ... a6, und das
Spiel ist ausgeglichen. Aber
dem Nachziehenden gefiel
wahrscheinlich die Falle
9.♗g5 ♗:f2+.
9.♘1c3 a6?
Hier war 9. ... ♘ge7
10.0–0–0 ♕g6 notwendig, obwohl nach 11.e5 die Lage von

Schwarz ebenfalls nicht leicht
ist.
10.♘:c7! Schwarz gab auf.

32
Lazar–Glodeanu
Eforie Nord 1983

**1.e4 e5 2.♘f3 ♘c6 3.d4 ed
4.♘:d4 ♘f6 5.♗c4**
Sieht aktiv aus, stellt aber
keine besondere Gefahr für
den Nachziehenden dar.
Falls 5.♘c3, so ist neben dem
klassischen 5. ... ♗b4 auch
die unterhaltsame Variante
5. ... ♘:e4!? 6.♘:e4 ♕e7 7.f3
d5 8.♗b5 ♗d7 9.♗:c6 bc
10.0–0 de 11.♖e1 möglich,
und entgegen der Meinung
der Theorie besitzt Schwarz
nach 11. ... 0–0–0! 12.♖:e4
♕f6 vollwertiges Spiel.
Als beste positionelle Spielweise für den Anziehenden
gilt 5.♘:c6 bc 6.e5 ♕e7
7.♕e2 ♘d5 8.c4 ♗a6 9.♘d2
mit dynamischer Stellung, in
der aber auch der Nachziehende seine Gegenchancen
besitzt.
5. ... ♘:e4!? 6.♗:f7+
Auf 6.0–0 antwortet Schwarz
gleich 6. ... d5, und falls
6.♘:c6 bc (6. ... dc? 7.♗:f7+)
7.♕e2 d5 8.f3 ♗d6! 9.fe
♕h4+ 10.♕f2 ♕:f2+ 11.♔:f2
dc, so hat er trotz des Tripel-
bauern ebenfalls nichts zu be-
fürchten.
6. ... ♔:f7 7.♕h5+ g6
Fehlerhaft ist 7. ... ♔e7. Nach

23

8.♘:c6+ dc 9.♕e5+ gewinnt
Weiß die Figur zurück und erhält praktisch einen Mehrbauern am Königsflügel.
8.♕d5+ ♔g7 9.♘:c6
Der einzige Zug, 9.♕:e4 verliert wegen 9. ... ♗b4+.

Jetzt verfügt Schwarz über zwei gute Fortsetzungen:
9. ... ♕e8 10.♕e5+ ♕:e5
11.♘:e5 d5 mit etwas besseren Aussichten in dem komplizierten Endspiel (durch das Läuferpaar und den größeren Einfluß auf das Zentrum) und
9. ... bc 10.♕:e4 ♗a6, womit die gegnerische kleine Rochade verhindert wird. Zu seinem Leidwesen findet er noch eine dritte Idee.
9. ... ♘f6? 10.♗h6+! ♔:h6
11.♕d2+ ♔g7 12.♘:d8.
Schwarz gab auf.

33
Astapowitsch–Golossow
Nowosibirsk 1967

1.e4 e5 2.♘f3 ♘c6 3.d4 ed
4.♘:d4 ♘f6 5.♘c3 ♗e7
6.♘f5

Dieser Tempoverlust ist ein zu hoher Preis für den Vorteil des Läuferpaares.
6. ... 0–0 7.♗g5 ♖e8 8.♗c4
♘:e4
Welch eine Unvorsichtigkeit! Eine ruhige und sichere Position garantierte 8. ... d6.
9.♗:f7+! ♔:f7 10.♕d5+
♔f8
Auf 10. ... ♔g6 folgt einfach
11.♘h4+ ♔h5 12.♗:e7+.

11.♘h6!
Von zwei Feldern aus droht Matt, und falls 11. ... gh, so ergibt sich nach 12.♗:h6 ein weiteres Mattbild.

34
Miller–Chernev
New York 1935

1.e4 e5 2.♘f3 ♘c6 3.d4 ed
4.♘:d4 ♘f6 5.♗g5
Populärer ist 5.♘:c6 oder
5.♘c3.
5. ... ♗e7
Nicht schlecht ist auch die Fortsetzung der Entwicklung mittels 5. ... ♗c5 6.c3 0–0.
6.♘f5

Ein unnötiger Zeitverlust. Natürlicher war 6.♘c3 oder 6.♘:c6 bc 7.♘c3.

6. ... d5
Warum diese Leidenschaft? Das ruhige 6. ... 0–0 7.♘:e7+ ♛:e7 sicherte Schwarz deutlichen Entwicklungsvorsprung. Jetzt dagegen konnte Weiß den Kampf mit 7.♘:g7+ ♔f8 8.♗h6 ♔g8 9.♘f5 verschärfen.

7.ed ♘e5 8.♘:e7 ♛:e7 9.♗:f6??
Millers Hand hätte automatisch 9.♗e2 ziehen müssen.

9. ... ♘f3 matt.

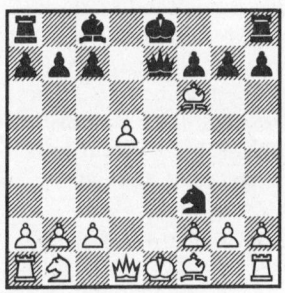

Ein seltenes Finale.

35
Kljasmin–Darly
Petersburg 1913

1.e4 e5 2.♘f3 ♘c6 3.d4 ed 4.♘:d4 ♘f6 5.♗g5
Ein ungenauer Zug. Alle vorgeschobenen Figuren des Anziehenden stehen etwas unsicher, und das veranlaßt Schwarz, nach kombinatorischen Angriffen zu suchen.

5. ... ♗c5 6.♘:c6?

Der Springer mußte mit 6.c3 befestigt werden. Jetzt wird es für Weiß unangenehm.

6. ... ♗:f2+! 7.♔:f2 ♘:e4+ 8.♔g1
Es ist offensichtlich, daß es Weiß nach 8.♔e3 ♛:g5+ 9.♔:e4 bc nicht gelingt, den König zurückzuführen.

8. ... ♛:g5 9.♛d4! dc!

10.♛:e4+ ♗e6 11.♗d3?
Der Anziehende dachte nur an die Drohung 11. ... ♛c5+. Allerdings ist seine Lage sehr schwierig, z. B. 11.h4 ♛c1 12.♛e5 0–0–0 nebst ♖d1.

11. ... ♛c1+. Weiß gab auf.

36
Dunbar–Chawkin
1925

1.e4 e5 2.♘f3 ♘c6 3.d4 ed 4.♘:d4 ♗c5 5.♗e3 d6?
Um die Partie zu verlieren, genügt oft ein einziger Fehler. Richtig war 5. ... ♛f6.

6.♘:c6 bc 7.♗:c5 dc 8.♛:d8+ ♔:d8 9.c4
Soll man lachen oder weinen?

Schwarz hat praktisch einen Bauern weniger.

9. ... ☐b8 10.♘c3 ☐:b2

Die Partie ist sowieso verloren. Jetzt gibt es wenigstens noch ein überraschendes Finale.

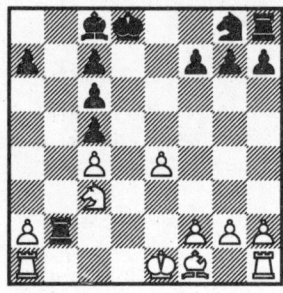

11.0-0-0+! Schwarz gab auf.

37

Jefimow–Palikow
Kanasch 1980

1.e4 e5 2.♘f3 ♘c6 3.d4 ed 4.♘:d4 ♕f6

Eine alte Variante der Schottischen Partie. Vermerkt sei, daß 5.♘b5 oder 5.♘:c6 mit 5. ... ♗c5! beantwortet werden muß.

5.♗e3 ♗c5 6.c3 ♘ge7

Von hier aus sind viele Wege gangbar. Die Anziehenden erprobten schon folgende Fortsetzungen: 7.♘c2, 7.♗b5, 7.♗e2, 7.♕d2, 7.f4 und 7.g3. Die schwarzen Möglichkeiten werden in allen Fällen als gleich angesehen.

7.♗c4

Dieser Zug wird von der

Theorie wegen 7. ... ♘e5 8.♗e2 ♕g6 9.0-0 d5! 10.ed ♗h3 11.♗f3 0-0-0 mit aktivem schwarzem Spiel etwas getadelt. Der von Schwarz in der Partie gewählte Weg ist ebenfalls gut spielbar.

7. ... 0-0 8.0-0 d6 9.♘:c6 ♘:c6 10.♗:c5 dc

Stellen wir uns einmal vor, daß alle Figuren vom Brett verschwinden. Es ergäbe sich ein für Weiß klar gewonnenes Bauernendspiel, da er im Zentrum praktisch einen Mehrbauern besitzt. Hieraus leiten sich die beiderseitigen Pläne ab. Der Anziehende muß bemüht sein abzutauschen, Schwarz strebt dagegen unter Ausnutzung seiner besseren Entwicklung ein Figurenspiel an. Nicht schlecht sieht jetzt die Fortsetzung 11.f4 aus.

11.♕h5? ♘e5 12.♗b3

Auch nach 12.♗e2 ♕f4! mit der Drohung 13. ... g6 ist die weiße Lage unangenehm.

12. ... ♗g4. Weiß gab auf.

38

Chassin–Lilienthal
Moskau 1955

1.e4 e5 2.♘f3 ♘c6 3.d4 ed 4.♘:d4 ♗c5 5.♗e3 ♕f6 6.c3 ♘ge7 7.♗c4 ♘e5 8.♗e2 d5 9.0-0

Diese gesamte Variante ist schon im „antiken" Handbuch Bilguers erwähnt und wird dort zu Recht als günstig für

Schwarz eingeschätzt. Nicht gut wäre jetzt 9. ... de wegen 10.♘d2, und falls 10. ... ♕g6, so 11.♗h5! mit ausgezeichnetem weißem Spiel. Richtig ist 9. ... ♕g6, um auf 10.ed mit 10. ... ♗h3 (nicht aber 10. ... ♘:d5? wegen 11.♗b5+ c6 12.♘:c6 bc 13.♕:d5) 11.♗f3 0–0–0 fortzusetzen, und Schwarz steht gut.

9. ... h5?
Auf 10.f4 beabsichtigte Großmeister Lilienthal die Antwort 10. ... ♘g4, aber ...
10.♘b5! ♕b6?
Notwendig war 10. ... ♗d6.
11.♗:c5 ♕:c5

12.♕d4! Schwarz gab auf. Der Nachziehende kann materielle Verluste nicht vermeiden. Nach 12. ... ♕:d4 13.cd sind der Springer e5 und der Punkt c7 angegriffen. Genau so verlief im Jahre 1946 die Partie Euwe–Kramer.

Witling–Sergijew
Fernturnier 1982

1.e4 e5 2.♘f3 ♘c6 3.d4 ed 4.♘:d4 ♗c5 5.♘b3 ♗b6 6.♘c3
Gebräuchlicher ist 6.a4.
6. ... ♘f6 7.♗g5 h6 8.♗h4 d6 9.♘d5?
Eine Unvorsichtigkeit, die zum Zusammenbruch führt. Richtig war 9.♕d2 mit Vorbereitung der langen Rochade. In diesem Falle müßte Schwarz ebenfalls auf diese Seite rochieren, da sein König nach dem Zuge h7–h6 am Königsflügel sehr gefährdet stände.

9. ... ♘:e4!! 10.♗:d8
Besser war 10.♕h5, aber auch dann besäße Schwarz nach 10. ... g5 11.♗g3 ♘f6 einen Mehrbauern.
10. ... ♗:f2+ 11.♔e2 ♗g4+ 12.♔d3 ♘e5+!
Weiß gab auf. Er muß den Springer nehmen und wird danach in zwei Zügen matt gesetzt: 13.♔:e4 f5+ 14.♔f4 ♘g6 matt.

40
Meleghegyi–Schartner
Budapest 1970

**1.e4 e5 2.♘f3 ♘c6 3.d4 ed
4.♘:d4 ♛f6**
Gewöhnlich wird vorher 4. ...
♗c5 gespielt, und erst auf
5.♗e3 folgt 5. ... ♛f6. Diese
Zugfolge ist genauer, erstens
aus allgemeinen Erwägungen
heraus (der Läufer wird früher
als die Dame ins Spiel gebracht) und zweitens wegen
der konkreten weißen Ant-
wort. Zwar ist jetzt 5.♘b5 wegen 5. ... ♗c5! nicht gut, aber
Weiß kann mit dem Springer
stärker ziehen.
5.♘b3
Bei 4. ... ♗c5 5.♘b3 findet
der Läufer einen bequemen
Platz auf b6. Jetzt dagegen
muß Schwarz nach anderen
Möglichkeiten für dessen Entwicklung suchen.
5. ... ♛g6
In der Hoffnung auf 6.♘c3
♗b4 gespielt.
6.♛e2
Dieser etwas gekünstelte Zug
deutet darauf hin, daß der Anziehende lang rochieren
möchte.
6. ... d6?
Gestattet dem Gegner, mit allem Komfort den Springer
nach c3 zu stellen. Im Stile
der vorangegangenen Züge
war 6. ... ♘f6 zweckmäßig.
7.♘c3 ♗e6 8.f4! ♗:b3?
Der Nachziehende verschlechtert seine Lage Schritt für

Schritt. Nach dem Gegenangriff 8. ... f5 9.ef ♛:f5 stände
er zwar schlechter, aber er
hätte Zeit für die Rochade gewonnen und den Kampf fortsetzen können.
9.ab ♘f6 10.♖a4 ♗e7
Schwarz mußte sich sofort zu
10. ... 0–0–0 entschließen.
11.♘d5!
Auf 11. ... 0–0–0 folgt jetzt
12.♘:e7+ ♘:e7 13.f5 ♛g4
14.♛:g4 ♘:g4 15.♖:a7 ♔b8
16.♖a4. Läuferpaar und Mehr-
bauer garantieren Weiß den
Sieg.
11. ... 0–0? 12.f5!

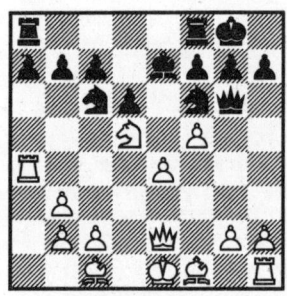

Erst hier bemerkte der Nachziehende, daß Weiß nach
12. ... ♛g4 über den Zwi-
schenzug 13.♘:f6+ verfügt.
Schwarz gab deshalb auf.

41
Mestel–Large
London 1982

**1.e4 e5 2.♘f3 ♘c6 3.d4 ed
4.♘:d4 d6**
Diesen Zug kann man nicht
direkt als Fehler bezeichnen,

aber er vermindert schlagartig die Möglichkeiten des Nachziehenden im Kampf um Gegenspiel. Solider sind die Fortsetzungen 4. … ♘f6 oder 4. … ♗c5.

5.♗c4 g6?
Dieser Plan ist zu schwerfällig. Besser war auch 5. … ♘f6.

6.0–0 ♗g7 7.♘:c6 bc 8.f4!
Auf das natürliche 8. … ♘f6 folgt nun 9.f5! 0–0 10.fg hg 11.♗g5, und der gefesselte Springer ist nicht mehr zu retten.

8. … ♘h6 9.f5 ♕h4
Falls 9. … 0–0, so gewinnt Weiß mittels 10.f6 eine Figur.

10.g3 ♕f6
Es fällt schon schwer, für die Dame einen Platz zu finden, z. B. 10. … ♕g4 11.♗e2 ♕:e4 12.♗f3, und 12. … ♕d4+ geht nicht wegen 13.♕:d4 ♗:d4+ 14.♔g2 mit gleichzeitigem Angriff auf c6 und h6.

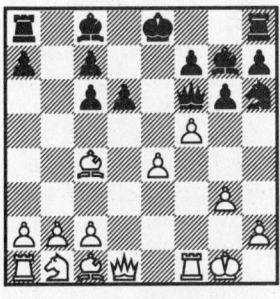

Mit dem Damenrückzug nach f6 hofft der Nachziehende, seinen Gegner durch 11.fg ♕d4+ 12.♕:d4 ♗:d4+ 13.♔g2 hg in unklare Varianten zu verstricken, z. B. 14.c3 ♗b6 15.♗:h6 ♖:h6 16.♗:f7+ ♔e7 17.h4 ♗a6! usw.

11.e5!
Im Falle von 11. … de 12.fg ♕:g6 13.♗:h6 ♕:h6 14.♗:f7+ ♔e7 15.♘c3 sind die weißen Chancen klar besser.

11. … ♕:e5?
Verwirrung!

12.♖e1. Schwarz gab auf.

42
Malych–Eidelberg
Simferopol 1984

1.e4 e5 2.♘f3 ♘c6 3.d4 ed 4.♘:d4 ♘ge7
Ein recht passiver Zug, der lediglich die normale Entwicklung des Königsflügels erschwert.

5.♗c4 d6 6.♘c3 a6
Ein überflüssiger Bauernzug in der Eröffnung bedeutet meistens den Verlust eines wichtigen Tempos. In diesem Falle ist er mit dem Beginn eines fehlerhaften Planes verbunden. Besser war 6. … ♘:d4 7.♕:d4 ♘c6.

7.♗e3 ♘e5 8.♗b3 c5 9.♘f3 ♗g4
Schwarz nahm an, daß die Drohung 10. … c4 sehr gefährlich ist, aber …

10.♘:e5! Schwarz gab auf.

Schottisches Gambit

1.e4 e5 2.♘f3 ♘c6 3.d4 ed 4.c3 oder 4.♗c4

Mit einem Bauernopfer versucht der Anziehende, sofort die Initiative zu ergreifen. Dieses Gambit führt zu einem scharfen Figurenspiel, in dem eine schnelle Entwicklung und genaue Variantenberechnung eine wichtige Rolle spielen.

43
Artjuchin–Kakageldyjew
Tbilissi 1976

1.e4 e5 2.♘f3 ♘c6 3.d4 ed 4.c3 dc 5.♗c4 f6?
Eine unglückliche Entscheidung. Schwarz verliert nicht nur ein Tempo, sondern schwächt auch die um seinen eigenen König gelegenen Felder. Als besser gilt 5. ... d6, z. B. 6.♕b3 ♕d7 7.♘g5 ♘e5 8.♗b5 c6 9.f4 ♘g4.

6.♘:c3 ♘ge7 7.♕b3 d5 8.♘:d5 ♘a5??
Die schwarze Stellung ist schon kompromittiert. Nur mit 8. ... ♘:d5 konnte noch versucht werden, sie zu halten.
9.♘:f6+ gf 10.♗f7+ ♔d7 11.♕e6 matt.

44
Falkbeer–N. N.
Wien 1847

1.e4 e5 2.♘f3 ♘c6 3.d4 ed 4.♗c4 d6 5.c3 dc 6.♘:c3 ♗g4
Eine riskante Idee. Die Stellung verlangt schon konkrete Handlungen.
Gefährlich für Schwarz ist das alte System 6. ... ♗e6 7.♗:e6 fe 8.♕b3 ♕c8 9.♘g5 ♘d8 10.f4 ♗e7 wegen des starken Zuges 11.f5!, und falls 11. ... ♗:g5 12.♗:g5 ♘f7, so 13.fe! ♘:g5 14.♕b5+ mit besserem Spiel für Weiß.
Die gebräuchliche Folge ist 6. ... ♘f6 7.♕b3 ♕d7 8.♘g5 ♘e5 9.♗b5 c6 10.f4 ♘eg4 mit kompliziertem Kampf.
7.0–0 ♘e5
Noch ein Schritt auf dem falschen Wege. Es war aber auch schon recht schwierig, davon abzugehen.

8.♘:e5! ♗:d1 9.♗:f7+ ♔e7
10.♘d5 matt.

45
Schwarz–Düren
Frankfurt 1938

**1.e4 e5 2.♘f3 ♘c6 3.d4 ed
4.♗c4 ♗e7 5.c3 dc?**
Richtig war hier 5. ... ♘a5!
6.♕:d4 (interessant ist der
Gambitzug 6.♘d3) 6. ... ♘:c4
7.♕:c4 ♘f6 8.e5 d5 mit völli-
gem Ausgleich.
6.♕d5
Gespielt wird auch 6.♕b3.

In dieser Position gab Schwarz
auf – was aber ganz unnötig
war! Nach 6. ... ♘h6 7.♗:h6
0–0! 8.♗:g7 (bei 8.♗c1 ♘b4!)
geht die Initiative auf den

Nachziehenden über) 8. ...
♔:g7 9.♘:c3 d6 besitzt Weiß
nur einen kleinen positionellen Vorteil. Um ihn zu realisieren, müßte er sehr genau
spielen.

46
Vyronel–Adao
Mexiko-Stadt 1980

**1.e4 e5 2.♘f3 ♘c6 3.d4 ed
4.♗c4 ♗b4+**
Fehlerhafte Aktivität. Schwarz
hilft damit nur seinem Gegner
bei der Öffnung neuer An-
griffslinien. Am einfachsten
war, mit 4. ... ♘f6 in das
Zweispringerspiel im Nachzuge überzugehen. Ebenso
möglich war 4. ... ♗c5. Ungefährlich ist danach 5.♘g5
♘h6 6.♘:f7 wegen 6. ... ♘:f7
7.♗:f7+ ♔:f7 8.♕h5+ g6
9.♕:c5 d5! mit besseren Chancen für Schwarz.
5.c3 dc 6.bc ♗e7?
Das Feld e7 mußte für die
Dame freigehalten werden.
Der richtige Rückzug war
6. ... ♗a5. Dagegen ist 6. ...
♗c5 nicht gut wegen 7.♗:f7+
♔:f7 8.♕d5+.
**7.♕d5 ♘h6 8.♗:h6 0–0
9.♗g5.** Schwarz gab auf.

47
Gontscharow–Frenkel
Moskau 1901

**1.e4 e5 2.♘f3 ♘c6 3.d4 ed
4.♗c4 ♗b4+ 5.c3 dc 6.0–0
cb 7.♗:b2 ♘ge7**

Der Nachziehende nahm wahrscheinlich an, daß er nach 8.♗:g7 ♖g8 einen Angriff auf die gegnerische Königsstellung organisieren kann. Weiß verstärkt jedoch seinen Angriff auf eine andere Weise. **8.♘g5! 0–0 9.♕h5 h6 10.♗:f7+.** Schwarz gab auf. Der Läufer darf nicht geschlagen werden (10. … ♖:f7 11.♕:f7+ nebst 12.♕:g7 matt), aber der König kann auch nicht fliehen (10. … ♔h8 11.♕:h6 matt).

48
Hobza–Mátl
Prag 1952

1.e4 e5 2.♘f3 ♘c6 3.d4 ed 4.♗c4 ♗b4+ 5.c3 dc 6.bc ♕f6? Der Anfang vom Ende. In scharfen Eröffnungspositionen sind nicht die Bauern am wichtigsten, sondern eine schnelle Figurenentwicklung. **7.0–0 ♗:c3 8.♘:c3 ♕:c3 9.♕d5 ♘d8 10.♗g5 ♘e7** In dieser Stellung ist schon guter Rat teuer. Auf 10. … f6 folgt ebenfalls 11.♕c5! ♕b2 (es drohte 12.♗f7+) 12.♖ab1 d6 13.♕:c7 mit Gewinn. **11.♕c5!** Schwarz gab auf. Es droht nicht nur Matt, sondern auch 12.♗:f7+ mit Damengewinn.

49
Dominguez–Ceballos
Mexiko 1880

1.e4 e5 2.♘f3 ♘c6 3.d4 ed 4.♗c4 ♘a5? Ein typischer Fehler, der häufig in Anfängerpartien vorkommt. Dabei wird folgende Überlegung angestellt: Der Läufer nimmt auf c4 eine aktive Stellung ein; er stört, d. h., er muß vertrieben werden. Zu diesem Zwecke zieht der Springer das zweite Mal, und zwar an den Rand des Spielfeldes. Damit gibt Schwarz jedoch seinen Einfluß im Zentrum auf und überläßt dem Gegner alle Macht über den gesamten Schauplatz des Kampfes.

5.♗:f7+!? Sinnvoll ist auch der einfache Läuferrückzug 5.♗e2. In diesem Falle ergeben sich nach 5. … c5 (oder 5. … ♗b4+) 6.c3 Varianten des Schottischen Gambits mit der ungünstigen Aufstellung des Springers auf a5.

5. ... ♔:f7 **6.**♘e5+ ♔e6
Der Weg zurück ist versperrt – 6. ... ♔e8 7.♕h5+,
aber mehr Widerstand leistete
6. ... ♔e7. Weiß müßte danach 7.♕:d4 ziehen und mit
zwei Bauern für den geopferten Läufer seinen Angriff fortsetzen. Die weiße Kombination verdient auch deshalb besondere Hochachtung, weil sie
nicht in wenigen Zügen zum
Matt führt.
7.♕:d4
Stark sieht 7.♕g4+ aus. Aber
Schwarz nimmt als Antwort
darauf nicht den Springer wegen 7. ... ♔:e5 8.♗f4+ ♔:e4
(8. ... ♔f6 9.♗g5+) 9.♗:c7+
mit Verlust der Dame und des
Königreichs, sondern geht mit
dem König zurück – 7. ...
♔e7. Jetzt endet die Abwicklung 8.♕h4+ ♘f6 9.♘g6+
♔f7 10.♘:h8+ ♔g8 mit
Vorteil für den Nachziehenden.
7. ... ♘c6?
Notwendig war 7. ... ♘f6.
8.♕d5+ ♔f6
Leicht zu finden ist die Variante 8. ... ♔e7 9.♕f7+ ♔d6
10.♘c4+ ♔c5 11.♕d5+ ♔b4
12.a3+ ♔a4 13.b3 matt.
Jetzt genügt zum Sieg auch
9.♗g5+ ♔:g5 10.♘:f7+, aber
der von Weiß gewählte Weg
führt schneller zum Ziel.
9.♕f7+ ♔:e5 **10.**♗f4+ ♔:e4
11.♘c3+ ♔d4 **12.**♕d5 matt.

50
Nasarowski–Gontscharow
Petersburg 1902

1.e4 e5 **2.**♘f3 ♘c6 **3.**d4 ed
4.♗c4 ♗c5 **5.**0–0 d6 **6.**♘g5?
Ein unbegründeter, hitziger
Angriff. Im Sinne der Eröffnung war 6.c3.
6. ... ♘h6 **7.**♕h5 ♘e5
8.♗b3 ♗g4 **9.**♕h4 ♕f6
Um seine Entwicklung zu beenden, muß der Nachziehende
nur noch den König in Sicherheit bringen. Weiß steht schon
verdächtig und hätte mit 10.c3
Verwicklungen anstreben sollen.
10.f4? ♗e2! **11.**♖e1 d3+
12.♔h1 ♘eg4

Bei vollem Brett muß Weiß
aufgeben. Der Punkt f2
läßt sich nicht mehr schützen.

Ungarische Verteidigung

1.e4 e5 2.♘f3 ♘c6 3.♗c4 ♗e7

Diese Eröffnung erhielt ihre Bezeichnung nach einer Fernpartie Paris–Budapest (1842/45), die die ungarischen Schachspieler siegreich gestalteten. Ziel des Zuges 3. ... ♗e7 ist es, den scharfen forcierten Varianten des Zweispringerspiels im Nachzuge, der Italienischen Partie oder des Evans-Gambits auszuweichen.

In der Ungarischen Verteidigung erhält Schwarz eine beengte, etwas passive, aber feste Position. In den ersten Zügen trägt der Kampf lavierenden Charakter.

51
von Holzhausen–Tarrasch
Frankfurt am Main 1912

1.e4 e5 2.♘f3 ♘c6 3.♗c4 ♗e7 4.d4 ed
Es war nicht notwendig, das Zentrum aufzugeben. Ausreichend fest ist 4. ... d6.
5.0–0 d6 6.♘:d4 ♘f6 7.♘c3 0–0 8.h3 ♖e8 9.♖e1 ♘d7
Welch eine Ungenauigkeit! Natürlich erkannte Tarrasch, daß hier 9. ... h6 nebst 10. ... ♗f8 gut spielbar ist. Seine Hand ergriff jedoch die falsche Figur.

10.♗:f7+! ♔:f7 11.♘e6!!
Die Dame ist gefangen, denn auf 11. ... ♔:e6 würde 12.♕d5+ ♔f6 13.♕f5 matt folgen. Schwarz gab deshalb auf.

52
Lommer–White
London 1933

1.e4 e5 2.♘f3 ♘c6 3.♗c4 ♗e7 4.d4 ed 5.♘:d4 ♗e5
Aktivität auf Kosten der Entwicklung. Ein fragwürdiger Zug. Besser wäre 5. ... ♘f6 gewesen.
6.♕e2
Beide Partner spielen nicht präzis. Der wichtige Läufer mußte mit 6.♗b3 behalten werden. Das war allerdings der einzige Fehler des Anziehenden, und wie Tartakower sagte: „Es gewinnt derjenige, der den vorletzten Fehler macht."
6. ... ♘f6 7.♘c3 ♘:c4 8.♕:c4 ♘:e4?
Diese gewöhnlich für Schwarz vorteilhafte Standardabwicklung erweist sich in der vorlie-

genden Situation als ungünstig. Die Position verlangte
8. ... d6.
9.♘:e4 d5 10.♕b5+ c6
11.♘:c6! ♕d7
Die schwache Hoffnung auf
11. ... ♗d7 12.♘:d8 ♗:b5
13.♘c3 ♗a6! 14.♘:d5 ♗:d8
verflüchtigt sich nach
12.♕:b7!

12.♘:e7!! Schwarz gab auf. Es ist schon alles vorbei – auf
12. ... ♕:b5 folgt 13.♘d6+.

53
Lopuchin–Ostrauskas
Pensa 1981

1.e4 e5 2.♘f3 ♘c6 3.♗c4
♗e7 4.d4 d6 5.de
Eine logische ruhige Fortsetzung. Nach 5. ... de 6.♕:d8+
♗:d8 7.♘c3 behält Weiß in dem schwierigen Endspiel in Anbetracht seiner harmonischeren Figurenaufstellung geringe Initiative.
5. ... ♘:e5?

Schwarz ist in die bekannte Falle gegangen.
6.♘:e5 de 7.♕h5!
Bauernverlust ist nicht mehr abzuwenden.
7. ... g6 8.♕:e5 f6
Wenn 8. ... ♘f6, so ist
9.♗h6! unangenehm.
9.♕b5+ c6 10.♕b3 ♔d7
11.0–0 ♗d6 12.♖d1.
Schwarz gab auf.

Italienische Partie

1.e4 e5 2.♘f3 ♘c6 3.♗c4
♗c5
Eine der ältesten Eröffnungen. Die Analysen der italienischen Meister, die ihre Varianten erfolgreich ausarbeiteten, erschienen schon im 16. Jahrhundert.
Zum Plan des Anziehenden gehört gewöhnlich die Schaffung eines starken Bauernzentrums mittels c2–c3 und d2–d4 und die Bedrohung des schwachen Punktes f7. Nach und nach wurden jedoch für Schwarz erfolgreiche Verteidigungsmethoden im Kampf ge-

gen diese Systeme gefunden. In den letzten Jahren wurde 4.d3 populär, wonach das Spiel in ruhigeren Bahnen verläuft.

54
Stoklizki–Maximow
Moskau 1973

1.e4 e5 2.♘f3 ♘c6 3.♗c4 ♗c5 4.c3 ♘f6 5.d4 ♗b6?
Um den Ausgleich kann Schwarz nur mit 5. ... ed 6.cd ♗b4+ kämpfen.
6.de ♘:e4 7.♕d5
Der Kampf ist beendet. Die Figur ist nicht mehr zu retten.
7. ... ♗:f2+ 8.♔e2.
Schwarz gab auf.

55
Horwitz–Bledow
Berlin 1837

1.e4 e5 2.♘f3 ♘c6 3.♗c4 ♗c5 4.c3 ♕e7
Eine solide Spielweise, die der Partie einen positionellen Anstrich gibt.
5.d4 ♗b6 6.d5 ♘d8 7.♗e2
Ohne Energie gespielt. Die theoretische Hauptfortsetzung besteht in 6.0–0 ♘f6 7.♖e1 d6 8.a4 a6 9.h3 0–0 10.♘a3, und der Anziehende hat die größeren Chancen. Gespielt wird auch das interessante Bauernopfer 7.a4 a6 8.d6 ♕:d6 9.♕:d6 cd 10.♗d5! mit darauffolgender Überführung des Springers von b1 nach c4 und Blockade des Damenflügels durch a4–a5.

7. ... d6 8.h3
An dieser Stelle besteht keine Notwendigkeit zu diesem Zug.
8. ... f5 9.♗g5 ♘f6 10.♘bd2 0–0 11.♘h4?
Es war an der Zeit zu rochieren. Möglich ist auch 11.♕c2.
11. ... fe 12.♘:e4

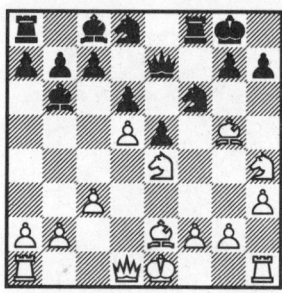

Die Schwäche des Punktes f2 zeigt die Richtung der Suche an, und schon ist die entscheidende Kombination gefunden.
12. ... ♘:e4!
Weiß gab auf. Er gewinnt zwar die Dame – 13.♗:e7, muß aber einen noch teureren Preis zahlen: 13. ... ♗:f2+ 14.♔f1 ♘g3 matt.

56
Greco–N. N.
Rom 1619

Eine von 150 im Traktat Grecos (1600–1634) angeführten Partien.
1.e4 e5 2.♘f3 ♘c6 3.♗c4 ♗c5 4.c3 ♕e7 5.0–0 d6 6.d4 ♗b6
Bis hierher entspricht alles

den gegenwärtigen Erkenntnissen.

7.♗g5 f6 8.♗h4 g5?
Richtig war 8. ... ♗g4.
9.♘:g5! fg 10.♕h5+ ♔d7
11.♗:g5 ♕g7
Hier war 11. ... ♘f6 notwendig, obwohl der weiße Angriff auch dann sehr gefährlich bleibt.

Wiederum ein scheinbar natürlicher Zug und doch der entscheidende Fehler. Noch konnte mit 6. ... ♘e6 das Schlimmste verhindert werden, obwohl der Anziehende nach 7.♗:e6 fe 8.♘d3 nebst e4–e5 über deutlichen Positionsvorteil verfügt.

7.♗e3!

12.♗e6+!! Nach dem erzwungenen 12. ... ♔:e6 folgt ein pikantes Matt in zwei Zügen: 13.♕e8+ ♘e7 14.d5 matt.

57
Estrin–Klaman
Leningrad 1957

1.e4 e5 2.♘f3 ♘c6 3.♗c4
♗c5 4.0–0 ♘f6 5.d4
Ein Opfer, das von Schwarz eine genaue Verteidigung verlangt. Der Bauer kann auf drei verschiedene Arten genommen werden. Die beste von ihnen ist 5. ... ♗:d4.
5. ... ♘:d4?
Und das ist die schlechteste der drei Möglichkeiten.
6.♘:e5 0–0?

Plötzlich zeigt sich, daß Schwarz Material verliert. Auf 7. ... ♘e6 folgt 8.♗:e6 ♗:e3 9.♗:f7+, und im Falle von 7. ... d5 8.ed b5 9.♗:d4 ♗:d4 10.♕:d4 bc 11.♘c6 büßt er noch einen zweiten Bauern ein.
7. ... ♕e7 8.♗:d4 ♗:d4
9.♕:d4 c5 10.♕c3 ♘:e4
11.♕e3 ♕:e5 12.♘c3.
Schwarz gab auf.

58
Rosentreter–Höfer
Berlin 1899

1.e4 e5 2.♘f3 ♘c6 3.♗c4
♗c5 4.0–0 ♘f6 5.d4 ♗:d4
Ungünstig wäre 5. ... ♘:d4 wegen 6.♘:e5. Möglich ist da-

gegen 5. … ed 6.e5 d5 mit
Übergang in die scharfen Varianten des Zweispringerspiels
im Nachzuge.
6.♘:d4 ♘:d4 7.♗g5
Falls 7.f4, so ist 7. … ♘:e4
ein Fehler wegen 8.fe ♘e6
9.♕f3 ♘4g5 10.♗:g5 ♘:g5
11.♗:f7+ ♔f8 12.♕h5 g6
13.♕h6+, und Schwarz gab
auf (Sainsbern–Gurden, Paris
1912). Nach dem richtigen
7. … d6 8.fe de besitzt
Schwarz genügend Spiel.
7. … h6 8.♗h4 g5?
Eine riskante Idee. Größere
Aussichten, die gegnerische
Initiative zu nivellieren, versprach 8. … d6 9.f4 ♗e6.

**9.f4!! gf 10.♖:f4! ef 11.♕:d4
0–0 12.♗:f6 ♕e8 13.♗h8.**
Schwarz kann das Feld g7
nicht verteidigen und wird
matt.

59
Schwartz–Hartlaub
Bremen 1918

**1.e4 e5 2.♘f3 ♘c6 3.♗c4
♗c5 4.0–0**

Ein Zug für alle, die ein ruhiges Spiel vorziehen.
4. … d6 5.h3
Solange der Gegner noch
nicht rochiert hat, muß man
solche Züge sehr genau prüfen.
5. … h5
So spielte man am Anfang unseres Jahrhunderts. Schwarz
hat vorerst keine konkreten
Drohungen aufzuweisen, und
der Anziehende kann ein wirkungsvolles Gegenspiel im
Zentrum und am Damenflügel
beginnen – am besten mittels
6.c3, was sowohl d2–d4 als
auch b2–b4 vorbereitet.
6.♘h2? ♘f6 7.d3 ♗g4!
Der schwarze Angriff wird mit
jedem Zuge stärker. Wenn
jetzt die Dame wegzieht, so
ist 8. … ♘d4 unangenehm.
8.hg hg 9.♘:g4?
Vernünftiger war 9.g3, aber
Weiß ahnt noch immer nicht
die Gefahr.
9. … ♘h5!
Die weiße Position ist schon
nicht mehr zu retten, es droht
10. … ♘g3.
10.♗e3 ♕h4

11.♗:c5 ♛h1+!! 12.♔:h1
♘g3+ 13.♔g1 ♖h1 matt.

60
Süßmann–Schiffers
Petersburg 1873

1.e4 e5 2.♘f3 ♘c6 3.♗c4
♗c5 4.d3 d6 5.♘c3 ♘f6
6.0–0
Weiß hatte keinen Grund, die
Fesselung des Springers f3 zu-
zulassen. Angebracht war 6.h3
nebst ♗e3 und ♛d2, um erst
danach zu entscheiden, auf
welche Seite der König gebracht wird.
6. ... ♗g4 7.♗g5 ♘d4 8.♘d5
Das Gegenspiel ist nicht
gleichwertig, da Schwarz
schon den König attackiert,
während Weiß ins Leere
schlägt.
8. ... ♘:f3+ 9.gf ♗h3
10.♘:f6+?
Diese Linienöffnung ist ver-
nichtend. Angebracht war die
bescheidene Verteidigung mit
10.♖e1 h6 11.♗e3, obwohl
nach 11. ... ♛d7 nebst 0–0–0
die Lage von Weiß ziemlich
schlecht ist.
10. ... gf 11.♗h4

Die weiße Spielweise hätte
auch nach dem einfachen
11. ... ♖g8+ 12.♗g3 h5 nicht
standgehalten, aber Schwarz
fand einen noch wirkungsvol-
leren Schlußzug.
11. ... f5!
Weiß gab auf. Im Falle von
12.♗:d8 entscheidet 12. ...
♖g8+ 13.♔h1 ♗g2+ 14.♔g1
♗:f3+, und 12.♗g3 verliert
schnell wegen 12. ... f4.

61
Knorr–Tschigorin
1900

1.e4 e5 2.♘f3 ♘c6 3.♗c4
♗c5 4.d3 ♘f6 5.0–0 d6
6.♗g5
Wenn der gegnerische König
noch nicht rochiert hat, muß
man mit dieser Fesselung vorsichtig sein.
6. ... h6 7.♗h4?
Gibt dem Gegner gute An-
griffschancen. Noch nicht zu
spät war es für 7.♗e3.
7. ... g5 8.♗g3 h5! 9.♘:g5
Das ist schon Leichtsinn. Mit
9.h4! war der feindliche Angriff aufzuhalten.
9. ... h4! 10.♘:f7

39

Das Vergehen ist geschehen –
jetzt kommt die Bestrafung:
**10. ... hg!! 11.②:d8 ♗g4
12.♕d2 ②d4.**
Es folgte 13.②c3 ②f3+ 14.gf
♗:f3 mit undeckbarem Matt.
Im Falle von 13.h3 hätte
13. ... ②e2+ 14.♔h1 ♖:h3+!
15.gh ♗f3 matt entschie-
den.

62
Horowitz–Duncam
Philadelphia 1952

**1.e4 e5 2.②f3 ②c6 3.♗c4
♗c5 4.0–0 ②f6 5.d3 d6
6.♗g5**
Besser war 6.②c3.
6. ... ♗g4
Logischer ist 6. ... h6. Dann
überläßt 7.♗h4 g5 8.♗g3 h5!
Schwarz starken Angriff, und
auch nach 7.♗:f6 ♕:f6 ist
dessen Spiel etwas vorzuziehen.
7.h3 h5 8.hg?
Nach dem ruhigen 8.c3! sind
die weißen Aussichten sogar
etwas besser, da nicht zu sehen ist, wohin Schwarz seinen
König bringen soll.
8. ... hg 9.②h2
Die letzte Möglichkeit, Widerstand zu leisten, bot 9.d4.
9. ... g3 10.②f3

**10. ... ②g4!! 11.♗:d8 ♗:f2+!
12.♖:f2 gf+.**
Weiß gab auf. Nach 13.♔f1
♖h1+ 14.♔e2 ♖:d1 läßt sich
die Niederlage nicht abwenden.

63
Daniels–Walker
London 1841

**1.e4 e5 2.②f3 ②c6 3.♗c4
♗c5 4.d3 ②f6 5.②c3 0–0**
Nicht ganz präzis gespielt. Zuerst mußte Schwarz mit 5. ...
d6 das „Pflichtprogramm" er-
füllen und seine Pläne bezüg-
lich der Aufstellung des Königs noch nicht aufdecken.
6.♗g5 h6
Wiederum eine Ungenauig-
keit, aber schon eine etwas
größere. Solange der Gegner
seine Königsstellung nicht
festgelegt hat und auch auf die
andere Seite rochieren kann,
dürfen keinesfalls solche
schwächenden Bauernzüge
ausgeführt werden. Immer
noch bot sich der natürliche
Zug d7–d6 an.
7.♗h4 ♗b4

Die Lage von Schwarz ist komplizierter geworden, aber zur Panik gab es noch keinen Grund. Auf Kosten eines Tempos versucht er, den Springer c3 zu vernichten, obwohl weiterhin Zeit für 7. ... d6 war, da die Folgen von 8.♘d5 g5 9.♘:g5 wegen 9. ... ♘:d5 unklar sind.
8.0-0 ♗:c3 9.bc g5

10.♘:g5! hg 11.♗:g5 ♔g7 12.f4! Schwarz gab auf.

64
Fucini-Olivari
Genua 1895

1.e4 e5 2.♘f3 ♘c6 3.♗c4 ♗c5 4.d3 ♘f6 5.♘c3 d6 6.0-0
Der Läufer durfte nicht nach g4 gelassen werden. Solange der König noch in der Mitte steht und auch auf den Damenflügel evakuiert werden kann, konnte Weiß ohne Bedenken 6.h3 ziehen.
6. ... ♗g4 7.a3?
Ein Tempoverlust. Der Anziehende hätte an die Sicherheit

seines Königs denken sollen, z. B. mit 7.♘e2 nebst c2-c3.
7. ... a6 8.h3 h5 9.hg?
Der letzte Fehler. Nach 9.♘e2 ♗:f3 10.gf war eine Verteidigung noch möglich.
9. ... hg 10.♘g5 g3 11.♘:f7

11. ... ♘:e4!
In einer solchen Position wäre es eine Sünde, nicht irgend etwas zu opfern.
12.♘:d8 gf+.
Weiß gab auf. Nach dem erzwungenen 13.♖:f2 erwartet ihn 13. ... ♗:f2+ 14.♔f1 ♖h1+ 15.♔e2 ♘d4 matt.

65
Oeser-Althoff
Reichenberg 1941

1.e4 e5 2.♘f3 ♘c6 3.♗c4 ♗c5 4.d3 d6 5.0-0 ♘f6 6.♗e3 ♗b6 7.♗:b6
Dieser Abtausch hätte noch Zeit gehabt.
7. ... ab 8.♘bd2 0-0 9.♖e1
Macht das Feld f1 für den Springer frei. Ein anderer Plan war 9.h3 und 10.♘h2 mit Vorbereitung von f2-f4.

41

9. ... ♘h5!

Ein nützlicher Zug (der Springer strebt nach f4) und gleichzeitig eine reizvolle Falle. Weiß hätte jetzt mit dem vorher beabsichtigten 10. ♘f1 fortsetzen sollen, aber warum denn nicht einen Bauern gewinnen?

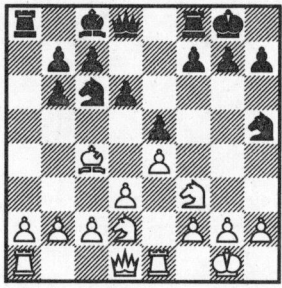

10. ♘:e5? ♘:e5! 11. ♕:h5 ♗g4. Weiß gab auf.

Evans-Gambit

1.e4 e5 2. ♘f3 ♘c6 3. ♗c4 ♗c5 4.b4

Eine der populärsten Eröffnungen im 19. Jahrhundert. Die interessante Idee, einen Bauern zu opfern, um Tempi für die Besetzung des Zentrums zu gewinnen, stammt vom englischen Marineoffizier und Schachspieler Evans (1790–1872). Eine der Hauptmethoden im Kampf gegen dieses Gambit ist die Annahme des Opfers, um es im geeigneten Moment für die Vollendung der Entwicklung zurückzugeben.

66
Paulsen – Schneider
Leipzig 1863

Die Partie wurde in einer Blind-Simultanveranstaltung gespielt.

1.e4 e5 2. ♘f3 ♘c6 3. ♗c4 ♗c5 4.b4 ♗:b4 5.c3 ♗c5

Von den anderen Möglichkeiten kommen 5. ... ♗a5 und 5. ... ♗e7 in Betracht.

6.0–0 ♘f6

Unvorsichtig. Richtig war 6. ... d6! 7.d4 ed 8.cd ♗b6 mit beiderseitigem Spiel.

7.d4 ed 8.cd ♗b6 9.e5 d5

Schwarz versucht, die Situation zu retten, aber es ist schon zu spät. Auf den Rückzug 9. ... ♘g8 (oder 9. ... ♘g4 10. ♗:f7+ ♔:f7 11. ♘g5+) folgt 10.d5.

10.ef dc 11.d5

Einfacher führte 11.fg ☖g8 12. ☖e1+ ♗e6 13.d5 zum Ziel.

11. ... ♕:f6 12.dc.

Schwarz gab auf. Bei 12. ... ♕:a1 ist 13. ☖e1+ ♗e6 14. ☖:e6+! fe 15. ♕d7+ ♔f8 16. ♗a3+ ♔g8 17. ♕:e6 matt möglich.

67
Ferleier – Melisson
Holland 1977

1.e4 e5 2. ♘f3 ♘c6 3. ♗c4 ♗c5 4.b4 ♗:b4 5.c3 ♗a5 6.d4 ed 7.0–0 dc

Spielt mit dem Schicksal. Vernünftig und solide war 7. ...
♘ge7.

8.♕b3 ♕f6 9.e5 ♘:e5?
So darf man in scharfen Stellungen nicht spielen – Weiß erhält für seinen Angriff neue Linien. Allerdings besitzt er auch nach 9. ... ♕g6 10.♘:c3 ♘ge7 11.♗a3 0–0 12.♖ad1 eine starke Initiative. Es sei noch auf eine Falle aufmerksam gemacht: 12.♘d5? ♘:d5 13.♗:f8 ♘f4!
10.♖e1 d6 11.♕a4+ ♔f8 12.♘:e5.
Schwarz gab auf. Auf 12. ... c2 folgt 13.♘g6+! und 14.♕e8 matt.

Abgelehntes Evans-Gambit

1.e4 e5 2.♘f3 ♘c6 3.♗c4 ♗c5 4.b4 ♗b6

So wird selten gespielt, da Weiß über bequeme Wege zur weiteren Entwicklung seiner Initiative verfügt.

68
Helms–Tenner
New York 1942

1.e4 e5 2.♘f3 ♘c6 3.♗c4 ♗c5 4.b4 ♗b6 5.a4 a6
Falls 5. ... ♘:b4, so ist 6.a5 ♗c5 7.c3 ♘c6 8.0–0 nebst 9.d4 gut.
6.a5
Mehr Schwierigkeiten bereitet

Schwarz der Angriff 6.♘c3, z. B. 6. ... ♘f6 (oder 6. ... d6 7.♘d5 ♗a7 8.d3 h6 9.♗e3 mit weißem Übergewicht) 7.♘d5! ♘:d5 (seinen Eröffnungsvorteil behält der Anziehende auch bei 7. ... ♘:e4 8.0–0 0–0 9.d3 ♘f6 10.♗g5 d6 11.♘d2) 8.ed e4 9.dc ef 10.♕:f3 ♕e7+ 11.♔d1 dc 12.♖e1 ♗e6 13.♗b2 mit besseren Chancen für Weiß.
6. ... ♗a7 7.b5 ab 8.♗:b5 ♘f6 9.♗a3 ♘:e4
Ein charakteristischer Fehler. In dieser scharfen Position mußte unverzüglich die Evakuierung des Königs vorbereitet werden: 9. ... d6 10.d4 0–0.
10.♕e2! ♘:f2 11.♘:e5 ♘d4
Schwarz war der Meinung, daß er den Gegner überlistet hat. Ihn erwartet jedoch eine herbe Enttäuschung.
12.♘:d7+! ♘:e2 13.♘f6 matt.

Zweispringerspiel im Nachzuge

1.e4 e5 2.♘f3 ♘c6 3.♗c4 ♘f6

Eine alte, schon im 16. Jahrhundert bekannte scharfe und originelle Eröffnung, die ihre Popularität bis heute erhalten hat. Mit dem Gegenangriff auf den Bauern e4 versucht Schwarz, die Initiative zu übernehmen, wobei er in vielen Varianten vor Opfern nicht zurückschreckt. Der Anziehende verfügt über zwei Hauptfortsetzungen: 4.♘g5 und 4.d4.

Das ist der Grund: Beide schon ins Spiel gebrachte weiße Figuren sind angegriffen.
11.♗:c6+ ♘:c6 12.♘:c6 ♛c5.
Weiß gab auf.

69
Gumbatow–Kalbijew
Tschairud 1979

1.e4 e5 2.♘f3 ♘c6 3.♗c4 ♘f6 4.♘g5 d5 5.ed ♘a5 6.♗b5+ c6 7.dc bc 8.♗a4?
Die Theorie hat diesen Zug schon lange verworfen. Der übliche Rückzug ist 8.♗e2, obwohl manchmal auch 8.♗d3 (Bird) oder 8.♗f1 (Steinitz) gewählt wird.
8. ... h6 9.♘f3 e4 10.♘e5 ♛d4!

70
Lwow–Radtschenko
Krasnodar 1957

1.e4 e5 2.♘f3 ♘c6 3.♗c4 ♘f6 4.♘g5 d5 5.ed b5!?
Die Idee dieses Zuges zeigt sich in den Varianten 6.♗:b5 ♛:d5 7.♗:c6+ ♛:c6 8.0–0 ♗b7 9.♛f3 e4 10.♛b3 0–0–0! oder 8.♛f3 e4! 9.♛b3 ♗c5! 10.♛:f7+ ♔d8 mit schwarzem Gegenspiel.
6.♗f1!
Deckt den Bauern g2, was im Falle von 6. ... ♛:d5 7.♘c3 nützlich ist.
6. ... ♘d4 7.c3 ♘:d5 8.♘e4
Ungünstig ist 8.♘:f7 ♔:f7 9.cd ed 10.♛f3+ wegen 10. ... ♘f6!, und falls 11.♛:a8, so 11. ... ♗c5 12.♗:b5 ♖e8+! mit durchschlagendem schwarzem Angriff.

8. ... ♕h4
Ebenso möglich ist 8. ... ♘e6
9.♗:b5+ ♗d7 10.♗:d7+
♕:d7 11.0–0 ♗e7!, und
Schwarz besitzt für den Bauern die Initiative.
9.♘g3 ♗b7!?
Große Verwicklungen ergeben
sich auch bei 9. ... ♗g4 10.f3
e4!? 11.cd ♗d6 12.♗:b5+
♔d8.
10.cd 0–0–0 11.♗:b5?
Hier spielen Bauern keine
Rolle. Weiß mußte mit 11.d3
die Figuren des Damenflügels
in den Kampf führen, z. B.
11. ... ♘f4 12.♗:f4 ef
13.♕h5! mit guten Aussichten, den Angriff zurückzu-
schlagen.
11. ... ♘f4 12.0–0

Der Anziehende hoffte auf
12. ... ♗:g2 13.♗a6+ ♔b8
14.♕b3+ ♔a8, um mittels
15.f3 die Initiative zu ergreifen.
12. ... ♕h3!! Weiß gab auf.
Interessant ist, daß genauso
die Partie Krapiwin–Dmitri-
jew (Viertelfinale der
15. UdSSR-Fernschachmeister-
schaft, 1977) endete.

71
Sobolewski–Thomhave
Fernpartie 1979

**1.e4 e5 2.♘f3 ♘c6 3.♗c4
♘f6 4.♘g5 ♗c5**
Im Traxler-Gambit sind bis
heute noch nicht alle Probleme gelöst.
5.♗:f7+ ♔e7 6.♗d5
Ein seltener Rückzug. Ge-
wöhnlich wird zwischen
6.♗b3 und 6.♗c4 gewählt.
**6. ... ♕e8 7.0–0 d6 8.c3
♕g6?**
In derartigen Stellungen muß
man präzis handeln. Richtig
ist 8. ... h6 9.d4 ♗b6 und auf
10.♘f3 die Antwort 10. ...
♗g4.
9.d4!
Bei dem natürlichen Zug 9. ...
♗b6 beginnt eine unterhaltsame Jagd auf die Dame:
10.♗f7 ♕h6 11.♘e6 ♕h4
12.♗g5 ♕:e4 13.♖e1 ♕d5
14.♘d8! ♕b5 15.♘:c6 bc
16.♗b3. Der Anziehende ent-
faltet erfolgreich seine Kräfte
und erhält deutliches Übergewicht.
**9. ... ed 10.♗f7 ♕h6 11.♘e6
g5**
Nach 11. ... ♕h4 12.♗g5
♕:e4 13.♖e1 verliert Schwarz
die Dame.
12.♗:g5. Schwarz gab auf.

45

72
Rutka–Vesely
Prag 1950

1.e4 e5 2.♘f3 ♘c6 3.♗c4 ♘f6 4.♘g5 ♗c5 5.♘:f7 ♗:f2+ 6.♔:f2 ♘:e4+ 7.♔e3
Das ist kein Mut, sondern Selbstgefälligkeit. Königlich weise war der Rückzug 7.♔g1.
7. ... ♕e7 8.♔:e4 ♕h4+
Nach 9.♔e3 gehen beide entwickelte Figuren verloren:
9. ... ♕f4+ 10.♔e2 ♕:c4+ nebst 11. ... ♕:f7.
9.g4 d5+! 10.♗:d5 ♗:g4 11.♕e1

11. ... ♗f5+!
Weiß gab auf. Im Falle von

12.♔:f5 g6+ wird der weiße König auf e6 matt gesetzt.

73
Gussew–Woinikowitsch
Moskau 1950

1.e4 e5 2.♘f3 ♘c6 3.♗c4 ♘f6 4.d4 ed
Das Schlagen mit dem Springer ist ein Fehler: 4. ... ♘:d4 5.♗:f7+ ♔:f7 6.♘:e5+ und 7.♕:d4.
5.0–0 ♘:e4
Nach mehr als hundert Jahren ist es den Theoretikern und Praktikern noch immer nicht gelungen festzustellen, zu wessen Vorteil nach 5. ... ♗c5 der Max-Lange-Angriff führt. Seine Grundstellung ergibt sich nach den Zügen 6.e5 d5 7.ef dc 8.♖e1+ ♗e6 9.♘g5 ♕d5 10.♘c3 ♕f5 11.♘ce4.
6.♖e1 d5
Jetzt hat Weiß die Wahl. Der gebräuchliche Plan besteht in 7.♗:d5 ♕:d5 8.♘c3 ♕a5 9.♘:e4 ♗e6 10.♘eg5 0–0–0 11.♘:e6 fe 12.♖:e6 ♗d6 mit etwa gleichen Chancen.
7.♗b5?! ♗b4 8.♘:d4?
Aussichten auf ein normales Leben bot 8.♘bd2.
8. ... ♗:e1 9.♘:c6 ♗:f2+ 10.♔h1 ♕h4
Es läßt sich schon ahnen, wie alles endet.
11.♘e5+ c6 12.♘f3 ♘g3
matt.

Der König wird wie ein er-
tappter Lausbub in der Ecke
des Spielfeldes bestraft.

74
Tschuchrai–Shurawichin
Fernpartie 1977

1.e4 e5 2.♘f3 ♘c6 3.♗c4
♘f6 4.d4 ed 5.0–0 ♘:e4
6.♖e1 d5 7.♗b3?! ♗e6
8.♘:d4
Ein Versehen. Mittels 8.♘bd2
konnte Weiß um Ausgleich
kämpfen.
8. ... ♘:d4 9.♕:d4 ♗c5
10.♕:g7 ♕h4!

Die Arbeit ist getan. Der Anziehende kann beide Türme
gewinnen – 11.♕:h8+ ♔d7

12.♕:a8 –, wird aber dann
sehr rasch matt gesetzt: 12. ...
♕:f2+ 13.♔h1 ♕g1+
14.♖:g1 ♘f2 matt oder auch
gleich 13. ... ♕:e1 matt. Falls
11.♖f1, so entscheidet 11. ...
♗:f2+ 12.♔h1 ♘g3+.
11.g3 ♗:f2+. Weiß gab auf.

75
Ahrend–Dyckhoff
1937

1.e4 e5 2.♘f3 ♘c6 3.♗c4
♘f6 4.d4 ed 5.0–0 ♘:e4
6.♖e1 d5 7.♘c3
Dieser Zug stammt vom pe-
ruanischen Meister Canal. Er
ist jedoch für den Nachziehenden ungefährlich, z. B.
7. ... dc4 8.♖:e4+ ♗e6
9.♘:d4 ♘:d4 10.♖:d4 ♕f6!,
und Weiß kann nicht 11.♘e4
ziehen wegen 11. ... ♕:d4!
12.♕:d4 ♖d8.
7. ... dc3 8.♗:d5 ♗e6
Schwarz verteidigt sich und
stellt zugleich eine schlaue
Falle. Jetzt war die Erwiderung 9.♗:e4 notwendig.
9.♖:e4?

9. ... ♘e7! Weiß gab auf,
da sein Läufer d5 verloren-
geht.

76
Ostrogski–Smirnow
Moskau 1903

Im Februar 1903 fand im Moskauer Schachzirkel eine unge-
wöhnliche Simultanveranstal-
tung statt. Ostrogski, ein stän-
diges Mitglied der Versamm-
lung des Zirkels, ging auf
Weltrekordjagd im Spiel ohne
Ansicht des Schachbrettes.
Der Moskauer Schachspieler
nahm gleichzeitig 23 Partien
auf. Wie damals die Zeitschrift
„Schachumschau" schrieb,
spielte Ostrogski „sehr flüssig,
beeindruckte die Anwesenden
oft durch seine unerwarteten,
umstrittenen und auch eleganten Züge". Und weiter: „Die
russischen Schachspieler können stolz darauf sein, daß sie
in ihren Reihen den führen-
den Blindspieler der Welt haben."
Es folgt eine Partie aus dieser
wenig bekannten Veranstal-
tung.
**1.e4 e5 2.♘f3 ♘c6 3.♗c4
♘f6 4.d4 ♘:e4?**
Der Grundstein für die Niederlage. Richtig war 4. ... ed
5.e5 ♘e4.
5.de ♗c5
Mittels 5. ... ♘c5 ließ sich die
Stellung gerade noch halten.
**6.♕d5 ♗:f2+ 7.♔f1 0–0
8.♕:e4**

Der Rest ist überflüssig, doch
nicht ohne Reiz.
**8. ... ♗b6 9.♗g5 ♕e8
10.♗f6! d5**
Oder 10. ... gf 11.♗d3.
11.♕h4! dc 12.♕g5.
Schwarz gab auf.
Der Rekord von 23 Partien
hielt sich recht lange, wurde
aber dann von Aljechin über-
boten und später vom ungarischen Meister Flesch, der
gleichzeitig 52 Partien spielte.

77
Müller–Werra
Cottbus 1942

**1.e4 e5 2.♘f3 ♘c6 3.♗c4
♘f6 4.d4 ed 5.e5 ♘g4**
Eine durchaus spielbare Alter-
native zu 5. ... d5.

6.♗:f7+?!
Ein verlockender, aber nicht
zu empfehlender Zug. Keinen
Erfolg verspricht 6.♗f4. Nach
6. ... d6 7.ed ♗:d6 8.♕e2+
♗e7 sichert Schwarz seinen
Mehrbauern. Der richtige Weg
ist 6.♕e2! ♕e7 7.♗f4 d6 8.ed
♕:e2+ 9.♗:e2 ♗:d6 10.♗:d6

48

cd 11.♘a3, und Weiß behält einen kleinen Eröffnungsvorteil.

6. ... ♔:f7 7.♘g5+ ♔g8 8.♕:g4 ♗b4+

Die Liebe zum Schachgeben führte schon viele ins Verderben. Es war an der Zeit, die gegnerischen Figuren zurückzudrängen: 8. ... h6! 9.♘f3 (unzureichend ist 9.♕f3; nach 9. ... hg 10.♕d5+ ♔h7 11.h4 g4 ist bei Schwarz alles im Lot) 9. ... d6, und der Nachziehende übernimmt die Initiative.

9.c3 dc 10.♕c4+.

Schwarz gab auf.

78

Muratow–Baranow
Fernpartie, UdSSR 1964

1.e4 e5 2.♘f3 ♘c6 3.♗c4 ♘f6 4.d4 ed 5.e5 ♘g4 6.♗:f7+?! ♔:f7 7.♘g5+ ♔g8 8.♕f3

Dem Schein nach eine vielversprechende Aktion. Aber der Nachziehende verfügt über ein Gegenmittel.

8. ... ♗b4+! 9.c3 ♘c:e5?

Schwarz kommt vom richtigen Wege ab. Der Bauer mußte mit dem anderen Springer genommen werden: 9. ... ♘g:e5! Was nun? – 10.♕d5+ ♔f8, und jetzt 11.0–0 (11.cb ♘:b4) 11. ... ♕e7 12.f4 ♘g4 13.cb ♘f6 mit schwarzem Übergewicht. Oder 11.f4 ♘d3+ 12.♔d2 ♕f6 13.♔:d3 d6! 14.cd ♗f5+ 15.♔c4 h6 16.♘e4 ♕g6, und Weiß ist verloren.

Nach dem Partiezug triumphiert der Anziehende.

10.♕d5+ ♔f8 11.♘e6+.

Schwarz gab auf.

79

Dudek–Kühn
Breslau 1939

1.e4 e5 2.♘f3 ♘c6 3.♗c4 ♘f6 4.0–0

Mit dem Verzicht auf das energische 4.d4 oder 4.♘g5 gibt der Anziehende die Eröffnungsinitiative aus der Hand.

4. ... ♗e7 5.♖e1

Ein zu langsamer und taktisch nicht abgesicherter Plan. In der entstandenen Position mußte Weiß das Zentrum mit 5.d3 befestigen und nach 5. ... d6 6.h3 schnellstens die Entwicklung beenden – ♘c3, ♗g5, ♕d2.

5. ... 0–0 6.c3

Geht auf dem falschen Weg weiter. Die Antworten 6.♘c3 oder 6.d3 hielten das Gleichgewicht aufrecht.

6. ... ⧫:e4! 7.⧫:f7+?
Der Anziehende ist in der
Entwicklung zurückgeblieben
und hilft dem Gegner zudem
noch, Linien für dessen Angriff zu öffnen. Mit 7.d3 hätte
er zur Verteidigung übergehen sollen.
**7. ... ⧫:f7 8.⧫:e4 d5 9.⧫:e5
⧫:f3! 10.⧫:e7 ♛:e7 11.gf
♛g5+ 12.♔h1 ⧫h3 13.♛g1
♛:g1+.**
Weiß gab auf. Nach 14.♔:g1
⧫e8 ist keine der drei weißen
Figuren in der Lage, ihrem
König zu Hilfe zu kommen.

Die Lage des Nachziehenden
ist kompliziert. Er mußte mit
11. ... h6 einen Gegenangriff
beginnen, z. B. 12.⧫:f6+
♛:f6 13.♛:d5+ ♔f8 mit un-
klarem Spiel. Pildus glaubte jedoch, daß sein Gegner ihm
einfach einen Springer hinge-
stellt hat.
11. ... de? 12.♛b3+.
Schwarz gab auf, das Matt läßt
sich nur noch hinauszögern.

80
Warawin–Pildus
Safonowo 1980

**1.e4 e5 2.⧫f3 ⧫c6 3.⧫c4
⧫f6 4.⧫c3**
Ein natürlicher, aber nicht der
stärkste Zug. Die Hauptvarianten dieser Eröffnung beginnen
mit 4.⧫g5 oder 4.d4.
4. ... ⧫:e4 5.⧫:f7+
Auch bei 5.⧫:e4 d5 bestehen
für Weiß keine Aussichten auf
Vorteil.
5. ... ♔:f7 6.⧫:e4 ⧫e7
Ein gefährliches Zögern. Sicherer ist 6. ... d5.
**7.d4! ed 8.⧫fg5+ ♔g8 9.♛f3
⧫f6 10.⧫f4 d5 11.0–0**

81
Mühlock–Kostić
Köln 1912

**1.e4 e5 2.⧫f3 ⧫c6 3.⧫c4
⧫d4?**
Ein Zug, der lediglich eine
Falle stellt, dabei aber mit
einem Zeitverlust verbunden
ist, weil Schwarz in der Eröffnung zweimal mit ein und
derselben Figur zieht. Die
richtige Erwiderung war jetzt
das ruhige 4.0–0 oder 4.⧫:d4
ed 5.0–0. In beiden Fällen sichert der Entwicklungsvorsprung Weiß eine klare Eröffnungsinitiative.
4.⧫:e5?

Darauf hoffte Schwarz bei seinem vorangegangenen Zuge.
**4. ... ♛g5! 5.♘:f7 ♛:g2
6.♖f1 ♛:e4+ 7.♗e2 ♘f3**
matt.

Ein solches Finale wird es wohl in Hunderten Partien gegeben haben. Im Treffen Kozelek–Holzmann (1929) wählte Weiß anstelle von 6.♖f1 den Zug 6.d3. Natürlich rettete auch das nicht: 6. ... ♛:h1+ 7.♔d2 ♛g2 8.♘:h8 ♛:f2+, und Weiß gab auf. Bei 9.♔c3 entscheidet 9. ... ♘e2+ 10.♔d2 (10.♔b3 ♛b6+) 10. ... ♗b4+ mit Matt in zwei Zügen.

82
*Sewetow–Jakimow
Fernpartie, UdSSR 1982*

1.e4 e5 2.♘f3 ♘c6 3.♗c4 ♘d4
In der Eröffnung ist es eine „Sünde", nacheinander zwei Züge mit ein und derselben Figur auszuführen. Diese Partie bestätigt die alte Weisheit.
4.♘:d4!

Am einfachsten, obwohl 4.0–0 ebenfalls gut ist.
**4. ... ed 5.0–0 d6 6.c3 dc
7.♘:c3 ♘f6 8.d4 g6?**
Das ist erstens zu langsam und schwächt zweitens den Schutz des Springers f6. Richtig war 8. ... ♗e7.
9.♗g5 ♗g7 10.f4! ♛d7
Was sonst?
11.e5 de
Verliert sofort, aber auch 11. ... ♘g8 12.e6! fe 13.♗:e6 versprach nichts Gutes.
12.fe. Schwarz gab auf.

83
*Hartlaub–Rosenbaum
Freiburg 1892*

1.e4 e5 2.♘f3 ♘c6 3.♗c4 f6?
Es ist offensichtlich, daß eine derartige Deckung des Bauern e5 die Felder nahe des eigenen Königs schwächt und nur dem Gegner von Nutzen ist.
4.♘h4 g5?
In demselben selbstmörderischen Stil gespielt.
5.♛h5+ ♔e7 6.♘f5 matt.

Dreispringerspiel

1.e4 e5 2.♘f3 ♘c6 3.♘c3

Das Dreispringerspiel ergibt sich, wenn der Nachziehende vom symmetrischen 3. ... ♘f6 abweicht und andere Fortsetzungen wählt. Es ist wenig erforscht und wird recht selten gespielt.

84

Tabor–Rajna
Budapest 1971

1.e4 e5 2.♘f3 ♘c6 3.♘c3 f5?!
Eine scharfe, aber ziemlich unsichere Fortsetzung. Gewöhnlich wird 3. … ♗b4 gezogen. Eine mögliche Folge ist 4.♘d5 ♘f6 5.♘:b4 ♘:b4 6.♘:e5 d6 7.♘f3 ♘:e4 8.d3! ♘f6 9.c3 ♘c6 10.d4, und der Anziehende behält Eröffnungsvorteil.
Gespielt wird ebenfalls die alte, von Steinitz stammende Fortsetzung 3. … g6, z. B. 4.d4 ed 5.♘:d4 (nichts verspricht auch 5.♘d5 ♗g7 6.♗g5 ♘ce7 7.e5 wegen 7. … h6!) 5. … ♗g7 6.♗e3 d6 7.♕d2 ♘f6 mit normalem Spiel für Schwarz.
4.d4! fe 5.♘:e5 ♘f6 6.♗c4 d5 7.♘:d5! ♘:d5 8.♕h5+ g6 9.♘:g6 ♘f6

Es hat den Anschein, daß sich Schwarz nach 10.♕h4 hg 11.♕:h8 ♗:d4 noch wehren kann. Aber der Schein trügt.

10.♗f7+!
Schwarz gab auf. Nach 10. … ♔:f7 11.♘e5+ ♔e6 erwartet seinen König 12.♕f7+ ♔d6 13.♘c4 matt.
Diese Partie hat nicht wenige Vorgänger, z. B. Breyer–Balla (Pistyan 1912) und Aissin–Michailowitsch (Moskau 1965).

85

Réti–Dunkelblum
Wien 1914

1.e4 e5 2.♘f3 ♘c6 3.♘c3 ♗c5?
Ein ernster Fehler. Das Dreispringerspiel wird am besten mit den Zügen 3. … g6 oder 3. … ♗b4 eingeleitet.
4.♘:e5! ♘:e5
Ungenügend ist der verlockende Angriff 4. … ♗:f2+ 5.♔:f2 ♘:e5 6.d4 ♕f6+ 7.♔g1 ♘g4 wegen 8.♕d2! Der Springer kann mit h2–h3 leicht von g4 vertrieben werden, und der beträchtliche Entwicklungsvorsprung garantiert Weiß schnell ein deutliches positionelles Übergewicht.
5.d4 ♗:d4
Etwas besser ist 5. … ♗d6, z. B. 6.de ♗:e5 7.f4 ♗:c3+ 8.bc d6 9.♗c4 ♕h4+ 10.g3 ♕h3 mit schwarzem Gegenspiel.
6.♕:d4 ♕f6?
Richtig ist 6. … d6, da 7.f4 wegen 7. … ♕h4+ vorerst nicht geht (8.g3 ♘f3+).
7.♘b5!

Die Drohung 7. ... ♘f3+ ist beseitigt, und es ist keine gute Verteidigung des Bauern c7 zu finden. Die einzige Möglichkeit, das materielle Gleichgewicht zu erhalten, bildet 7. ... c6 8.♘d6+ (nicht aber 8.♘c7+? ♚d8, und wieder droht 9. ... ♘f3+) 8. ... ♚e7 (ein schönes Finale ergibt sich bei 8. ... ♚d8 9.♗e3 ♘e7 10.♛b6+! ab 11.♗:b6 matt) 9.♘f5+, doch das führt zu deutlichem weißem Positionsvorteil.

7. ... ♚d8 8.♛c5!
Schwarz gab auf. Beide Drohungen kann er nicht gleichzeitig abwehren.

Vierspringerspiel

1.e4 e5 2.♘f3 ♘c6 3.♘c3 ♘f6

Eine der ältesten Eröffnungen, die schon im 16. Jahrhundert in der Handschrift Polerios analysiert wurde. Weiß setzt den Kampf um das Zentrum fort, allerdings nicht so nachhaltig wie z. B. in der Spanischen Partie. In einigen Varianten besitzt Schwarz die Möglichkeit, das Spiel schnell zu vereinfachen, und deshalb ist das Vierspringerspiel in der heutigen Praxis recht selten anzutreffen.

86
Pillsbury – Dickson
Blind-Simultanveranstaltung,
New Orleans 1900

1.e4 e5 2.♘f3 ♘c6 3.♘c3 ♘f6 4.♗b5 ♗c5 5.0–0 0–0 6.♘:e5 ♛e7 7.♘:c6 dc 8.♗d3?
Schließt den Läufer c1 aus dem Spiel aus. Natürlicher und stärker ist 8.♗e2, z. B. 8. ... ♘:e4 9.♘:e4 ♛:e4 10.♗f3 mit etwa gleichen Aussichten.
8. ... ♛e5!? 9.h3?
Hier war es dringend notwendig, daß der Anziehende mit 9.♛f3 seine Dame in eine aktive Position bringt.

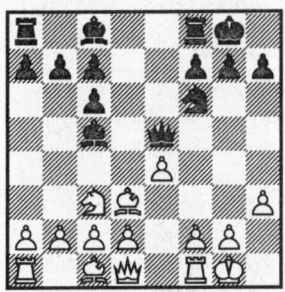

9. ... ♗:h3! 10.gh ♛g3+ 11.♚h1 ♛:h3+ 12.♚g1 ♘g4.
Weiß gab auf.

87
Fotiaba – Mihailidu
Frauen-Olympiade,
Luzern 1982

1.e4 e5 2.♘f3 ♘c6 3.♘c3 ♘f6 4.♗c4

Gestattet dem Gegner, eine günstige Abtauschoperation durchzuführen. Stärker war 4.♗b5.

4. ... ♘:e4! 5.♘:e4 d5 6.♗b5
Auch das ist nicht die beste Entscheidung. Günstiger entwickeln sich die Ereignisse für Weiß bei 6.♗d3 de 7.♗:e4.

6. ... de 7.♗:c6+ bc 8.♘:e5 ♛d5
Nicht schlecht, aber energischer war 8. ... ♛g5.

9.♛h5?
Verliert die Partie: Weiß begibt sich selbst in eine Fesselung, von der er sich nicht mehr befreien kann. Richtig war nur 9.d4 ed 10.0–0!

9. ... ♗d6 10.c4
Panik! Aber die Position ist schon hoffnungslos.

10. ... ♛:e5 11.♛:e5 ♗:e5.
Weiß gab auf.

88
Pollock–Hall
New York 1890

1.e4 e5 2.♘f3 ♘c6 3.♘c3 ♘f6 4.♗c4 ♗b4 5.0–0 d6
In der entstandenen Position ist es besser, auf c3 zu tauschen, da Weiß jetzt ein wichtiges Tempo für die Verstärkung seiner Eröffnungsinitiative gewinnt.

6.♘d5 ♗g4 7.c3 ♗c5 8.d3
Der Anziehende hat sein Zentrum befestigt und steht zum Bauernangriff am Damenflügel bereit. Schwarz hätte jetzt mittels 8. ... ♘:d5 9.♗:d5 ♛f6

die Stellung vereinfachen müssen.

8. ... ♘e7?
Lädt den Gegner zur Linienöffnung am Königsflügel ein – 9.♘:f6+ gf. Schwarz übersieht jedoch ein typisches Verfahren, das ihm der Anziehende auch sogleich zeigt.

9.♘:e5! ♗:d1
Auf 9. ... de gewinnt Weiß ebenso leicht: 10.♘:f6+ gf 11.♛:g4.

10.♘:f6+ gf 11.♗:f7+ ♔f8 12.♗h6 matt.

89
Gerschwiler–Salzmann
Schweiz 1965

1.e4 e5 2.♘f3 ♘c6 3.♘c3 ♘f6 4.d4 ed 5.♘d5 h6?
Ein typischer Zeitverlust. Gegen die Belgrader Variante, die mit dem Zug 5.♘d5 beginnt, kann Schwarz mittels 5. ... ♗e7, 5. ... ♘:e4 oder 5. ... ♘b4! ankämpfen.

6.♗f4 d6 7.♘:d4 ♘e5?
Noch ein häufig anzutreffender Fehler. Ohne Notwendig-

keit zieht Schwarz in der Eröffnung zweimal mit ein und derselben Figur und verliert abermals teure Zeit. Wichtig war, mit 7. ... ♗e7 die Rochade vorzubereiten, womit nebenbei auch die Entlastungsoperation 8. ... ♘:d5 9.ed ♘:d4 10.♕:d4 ♗f6 ins Auge gefaßt wird.

8.♗:e5 de 9.♗b5+ ♘d7?
Der letzte Fehler. Nach 9. ... c6 10.♘:c6! bc 11.♗:c6+ ♗d7 12.♗:a8 verteidigen sich Läufer und Springer gegenseitig. Notwendig war das paradoxe 9. ... ♘d7 10.♘:f6+ ♕:f6!? (unbefriedigend ist 10. ... gf 11.♗:d7+ ♕:d7 12.♘f5) 11.♗:d7+ ♔:d7. Die schwarze Lage ist natürlich schlechter, aber Weiß verfügt über keinen direkten Weg, seinen Vorteil wesentlich zu vergrößern.

10.♘e6!! Sehr effektvoll. Schwarz gab auf. Bei 10. ... fe folgt Matt in zwei Zügen.

90
Tarrasch–Simonson
Berlin 1887

1.e4 e5 2.♘f3 ♘c6 3.♘c3 ♘f6 4.d4 ♗b4
Selten gespielt, aber nicht schlecht.
5.d5 ♘e7 6.♘:e5 ♘:e4?
Zuerst war es notwendig, mit 6. ... d6 den Springer zu vertreiben. Falls dann 7.♗b5+, so erlangt Schwarz durch 7. ... c6! 8.dc 0–0 9.cb ♗:b7 gute Gegenchancen.
7.♕d4! ♗:c3+
In der Variante 7. ... ♘:c3 8.bc ♗a5 9.♘c4 ♗b6 10.♘:b6 ab 11.d6! bekommt Weiß starken Angriff.
8.bc ♘f6 9.♗g5 ♘g6
Hartnäckiger war 9. ... d6, obwohl auch damit die Partie nicht zu retten war.

10.♘g4! Schwarz gab auf.

55

Spanische Partie

1.e4 e5 2.♘f3 ♞c6 3.♗b5

Erstmals wurde diese Eröffnung von den herausragenden spanischen Schachspielern des 15. und 16. Jahrhunderts Lucena und Lopez analisiert. Damals wurde das Hauptziel des Zuges 3.♗b5 in der Bedrohung des Bauern e5 gesehen. Bei der modernen Behandlung der Eröffnung ist diese Drohung nur der Beginn von tiefgründigen strategischen Plänen im Kampf um das Zentrum und um die Erhaltung der Eröffnungsinitiative.

Die verschiedenen Systeme der Spanischen Partie werden gewöhnlich untergliedert in die älteren – ohne den Zug 3. ... a6 – und die moderneren – mit dem Zug 3. ... a6.

91
Chorkow–Dupak
Fernpartie 1973

1.e4 e5 2.♘f3 ♞c6 3.♗b5 ♞d4

Dieser Zug wurde vom englischen Schachmeister Bird in die Turnierpraxis eingeführt. Trotz seines Alters von über 100 Jahren ist diese Verteidigung noch wenig erforscht und führt zu einem gehaltvollen Kampf, in dem Weiß allerdings die etwas besseren Aussichten besitzt.

4.♘:d4 ed 5.0–0 ♗c5 6.d3 ♘e7

In Betracht kommt 6. ... c6 7.♗c4 d6 mit nur geringem Eröffnungsvorteil für den Anziehenden.

7.♕h5 ♗b6 8.♗g5 0–0 9.♗c4!

Weiß möchte mit dem Bauern f2 vorgehen und verhindert zuerst f7–f6.

9. ... d6?

Der Nachziehende beabsichtigt, den Läufer nach e6 zu stellen und den Bauern f7 zu befreien. Diese Maßnahme erweist sich jedoch als ungenügend. Vielleicht hätte er sich zu 9. ... ♕e8 10.f4 ♔h8 entschließen sollen, um auf 11.f5 die Antwort 11. ... f6 zu haben.

10.f4 ♗e6 11.f5 ♗:c4 12.f6!

Schwarz gab auf. Nach 12. ... gf 13.♗:f6 ist der König verloren.

92
Noskow–Starostin
Alma-Ata 1958

1.e4 e5 2.♘f3 ♞c6 3.♗b5 f5

Dieser interessante Gegenangriff wurde vor mehr als hundert Jahren von dem russischen Meister Janisch entdeckt und trägt deshalb seinen Namen. Er führt zu einem zweischneidigen Kampf mit etwas besseren Aussichten für Weiß, verlangt aber von beiden Partnern gute theoretische Kenntnisse.

4.♘c3 ♞d4
Rétis Idee. Im Falle von 5.ef
folgt jetzt 5. ... ♘:b5 6.♘:b5
d6 7.d4 e4 8.♘g5 ♗:f5 mit
beiderseitigen Möglichkeiten.
5.♗c4 fe?
Verliert sofort. Richtig ist
5. ... c6 6.0–0 d6 7.ef ♗:f5
8.♖e1 ♗e7 nebst 9. ... ♘f6,
und Schwarz behält Gegen-
chancen.
**6.♘:d4 ed 7.♕h5+ g6
8.♕e5+ ♞e7 9.♘d5.**
Schwarz gab auf.

93
Kubanec–Wacker
1939

**1.e4 e5 2.♘f3 ♞c6 3.♗b5 f5
4.♘c3 fe 5.♘:e4 ♗e7**
Nicht die beste Fortsetzung.
Die Hauptvarianten ergeben
sich nach den Zügen 5. ... d5
oder 5. ... ♘f6; z. B. 5. ... d5
6.♘:e5 de 7.♘:c6 ♕d5 8.c4
♕d6 9.♘:a7+ ♗d7 10.♗:d7+
♕:d7 11.♕h5+ g6 12.♕e5+
♔f7 13.♘b5 c6 mit etwa gleichen Chancen.
**6.d4 ♘f6 7.♘:f6+ ♗:f6 8.de
♘:e5 9.♘:e5 ♕e7 10.0–0
♗:e5 11.♖e1**
Da 11. ... 0–0 wegen
12.♕d5+ unmöglich ist, ist
die schwarze Position verloren.
11. ... ♔f8 12.♕f3+.
Schwarz gab auf.

94
Lechtynský–Trevellyan
Olympiade, Nizza 1974

1.e4 e5 2.♘f3 ♞c6 3.♗b5 ♗c5
Eines der ältesten Systeme der
Spanischen Partie, das schon
im 15. Jahrhundert angewendet wurde.
4.c3 ♞f6 5.d4 ed
Jetzt besitzt der Nachziehende
nach 6.cd ♗b4+ 7.♘c3 ♘:e4
8.0–0 ♗:c3 9.bc 0–0 eine sichere Stellung. Als Hauptfortsetzung gilt 6.e5 ♞e4 7.0–0
d5 8.♘:d4 0–0 9.♗:c6 bc
10.♗e3 mit etwas besseren
Aussichten für Weiß.
6.0–0?!
Weiß spielt zu selbstsicher.
Möglich war jetzt die Erwiderung 6. ... ♘:e4 7.cd ♗b6,
und es wäre ihm nicht leicht-
gefallen, eine Kompensation
für den geopferten Bauern
nachzuweisen, z. B. 8.♕c2
♞d6! 9.♖e1+ ♞e7 10.♗d3
h6 11.♕e2 ♔f8 mit allmähli-
cher Befreiung der schwarzen
Figuren.
**6. ... d5? 7.ed ♘:d5 8.♕a4
♗d7 9.♕c4!**

Diese Wendung hatte Schwarz offensichtlich nicht erwartet. In einer scheinbar ungefährlichen Situation verliert er eine Figur. Er gab deshalb auf.

95
Wasjukow–Giterman
Odessa 1960

1.e4 e5 2.♘f3 ♘c6 3.♗b5 ♗c5 4.c3 f5 5.d4 fe 6.♘g5
Eine seltene Fortsetzung. Häufiger wird 6.dc, 6.♘fd2 und 6.♗:c6 gespielt.
6. ... ♗e7
Schwarz kommt sofort vom rechten Weg ab. Am interessantesten ist 6. ... ♗b6! 7.d5 e3! 8.♘e4 (vorteilhaft für Schwarz ist 8.dc bc 9.♗:e3 ♗:e3 10.♘e4 ♕h4!, Trapl–Riha, 1962) 8. ... ♘f6 (oder auch 8. ... ♕h4 9.♕f3 ♘f6 10.♘:f6+ gf 11.dc ef+ mit beiderseitigen Chancen, Gufeld–Kaválek, 1962) 9.dc bc 10.♗d3 ♘:e4 11.♕h5+ ♔f8 12.♗:e4 ef+ 13.♔e2 ♕f6!, und Schwarz besitzt für den geopferten Springer starken Angriff.
7.de ♘:e5?
Es war nicht nötig, so viel zu verlieren. Allerdings wären die weißen Aussichten auch bei 7. ... ♗:g5 8.♕h5+ g6 9.♕:g5 ♕:g5 10.♗:g5 ♘:e5 11.♗f4! wesentlich größer.
8.♘e6!

Matt der Dame! Schwarz gab auf.

96
Pearsall–White
Fernpartie 1935

1.e4 e5 2.♘f3 ♘c6 3.♗b5 ♘f6
Die alte Berliner Verteidigung, die auch in der heutigen Praxis noch manchmal angewendet wird.
4.0–0 ♘:e4 5.♖e1
Häufiger wird 5.d4 gespielt. Auf den Partiezug ist 5. ... ♘d6 die richtige Erwiderung, z. B. 6.♘:e5 ♘:e5 7.♖:e5+ ♗e7 8.♗d3 0–0 9.♘c3 c6 mit gleichen Chancen.
5. ... f5? 6.d3 ♘d6 7.♗:c6! dc 8.♖:e5+ ♔f7
Schon notwendig. Im Gegensatz zur vorangegangenen Anmerkung (ohne den Zug f7–f5) kann der Nachziehende hier nicht 8. ... ♗e7 ziehen wegen 9.♗g5.
9.♗g5 ♕d7 10.♖e7+!
Schwarz gab auf.

97
Jasgeldyjew–Dragomarezki
Moskau 1972

1.e4 e5 2.♘f3 ♘c6 3.♗b5
♘f6 4.0–0 ♗c5 5.d3 d6
6.♗g5?
Es ist bekannt, daß diese
Springerfesselung vor der
schwarzen Rochade gefährlich
sein kann – für Weiß.
6. ... ♗d7 7.♘c3 h6 8.♗h4
Es war an der Zeit, auf f6 zu
tauschen.
8. ... g5 9.♘:g5? hg 10.♗:g5
♖g8
Jetzt erhält Schwarz auch noch
Angriff.
11.h4
Auf 11.♕d2 ist 11. ... ♘d4
unangenehm.

11. ... ♕c8! 12.♗:f6 ♗g4.
Weiß gab auf. Nach 13.♘e2
♗f3 14.♗g5 ♕g4 ist seine Position nicht zu halten.

98
Nimzowitsch–Ryckoff
Pärnu 1910

1.e4 e5 2.♘f3 ♘c6 3.♗b5
♘f6 4.0–0 d6 5.d4 ♘:e4
Sicherer ist 5. ... ♗d7.
6.d5 a6 7.♗d3 ♘f6?
Nach 7. ... ♘e7 8.♗:e4 f5
kann Schwarz die Figur zu-
rückgewinnen, aber das ruhige
9.♖e1 sichert Weiß klaren Positionsvorteil.
8.dc e4 9.♖e1 d5
Nun reicht auch 10.♘d4 zum
Sieg, aber der Anziehende hat
ein zauberhaftes Finale im
Sinn.
10.♗e2! ef 11.cb ♗:b7
12.♗b5 matt!

99
Motyljow–Tschirkow
Nowosibirsk 1981

1.e4 e5 2.♘f3 ♘c6 3.♗b5
♘f6 4.d4 ed 5.0–0 ♘:e4
Riskant gespielt. Als ruhige
und feste Fortsetzung gilt
5. ... ♗e7.
6.♖e1 f5 7.♘g5
Es droht 8.f3. Die Variante
7. ... ♗e7 8.♕h5+ g6 9.♕h6
gefiel dem Nachziehenden
nicht. Auf der Suche nach
einer Verteidigung zog er ...
7. ... ♘e7
... was er aber sogleich bedauerte.
8.♘e6! Schwarz gab auf.

Da der d-Bauer gefesselt ist, geht die Dame verloren.

100
Benjafield–Wippell
Sydney 1938

1.e4 e5 2.♘f3 ♘c6 3.♗b5 ♘ge7
Ein passiver Zug. Wenn die gebräuchlichste Fortsetzung 3. ... a6 ist und damit der Anziehende direkt zum Abtausch auf c6 aufgefordert wird, so kann man schon daraus schließen, daß die zusätzliche Deckung des Damenspringers strategisch nicht gerechtfertigt ist. Außerdem wird der Läufer f8 eingesperrt, so daß Schwarz in der Entwicklung zurückbleibt.
4.♘c3
Wahrscheinlich bieten sich größere Chancen bei dem üblichen 4.c3 oder dem scharfen 4.d4.
4. ... a6 5.♗a4 b5 6.♗b3 h6
Der Springerausfall 7.♘g5 mußte verhindert werden.
7.d4 d6 8.a4 b4 9.♘d5 ♗g4

10.♘:e5! ♗:d1?
Zum Resignieren gab es noch keinen Grund. Mittels 10. ... ♘:e5 11.f3 ♗e6 12.de de konnte Schwarz um den Ausgleich kämpfen.
11.♘f6+! gf 12.♗:f7 matt.

101
Zukertort–Anderssen
Breslau 1865

1.e4 e5 2.♘f3 ♘c6 3.♗b5 ♘ge7 4.c3 d6 5.d4 ♗d7 6.0–0 ♘g6 7.♘g5
Ein typischer Überfall. Weiß nimmt sofort die Möglichkeit wahr, aktiv zu werden.
7. ... h6?
Richtig war 7. ... ♗e7, und nach 8.♕h5 kann der Nachziehende mit 8. ... ♗:g5 9.♗:g5 f6 10.♗e3 0–0 eine passive, aber feste Position einnehmen.

8.♘:f7! ♔:f7 9.♗c4+ ♔e7
Im Falle von 9. ... ♔e8 folgt
10.♕h5 nebst f2–f4.
10.♕h5 ♕e8
Keine Rettung versprach auch
10. ... ♗e8 wegen 11.♗g5+!
hg 12.♕:g5+ ♔d7 13.♕f5+
♔e7 14.♕e6 matt.
11.♕g5+! hg 12.♗:g5 matt.

102
Tal–Garcia
Moskau 1975

**1.e4 e5 2.♘f3 ♘c6 3.♗b5
♘ge7 4.c3 a6 5.♗a4 b5
6.♗b3 d5**
Eine schon seit der Partie
Medly–Morphy (London
1858) bekannte Variante. Die
gebräuchliche Antwort ist jetzt
7.ed mit scharfem Spiel.
7.d3
Ein bescheidener, aber solider
Zug. Zu einem interessanten
Kampf hätte nun 7. ... ♗g4
geführt.
7. ... h6? 8.ed
Praktisch hat der Anziehende
zwei Züge nacheinander ausgeführt. In solchen span-
nungsgeladenen Situationen

hat dies entscheidende Bedeutung.
**8. ... ♘:d5 9.♕e2 ♗e7
10.♘:e5 ♘:e5 11.♕:e5 ♗b7
12.♕:g7**
Der Nachziehende ist verloren. Er hat zwei Bauern weniger und keinerlei Aussichten
auf Initiative. Es folgte noch
12. ... ♗f6 13.♕g4 ♕e7+
14.♔d1 h5 15.♕f5, und
Schwarz gab bald auf.

103
Benkö–Sawyer
New York 1964

**1.e4 e5 2.♘f3 ♘c6 3.♗b5
♘ge7 4.c3 a6 5.♗c4 h6?**
Zum Ausgleich war unbedingt
5. ... ♘g6 6.d4 ♗e7 notwendig.
6.d4 d6 7.♕b3
Eine typische Situation. Der
Bauer f7 ist ohne Verluste
nicht mehr zu halten.
**7. ... ♘a5 8.♗:f7+ ♔d7
9.♘:e5+! de 10.♕e6**
matt.

104
Kmoch–N. N.
Wien 1934

**1.e4 e5 2.♘f3 ♘c6 3.♗b5
♘ge7 4.0–0 g6 5.d4 ♗g7?**
Vorher mußte 5. ... ed geschehen. Neben der Partiefortset-
zung konnte der Anziehende
jetzt mittels 6.d5 ♘b8 7.d6 in
Vorteil kommen, indem er die
Schwächen der Felder d5 und
d6 ausnutzt.

6.de ♘:e5 7.♘:e5 ♗:e5
8.♗h6! ♗:b2 9.♘d2 c6?
Nach 9. ... ♗:a1 10.♕:a1 ☐g8
11.♗g5 ist die schwarze Stellung nicht gerade angenehm; doch war das die letzte Möglichkeit, Widerstand zu leisten.
10.☐b1 ♗d4 11.♘c4 ♗c5

12.♕d4! Schwarz gab auf.

11.♘:g7! ♔:g7 12.♕h6+.
In Anbetracht von 12. ... ♔g8
13.♗f6 gab Schwarz auf.

105
Anderssen–Suchle
Breslau 1859

1.e4 e5 2.♘f3 ♘c6 3.♗b5
♘ge7 4.d4 ed 5.0–0 ♘g6
Aussichtsreicher ist 5. ... g6
und 6. ... ♗g7.
6.♘:d4 ♗e7 7.♘f5 0–0
8.♘c3 ♗c5
Zeitverlust. Notwendig war sofort 8. ... d6.
9.♕h5 d6 10.♗g5 ♕e8
Die richtige Verteidigung war
10. ... f6.

106
Rubentschik–Suslow
Minsk 1977

1.e4 e5 2.♘f3 ♘c6 3.♗b5
♕e7?!
Ein alter, sehr passiver Zug, der nicht zu empfehlen ist.
4.0–0 ♘d8 5.d4 c6 6.♗a4 d6
7.h3 g6 8.c4 ♘h6 9.♘c3 f6
10.c5! ♘hf7?
Der Nachziehende hat schon Schwierigkeiten bei der Suche nach einem guten Zug, z. B.
10. ... dc 11.de fe 12.♘d5
♕g7 13.♗:h6 oder 10. ... ed
11.♘d5 ♕f7 12.♕:d4. Auch
10. ... ♘e6 hilft nicht wegen
11.cd ♕:d6 12.de fe 13.♕:d6
♗:d6 14.♗:h6. Allein das linkische 10. ... ♘df7 hielt dem Druck noch stand.
11.♘d5!
Schwarz gab auf. Die eigenen Figuren nehmen der Dame alle Fluchtfelder.

Die Untersuchung von Kurzpartien der Spanischen Partie, in denen Systeme mit 3. ... a6 gespielt wurden, beginnen wir mit der Abtauschvariante.

107
Hort–Sheljandinow
Havanna 1967

1.e4 e5 2.♘f3 ♘c6 3.♗b5 a6 4.♗:c6
Die Idee des Systems besteht in dem Bestreben des Anziehenden, am Ende der Partie sein Bauernübergewicht am Königsflügel auszunutzen. Seine Taktik für das Mittelspiel sieht deshalb Abtausch und Vereinfachung der Position vor. Aber die Praxis hat gezeigt, daß sich Schwarz, der das Läuferpaar erhält und ohne positionelle Schwächen ist, in jedem Falle Gegenspiel aufbauen kann.
4. ... dc 5.0–0 f6 6.d4 ed 7.♘:d4 c5 8.♘b3 ♛:d1 9.♖:d1 ♗d6 10.♘a5 ♗g4?
Eine, wie man annehmen muß, häusliche Vorbereitung, die unerwartet in eine Katastrophe umschlägt.
11.f3 0–0–0
In der Hoffnung auf 12.fg ♗:h2+ 13.♔:h2 ♖:d1 14.♘c3 ♖e1 15.b3 h5 mit komplizierter Stellung, aber ...

12.e5! Mit einem Schlage ist der gesamte Plan des Nachziehenden zerstört, er gab deshalb auf.

108
Wolosnikow–Romanow
Ishewsk 1980

1.e4 e5 2.♘f3 ♘c6 3.♗b5 a6 4.♗:c6 dc 5.0–0 ♗g4 6.h3 h5
Diese Angriffsfortsetzung ist noch nicht endgültig erforscht. Schlecht ist jetzt 7.hg hg 8.♘:e5 wegen 8. ... ♛h4 9.f4 g3 mit K. o.
7.c3 ♛d3 8.hg hg 9.♘:e5 ♗d6
Viele würden nun mit 10.♘:d3 ♗h2+ 11.♔h1 ♗g3+ ins Dauerschach einwilligen. Der Anziehende setzt den Kampf mutig fort.
10.♘:g4!? 0–0–0
Temperamentvoll ging das Treffen Poljakow–Beradse (Tbilissi 1967) zu Ende: 10. ... ♘f6 11.e5 ♘:g4 12.♛:g4 ♖h1+ 13.♔:h1 ♛:f1+ 14.♔h2 ♗:e5+ 15.f4 ♗:f4+ 16.g3 ♔e7 17.♛h3 ♛f2+ 18.♔h1 ♗:g3 19.d4 ♖h8!, und Weiß gab auf.

63

11.♕f3??

Welch eine Nachlässigkeit!
Notwendig war 11.e5.

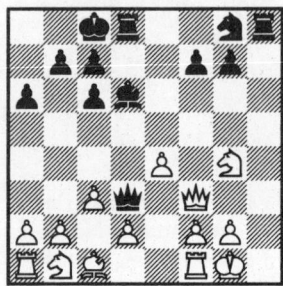

11. ...　♖h1+! 12.♔:h1 ♕:f1
matt.

109
Medsen – Mitchel
London 1978

1.e4 e5 2.♘f3 ♘c6 3.♗b5 a6
4.♗:c6 dc 5.0–0 ♗g4 6.h3 h5
7.♖e1
Ein ungenauer Zug. Richtig
war 7.d3, um den Damenläu-
fer ins Spiel einzubeziehen.
7. ...　♕f6 8.hg?
Zu früh! Auch hier war 8.d3
besser.
8. ...　hg 9.♘:e5 ♕:e5
10.♕:g4 ♗d6
Genauer ist sofort 10. ... ♘f6,
was dem Anziehenden die
Möglichkeit zu 11.♕f5 nimmt
wegen 11. ... ♕h2+ 12.♔f1
♕h1+ 13.♔e2 ♕:g2. Jetzt dagegen konnte Weiß dem Gegner mit 11.g3 die Angriffsführung erschweren, da auf 11. ...
♘f6 die Antwort 12.♕f5 möglich ist.

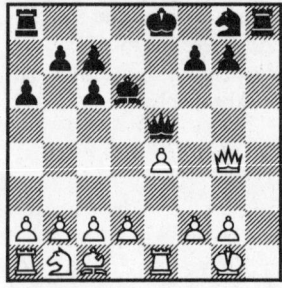

11.d3? ♖h1+! Weiß gab auf.

110
W. John – Dyckhoff
1904

1.e4 e5 2.♘f3 ♘c6 3.♗b5 a6
4.♗:c6 dc 5.0–0 ♗g4 6.h3 h5
Falls 6. ... ♗h5, so ist 7.g4
♗g6 8.♘:e5 ♕h4 9.♕f3 mit
weißem Übergewicht möglich.
7.d3 ♕f6 8.hg?
Der logische Fortgang der Ereignisse wäre etwa folgender:
8.♘bd2! ♘e7 9.♖e1 ♘g6
10.d4 ♗d6 11.hg hg 12.♘h2
♖:h2 13.♔:g4! ♖h4 14.♕f5
♘e7 15.♕:f6 gf 16.c3!, und
Weiß ist im Vorteil. Dagegen
sind die Chancen nach 8.♗e3
♗:f3 9.♕:f3 ♕:f3 10.gf ♗d6
11.♘d2 ♘e7 ungefähr ausgeglichen.
8. ...　hg 9.♗g5
Auch bei 9.♘g5 ♕h6 10.♘h3
♕h5 11.♔h2 gh 12.♕:h5 hg!
steht Schwarz besser.
9. ...　♕g6 10.♘:e5
Der Anziehende beabsichtigt,
nach 10. ... ♕:g5 11.♘:g4
♕h5 12.f4 den Angriff zurück-
zuschlagen.
10. ...　♕h7! Weiß gab auf.

111
Marezzo–Scheweljew
Fernturnier 1967

1.e4 e5 2.♘f3 ♘c6 3.♗b5 a6
4.♗:c6 dc 5.0–0 ♗g4 6.h3 h5
7.d3 ♕f6 8.♘bd2 0–0–0
Ein riskanter Zug. Jetzt kann
Weiß mittels 9.♘c4! die Drohungen 10.♘c:e5 und 10.♗g5
aufstellen, was den Gegner zu
9. ... ♗:f3 10.♕:f3 ♕:f3 11.gf
zwingt. Das Endspiel ist günstig für Weiß, der mehr Bauern im Zentrum besitzt, z. B.
11. ... f6 12.f4 oder 11. ...
♗d6 12.f4 ef 13.e5.
9.♖e1 ♗c5 10.hg?
Auch hier war 10.♘c4 oder
10.♘f1 notwendig.
10. ... hg 11.d4
Weiß rechnete anscheinend
mit 11. ... ed 12.♘h2 ♕h4
13.♘df1. Aber dieser Plan ist
leicht zu widerlegen.
11. ... gf.
Weiß gab auf. Falls 12.dc, so
beendet 12. ... ♕h6 den
Kampf, und nach 12.♘:f3
♗:d4 besitzt Schwarz einen
Mehrbauern und Angriff.

112
Böhm–Hernandez
Amsterdam 1979

1.e4 e5 2.♘f3 ♘c6 3.♗b5 a6
4.♗:c6 dc 5.0–0 ♗g4 6.h3 h5
7.d3 ♕f6 8.♗e3 ♘e7
Ein recht gutes Endspiel
konnte Schwarz mittels 8. ...
♗:f3 9.♕:f3 ♕:f3 10.gf ♗d6

11.♔h1 f6 nebst 12. ... ♘e7
erhalten.
9.♘bd2 ♘g6 10.hg?
Weiß kann der ständigen Ver-
lockung nicht widerstehen.
Neben dem ruhigen 10.♗g5
♕:g5 11.♘:g5 ♗:d1 12.♖a:d1
mit darauffolgendem f2–f4
stand ihm auch die schärfere
Möglichkeit 10.d4 zur Verfü-
gung, worauf für den Nachziehenden keine gute Antwort zu
finden ist.
10. ... hg 11.♘g5 ♘f4
12.♕:g4

Darauf baute Weiß. Auf 12. ...
♕h6 kann er mit 13.♘h3 die
h-Linie dichtmachen.
12. ... ♕:g5! Weiß gab auf.

Wir wenden uns nun den anderen Systemen mit 3. ... a6
zu.

113
Steiner–Capablanca
Budapest 1929

1.e4 e5 2.♘f3 ♘c6 3.♗b5 a6
4.♗a4 d6
Dieses Entwicklungsschema

wird Verbesserte Steinitz-Verteidigung genannt.

5.d4

Eine alte, aus der heutigen Praxis fast verschwundene Fortsetzung. Die frühzeitige Öffnung des Zentrums bringt dem Anziehenden nicht den gewünschten Erfolg – im Gegenteil, sie hilft eher dem Gegner, die Eröffnungsprobleme zu lösen. Außerdem verfügt Weiß über eine große Auswahl an aktiven Fortsetzungen: 5.♗:c6+, 5.c3, 5.c4 und 5.0–0.

5. ... b5 6.♗b3 ♘:d4! 7.♘:d4 ed

Jetzt besitzt Weiß zwei etwa gleichwertige Wege: 8.♗d5 ♖b8 9.♗c6+ ♗d7 10.♗:d7+ ♕:d7 oder 8.c3 ♗b7 (8. ... dc 9.♘:c3 ♘f6 10.0–0 ♗e7 11.♗g5 mit Initiative für den Bauern) 9.♕:d4 ♘f6 10.♗g5 ♗e7 11.♘d2, und in beiden Fällen sind die Chancen ausgeglichen. Es sei aber auch vor Gefahren gewarnt: 8.0–0 c5 9.c3?, und Schwarz gewinnt mit 9. ... c4 10.♗c2 d3.

8.♕:d4? c5! 9.♕d5 ♗e6 10.♕c6+ ♗d7 11.♕d5 c4,

und Schwarz gewinnt eine Figur.

In diese Falle sind schon unzählige weiße Läufer gegangen. Diese klassische Tragödie wurde z. B. Zug für Zug in der Partie Dwoshinski–Keres (Olympiade, Moskau 1956) wiederholt.

114
Mohrlok–Kramer
Olympiade, Warna 1962

1.e4 e5 2.♘f3 ♘c6 3.♗b5 a6 4.♗a4 d6 5.d4 b5 6.♗b3 ♘:d4! 7.♘:d4 ed 8.c3 d3?

Prinzipieller und stärker ist 8. ... dc. Darauf führt 9.♕d5 ♗e6 10.♕c6+ ♗d7 11.♕d5 nur zum Remis, und die Verwicklungen nach 9.♕h5 ♕d7 10.♘:c3 ♘f6 11.♕e2 ♗e7 12.0–0 0–0 13.♖d1 ♕e8 14.♗f4 ♗g4 15.f3 ♗e6 sind günstig für Schwarz.

9.a4! ♗d7 10.ab ab?

Der letzte Fehler. Allerdings überläßt auch 10. ... ♗:b5 11.♘a3 ♗d7 12.♕:d3 dem Anziehenden starke Initiative.

11.♕h5 d2+

Ein unnötiges Schach. Schöner war, sofort aufzugeben.

12.♗:d2. Schwarz gab auf. Bei
12. ... g6 entscheidet 13.♕d5.

115

Berger–Fröhlich
Graz 1888

**1.e4 e5 2.♘f3 ♘c6 3.♗b5 a6
4.♗a4 d6 5.♘c3**
Die heutigen Meister ziehen
5.c3 vor, aber auch der Zug in
der Partie ist durchaus akzep-
tabel.
5. ... ♗g4 6.♘d5 ♘ge7
Mehr Möglichkeiten und eine
klarere Stellung hat Schwarz
bei 6. ... ♘f6.
7.c3 b5 8.♗b3 ♘a7??
Diese Entscheidung ist schwer
zu erklären.
**9.♘:e5! ♗:d1 10.♘f6+! gf
11.♗:f7 matt.**

116

Diesan–Halas
Schilden 1973

**1.e4 e5 2.♘f3 ♘c6 3.♗b5 a6
4.♗a4 d6 5.0–0 b5 6.♗b3
♘a5**
Solider ist 6. ... ♘f6.
7.d4 ed 8.♕:d4!

Hier war es an der Zeit, auf
b3 abzutauschen. Aber
Schwarz entschloß sich, in
Analogie zu der bekannten
Falle den Läufer zu fangen.
8. ... c5?
So, jetzt folgt 9.♕d5 ♗e6 und
danach 10. ... c4. Es kommt
aber ganz anders.
9.♗:f7+! ♔:f7 10.♕d5+
Nun ist bei 10. ... ♗e6 schon
11.♘g5+ möglich.
10. ... ♔e8 11.♕:a8.
Schwarz gab auf.

117

Schulman–Krumbolz
Riga 1983

**1.e4 e5 2.♘f3 ♘c6 3.♗b5 a6
4.♗a4 d6 5.0–0 f5?**
Dieser aggressive Zug ist bei
5.c3 gut. Jetzt dagegen führt
er schnell in die Katastrophe.
**6.ef ♗:f5 7.d4 e4 8.d5 ef 9.dc
b5 10.♕:f3 ♕f6 11.♗b3**
Im Prinzip ist der Kampf beendet. Der Nachziehende hat
einen Bauern weniger und
steht schlechter.
11. ... ♕g6 12.♘c3.
Schwarz gab auf. Nach 12. ...
♘f6 kann 13.♖e1+ ♔d8
14.♗f7! ♕g4 15.♕e3 mit
Blickrichtung auf e8 folgen.

118

Bolonin–Panow
Moskau 1925

**1.e4 e5 2.♘f3 ♘c6 3.♗b5 a6
4.♗a4 ♘f6 5.c3**

Nicht exakt. Richtig ist 5.0–0.
**5. ... ♘:e4 6.♗:c6 dc
7.♘:e5?**
Damit wird die Niederlage
schon besiegelt. Notwendig
war 7.♕e2.
7. ... ♕g5 8.0–0 ♕:e5 9.d3
Der Anziehende ist immer
noch voller Optimismus. Auf
9. ... ♘f6 beabsichtigt er
10.♖e1.
9. ... ♗d6! 10.g3 ♕g5!
Weiß gab auf. Die Fortsetzung
des Kampfes ist sinnlos, da
auf 11.♖e1 die Erwiderung
11. ... ♘f3+ folgt.

119
Busvine–Birnberg
London 1924

**1.e4 e5 2.♘f3 ♘c6 3.♗b5 a6
4.♗a4 ♘f6 5.d3**
Ein bescheidener, aber nicht
schlechter Entwicklungszug.
Weiß hebt sich den Bauernzug
nach d4 für später auf.
**5. ... d6 6.c3 ♗e7 7.♘bd2
0–0 8.♘f1**
Ein typisches Verfahren. Noch
vor der Rochade nutzt Weiß
das Feld f1 für ein Standard-
manöver des Springers.
8. ... b5 9.♗c2 ♘h5?
Spiel auf eine Falle. Logischer
war 9. ... d5.
10.♘:e5?
Zu gutgläubig. Die richtige
Antwort war 10.♘e3 oder
10.♘g3.
10. ... ♘:e5! 11.♕:h5 ♗g4!
Weiß gab auf, da seine Dame
verloren ist.

120
Kopylow–Iwlew
Orjol 1961

**1.e4 e5 2.♘f3 ♘c6 3.♗b5 a6
4.♗a4 ♘f6 5.♕e2 b5 6.♗b3
♗e7 7.a4 ♗b7 8.c3 0–0 9.0–0
d6 10.d4 ♖b8?**
Das war's. Die Partie ist verloren. Oft vergißt man bei der
Aufstellung komplizierter stra-
tegischer Pläne die einfachsten
Dinge. Die normalen, traditio-
nellen Systeme beginnen mit
10. ... ♘d7 oder 10. ... ♖e8.
11.ab ab 12.d5! Schwarz gab
auf.

121
Oberbuchhagen–Unger
Fernpartie 1956

**1.e4 e5 2.♘f3 ♘c6 3.♗b5 a6
4.♗a4 ♘f6 5.0–0 ♘:e4 6.d4
d5?**
Die alte Offene Verteidigung
der Spanischen Partie. Der
Nachziehende läßt allerdings
eine wichtige Zugumstellung
zu. Richtig war 6. ... b5 und
erst nach 7.♗b3 die Antwort
7. ... d5.
7.♘:e5 ♗d7

8.♘:f7! ♔:f7 9.♕h5+ ♔e6
Im Falle von 9. ... g6
10.♕:d5+ ♔g7 11.♕:e4 ♗f5
12.♕e3 kann Schwarz den
Bauern d4 weder mit der
Dame (12. ... ♕:d4 13.♗:c6
♕:e3 14.♗:e3 bc 15.♗d4+)
noch mit dem Springer (12. ...
♘:d4 13.♖d1 c5 14.c3) schlagen.
10.♘c3 ♘:c3 11.♖e1+! ♘e4
12.♖:e4+!
Schwarz gab auf. Die Variante
12. ... de 13.d5+ ♔d6 (13. ...
♔f6 14.♗g5+) 14.♗f4+ ♔c5
15.dc+ ♔b4 (15. ... ♔b6
16.♗e3+) 16.c3+ ♔:a4
17.b3+ ♔a3 18.♗c1 matt ist
in einer Fernpartie nicht
schwer zu finden.

122
Rshawin–Sjenkin
Jurmala 1977

1.e4 e5 2.♘f3 ♘c6 3.♗b5 a6
4.♗a4 ♘f6 5.0–0 ♘:e4
6.♖e1
Weiß versucht zu tricksen.
Stärker ist das übliche 6.d4.
6. ... ♘c5 7.♘c3 ♘:a4
8.♘:e5

8. ... ♘:e5?
Damit ist der Trick gelungen.
Interessant ist die Variante
8. ... ♘:c3 9.♘:c6+ ♗e7,
worauf Weiß mit 10.♘:e7!
♘:d1 11.♘g6+ ♔e7 12.♘:e7
gewinnt. Die richtige Erwiderung besteht in 8. ... ♗e7,
z. B. 9.♘d5 0–0! 10.♘:c6 dc
11.♘:e7+ ♔h8 mit ungefäh-
rem Ausgleich.
9.♖:e5+ ♗e7 10.♘d5 0–0
11.♘:e7+ ♔h8 12.♕h5.
Schwarz gab auf. Es droht
13.♕:h7+! ♔:h7 14.♖h5
matt, wogegen es keine ausreichende Verteidigung mehr
gibt: 12. ... f5 13.♘g6+ nebst
14.♘:f8, 12. ... g6 13.♕h4
♔g7 14.♕:a4 oder 12. ... h6
13.d4 d6 14.♗:h6, und
Schwarz ist jedesmal hilflos.

123
Rjabinin–Grigorowa
Fernpartie 1981

1.e4 e5 2.♘f3 ♘c6 3.♗b5 a6
4.♗a4 ♘f6 5.0–0 ♗c5
6.♘:e5
Als stärkste Fortsetzung im
Möller-System gilt 6.c3, aber
auch der vom Anziehenden
gewählte Zug genügt, um
einen kleinen positionellen
Vorteil zu erreichen, z. B.
6. ... ♘:e5 7.d4 ♘e4 8.♖e1
♗e7 9.♖:e4 ♘g6 10.c4 0–0
11.♘c3.
6. ... 0–0
Mit diesem Zug kann Schwarz
ebenfalls nicht alle Probleme
lösen.

7.♘:c6 dc 8.e5?
Richtig war natürlich 8.d3, womit Weiß das Zentrum befestigt, seinem Läufer den Weg öffnet und sich auf einen Angriff am Königsflügel vorbereitet. In diesem Falle behält er die besseren Aussichten.
8. ... ♘g4 9.c3
Der Anziehende setzt sein gefährliches Spiel mit dem Feuer fort, es gab allerdings schon keine Rettung mehr, z. B. 9.h3 ♘:f2! 10.♖:f2 ♗:f2+ 11.♔:f2 ♕h4+ mit Verlust des Läufers a4.
**9. ... ♕h4 10.h3 ♘:f2
11.♖:f2 ♕:f2+ 12.♔h1**

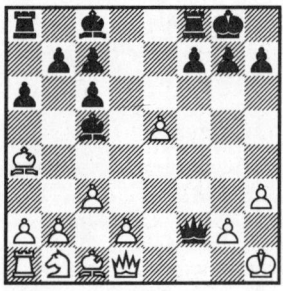

12. ... ♗g4! Weiß gab auf.

124
*Maier–Uschakow
Fernpartie 1983*

**1.e4 e5 2.♘f3 ♘c6 3.♗b5 a6
4.♗a4 ♘f6 5.0–0 ♗c5 6.c3
♗a7 7.♗:c6?!**
In scharfen Eröffnungsstellungen kann man auf solche Weise gewöhnlich keinen Vorteil erlangen. Der prinzipielle

Weg besteht in 7.d4 ♘:e4
8.♖e1 (gut ist ebenfalls
8.♕e2) 8. ... f5 9.♘bd2! 0–0
(die besseren Chancen besitzt
Weiß auch nach 9. ... ♘:d2
10.♗:c6 ♘:f3+ 11.♗:f3 e4
12.♗:e4!) 10.♘:e4 fe 11.♗g5
♕e8 12.♖:e4, und in dem bevorstehenden bewegten Kampf gibt die Theorie dem Spiel des Anziehenden den Vorzug.
**7. ... dc 8.♘:e5 ♘:e4 9.♕e2
♕d5 10.d4 0–0?**
Eine Nachlässigkeit. Richtig ist 10. ... ♗e6, womit Schwarz die gefährdete Linie verschließt und die auf den Partiezug folgende Aktion seines Gegners verhindert.

11.c4! ♕:d4 12.♘f3.
Schwarz gab auf, da sein Springer verloren ist. Stände der Läufer auf e6, wäre 12. ... ♕:c4 möglich.

125
Rodriguez–Jones
Olympiade, Siegen 1970

1.e4 e5 2.♘f3 ♘c6 3.♗b5 a6
4.♗a4 ♘f6 5.0–0 b5 6.♗b3
♗c5
In Anbetracht des folgenden
weißen Schlages im Zentrum
verspricht diese Läuferent-
wicklung keinen Ausgleich.
7.♘:e5 ♘:e5
Auch nach 7. ... ♗:f2+
8.♖:f2 ♘:e5 9.d4 steht Weiß
besser.
8.d4 ♗b6?
Verliert sofort. Vorzuziehen
war 8. ... ♗:d4 9.♕:d4 ♘c6,
wonach Schwarz sich noch
verteidigen konnte.
9.de ♘g8 10.♕d5.
Schwarz gab auf.

126
Padewski–Pantschew
Sofia 1959

1.e4 e5 2.♘f3 ♘c6 3.♗b5 a6
4.♗a4 ♘f6 5.0–0 b5 6.♗b3
♗e7 7.d4 ♘:d4?
Schwarz verwechselt verschiedene Systeme. Ein solcher Abtausch ist nur in der Archan-
gelsker Variante zulässig, in
der 6. ... ♗b7 geschieht. Jetzt
dagegen verliert Schwarz. Notwendig war 7. ... d6.
8.♘:d4!
Ebenso möglich ist 8.♗:f7+
♔:f7 9.♘:e5+ nebst 10.♕:d4
mit Bauerngewinn. Mit dem
Zug in der Partie erreicht
Weiß mehr.

8. ... ed 9.e5 ♘e4

10.♕f3!
Schwarz gab auf. Die Dame
bedroht gleichzeitig f7 und e4.
Auch 10. ... d5 hilft nicht wegen 11.ed.

Unregelmäßige offene Verteidigungen

Nach den Zügen 1.e4 e5
2.♘f3 gibt es auch Möglichkeiten zur Verteidigung des
Bauern e5, die als „unregelmä-
ßige" bezeichnet werden. Sie
sollen hier untersucht werden,
da sie in Anfängerpartien sehr
häufig vorkommen.

127
Greco–N. N.
1620

1.e4 e5 2.♘f3 ♕f6?
Worin sind die Mängel dieses
Zuges zu sehen?
Die Dame wird zu früh ins
Spiel gebracht und gerät in
den Angriff der gegnerischen
Figuren. Das führt unweiger-

lich zu Tempoverlust. Außerdem stört die Dame die normale Entwicklung der eigenen Figuren und schränkt die Möglichkeiten bei der Wahl des weiteren Plans beträchtlich ein.

3.♗c4 ♕g6?
Die „Krankheit" aller Anfänger: Im Streben nach Bauerngewinn vergessen sie die Hauptaufgabe der Eröffnung, die schnelle Entwicklung der Figuren.

4.0–0 ♕:e4
Die Fortsetzung dieser Strategie. Für eine Rückkehr auf den richtigen Weg war es jedoch schon zu spät.

5.♗:f7+! ♔e7
Natürlich kann dem Nachziehenden weder 5. ... ♔:f7 6.♘g5+ noch 5. ... ♔d8 6.♘:e5 (6. ... ♕:e5 geht nicht wegen 7.♖e1) gefallen.

6.♖e1 ♕f4 7.♖:e5+
Ebensogut ist 7.♘:e5, z. B. 7. ... ♕f5 8.g4! ♕g5 9.d4 ♕f6 10.♘g6+ ♔:f7 11.♘:h8 matt.
7. ... ♔:f7 8.d4 ♕f6 9.♘g5+ ♔g6 10.♕d3+ ♔h5 11.g4+!

Schwarz gab auf. Im nächsten Zuge wird er matt gesetzt – 11. ... ♔:g4 12.♕h3 matt oder 11. ... ♔h6 12.♘f7 matt.

128
Greco–N. N.
1620

1.e4 e5 2.♘f3 f6?
Eine ungünstige Verteidigung des Bauern e5, weil die Deckung des eigenen Königs gelockert wird.

3.♘:e5!

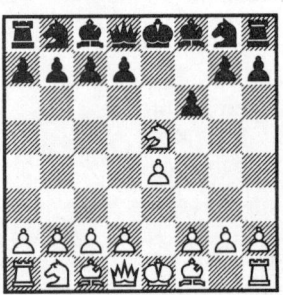

Der Anziehende nutzt sofort die gebotene Möglichkeit. Nicht schlecht ist auch 3.d4.

3. ... fe
Vernünftiger ist 3. ... ♕e7, obwohl Weiß auch jetzt nach 4.♘f3 (4.♕h5+ g6 5.♘:g6 verbietet sich wegen 5. ... ♕:e4+) 4. ... ♕:e4+ 5.♗e2 nebst 6.♘c3 und 7.0–0 seinen Gegner in der Entwicklung überflügelt.

4.♕h5+ ♔e7
Noch schlechter ist 4. ... g6 wegen 5.♕:e5+ mit Turmgewinn.

5.♕:e5+ ♔f7 6.♗c4+ ♔g6
Nach diesem Zuge wird
Schwarz automatisch matt gesetzt. Unter Hergabe eines
weiteren Bauern ließ sich die
Katastrophe noch aufschieben:
6. ... d5 7.♗:d5+ ♔g6, und
die weiße Dame kann nicht
auf f5 Schach bieten.
**7.♕f5+ ♔h6 8.d4+ g5 9.h4!
d5**
Auf 9. ... ♔g7 folgt 10.♕f7+
♔h6 11.hg matt.
10.♕f7! ♗b4+ 11.♔f1.
Das Matt ist nicht abzuwenden, Schwarz gab auf.

129
Rose–Salmanis
Riga 1977

1.e4 e5 2.♘f3 ♗d6?
Der Läufer blockiert den Bauern d7 und steht allen eigenen
Figuren im Wege. Eine solche
Behandlung der Eröffnung
kann nichts Gutes bringen.
**3.d4 c6 4.♗c4 ♕c7 5.♗g5 h6
6.♗h4 ♘f6 7.0–0 c5**
Weiß führt in aller Ruhe seine
Figuren in den Kampf und besetzt das Zentrum. Die
schwarze Lage verschlechtert
sich mit jedem Zug.
**8.♗:f6 gf 9.c3 ♘c6 10.dc
♗:c5 11.♗:f7+.**
Schwarz gab auf. Nach 11. ...
♔:f7 12.♕d5+ ♔g7 13.♕:c5
hat er einen Bauern weniger
und eine unansehnliche Position.

130
Kauschanski–Salmanis
Riga 1977

1.e4 e5 2.♘f3 ♗d6?
Wie wir sehen, hat der Nachziehende keine Lehren aus
der vorangegangenen Niederlage gezogen.
**3.♗c4 ♘f6 4.♘c3 c6 5.d4
♕e7 6.0–0 ed 7.♘:d4 ♗c7**
Schon auf den ersten Blick ist
zu erkennen, daß Schwarz bereits sehr schlecht steht.
8.♘f5 ♕e5 9.g3

Ein herrliches Bild. Es droht
10.♗f4.
**9. ... ♘:e4 10.♘:e4 ♕:f5
11.♘d6+ ♗:d6 12.♕:d6.**
Schwarz gab die hoffnungslose
Partie auf. Die Ereignisse
könnten sich wie folgt entwik-
keln: 12. ... ♕f6 13.♖e1+
♔d8 14.♗f4! ♕:d6 15.♗:d6
f5 16.♖e7 g6 17.♖ae1 ♘a6
18.♗:a6 ba 19.♖f7 nebst
20.♖ee7.

Es folgen zwei Beispiele, in
denen der Anziehende die
Gesetze der natürlichen Figurenentwicklung mißachtet.

131
Adow – Borissow
Petersburg 1889

1.e4 e5 2.♕h5?
Dieser Zug stellt nur scheinbar eine Gefahr dar. In Wirk-
lichkeit hilft der verfrühte Damenzug eher dem Gegner als
den eigenen Truppen.
2. ... ♘c6 3.♗c4
Weiß bedroht den schwäch-
sten Punkt in der gegnerischen Stellung – den Bauern
f7 (3. ... ♘f6?? 4.♕:f7 matt).
Aber diese naive Drohung läßt
sich leicht abwehren.
3. ... g6 4.♕f3 ♘f6 5.♕b3?
Stur versucht der Anziehende,
nach f7 zu gelangen. Dabei
macht die Dame schon den
dritten Zug – in dieser Zeit
hätten drei Figuren ins Spiel
gebracht werden können! Besser war 5.♘c3 oder 5.♘e2.
5. ... ♘d4!
Gut ist natürlich auch 5. ...
♕e7, aber der Zug in der Partie ist energischer. Jetzt führt
6.♗:f7+ ♔e7 7.♕c4 b5 zum
Verlust des Läufers.
6.♕c3 d5
Mit 6. ... ♘:e4 konnte
Schwarz auch den Bauern nehmen, er möchte jedoch schnell
seine Kräfte mobilisieren.
7.♗:d5
Hartnäckiger ist 7.ed.
7. ... ♘:d5 8.ed ♗f5 9.d3
♗b4! Weiß gab auf. Er muß
10.♕:b4 ziehen, und darauf
folgt 10. ... ♘:c2+.

132
Schiffer – Janny
Budapest 1898

1.e4 e5 2.♘f3 ♘c6 3.♗e2
Das ist kein Fehler, die weiße
Stellung wurde dadurch nicht
schlechter. Aber mit so einem
bescheidenen Zug verzichtet
Weiß auf den Kampf um die
Eröffnungsinitiative.
3. ... ♗c5
Aktiver ist 3. ... ♘f6 4.♘c3
♗c5. In diesem Falle ist auf
die Abtauschkombination
5.♘:e5 die Antwort 5. ...
♘:e5 6.d4 ♗d6 7.de ♗:e5 mit
der Drohung 8. ... ♗:c3 möglich.
**4.♘:e5 ♗:f2+ 5.♔:f2 ♘:e5
6.d4 ♕f6+ 7.♗f3 ♘g4+
8.♔g3?**
Ein typischer Fehler. Besonders am Beginn der Partie
muß der König bestmöglich
geschützt werden, deshalb war
8.♔g1 notwendig.
**8. ... h5 9.h3 h4+! 10.♔:g4
d5 matt.**
Der Anziehende erhielt die
verdiente Strafe.

Mittelgambit

1.e4 e5 2.d4 ed 3.♕:d4

Diese Eröffnung war im
19. Jahrhundert recht populär.
Der frühe Damenzug erlaubt
Schwarz, mittels 3. ... ♘c6 ein
Tempo für seine Entwicklung
zu gewinnen. Er darf aber

nicht übermütig werden und muß den Kampf aufmerksam und exakt fortsetzen, um nicht in einen gegnerischen Angriff im Zentrum und am Königsflügel zu geraten.
Wie wir noch sehen werden, kann Weiß auch andere Fortsetzungen als 3.♕:d4 wählen.

133
N. N.–Swiderski
Leipzig 1943

1.e4 e5 2.d4 ed 3.♕:d4 ♘c6 4.♕e3 ♘f6 5.♗c4 ♘e5
In einer anderen Situation wäre dieser „Schuß" kritikwürdig, aber der Nachziehende verfolgt einen konkreten Plan.
6.♗b3 ♗b4+ 7.c3?
Der Anziehende ahnt die Gefahr nicht. Richtig war 7.♗d2.
7. ... ♗c5! 8.♕g3 ♗:f2+!
Weiß gab auf.

Nach zwei Kraftzügen ist die weiße Stellung zerschlagen. Die Dame ist nicht mehr zu retten.

134
Bronstein–N. N.
Sotschi 1950

1.e4 e5 2.d4 ed 3.♕:d4 ♘c6 4.♕a4 ♘f6 5.♘c3 d5 6.♗g5 de 7.♘:e4 ♕e7
Dieser Zug ist recht ungeschickt. Natürlich und richtig war die Fortsetzung 7. ... ♗e7.
8.0–0–0! ♕:e4?

9.♖d8+!! Schwarz gab auf.

135
Steinitz–N. N.
Simultanpartie,
New York 1890

1.e4 e5 2.d4 d6

Der richtige Weg zum Ausgleich beginnt mit dem Zug 2. ... ed.
3.c3
Typisch für eine Simultanpartie. Gut ist auch das einfache 3.de, aber der Weltmeister möchte die Stellung nicht vereinfachen.
3. ... ♗d7?

Der Ausgangspunkt aller Schwierigkeiten. Notwendig war 3. ... ♘f6.
4.♗c4 ♘f6
Die Position ist schon verdorben, aber nach 4. ... ♘c6 5.♕b3 ♘a5 wäre Schwarz mit dem Verlust eines Bauern davongekommen: 6.♗:f7+ ♔e7 7.♕a3 (7.♕d5?? c6!) 7. ... ♔:f7 8.♕:a5 ♘f6.
5.♕b3 ♕e7 6.♕:b7 ♗c6 7.♕c8+ ♕d8 8.♗:f7+ ♔e7
Mit 8. ... ♔:f7 9.♕:d8 ♘a6 10.♕:a8 ließ sich die Niederlage aufschieben, aber nicht abwenden.
9.♕e6 matt.

136
Barnett–Eastwood
Fernpartie 1949

1.e4 e5 2.d4 ed 3.♕:d4 ♕f6
Ein für schwächere Spieler typischer Zug: Schwarz strebt danach, die Dame schnell ins Spiel zu bringen. Besser war 3. ... ♘c6 mit Gewinn eines Entwicklungstempos.
4.♕e3
Nicht aber 4.e5 wegen 4. ... ♘c6.
4. ... ♘h6
Der Nachziehende spielt planlos. Umsichtiger war 4. ... ♗b4+ 5.c3 ♗a5.
5.♘c3 ♗g4 6.♘d5! ♕c6
Der letzte Fehler. Mit 6. ... ♕d8 7.♕g3 d6 ließ sich die Stellung gerade noch halten.
7.♕f4 d6 8.♗b5!
Schwarz gab auf.

Die Dame ist verloren: 8. ... ♕:b5 9.♘:c7+.

Das Mittelgambit 1.e4 e5 2.d4 ed kann auch in einer sehr scharfen Form gespielt werden: Weiß braucht den Bauern d4 nicht sofort zurückzunehmen, sondern kann ihn im Interesse einer schnellen Figurenentwicklung mit 3.c3, 3.♗c4 oder 3.♘f3 opfern.

137
Esser–Worden
England 1912

1.e4 e5 2.d4 ed 3.c3 dc 4.♗c4 d6
Nach 4. ... cb 5.♗:b2 entsteht das Nordische Gambit.
5.♘:c3 ♘f6 6.♘f3 ♗g4?!
Gibt dem Gegner die Möglichkeit zu verschiedenen taktischen Aktionen. Solider war 6. ... ♗e7.
7.0–0
Nicht besonders gut ist 7.e5, weil Weiß nach 7. ... de 8.♗:f7+ ♔e7 die Damen tauschen muß.
7. ... ♘c6 8.♗g5 ♘e5?

Verfrühte Aktivität. Auf schnellstem Wege mußte mit 8. ... ♗e7 die Rochade vorbereitet werden.

9.♘:e5! ♗:d1
Nach 9. ... de 10.♕b3 steht Schwarz schlecht.
10.♗:f7+ ♔e7 11.♘d5 matt.

138
Falkbeer–Zytogorski
London 1856

1.e4 e5 2.d4 ed 3.♗c4 ♕h4?
Es ist klar, daß dieser Damenausfall zu tadeln ist. In der vorliegenden Situation kann die Dame die Harmonie der gegnerischen Figurenentwicklung nicht stören, sondern gerät selbst in deren Schußfeld. Ruhiger und solider ist 3. ... ♘c6.
4.♕e2 ♗b4+ 5.c3 dc 6.bc ♗c5 7.♘f3 ♕h5?
Der letzte Fehler, spielbar war nur der Rückzug nach e7.

8.g4. Schwarz gab auf. Unerwartet bricht über ihn die Katastrophe herein. Auf 8. ... ♕g6 entscheidet 9.♘e5, und im Falle von 8. ... ♕:g4 ist 9.♗:f7+ ♔d8 (9. ... ♔:f7? 10.♘e5+) 10.♖g1 ♕h3 11.♖g3 unangenehm.

139
Potter–Matthews
London 1868

1.e4 e5 2.d4 ed 3.♗c4 c5?
Solche Bauern sollte man nicht verteidigen. Schwarz bleibt spürbar in der Entwicklung zurück, und die weiße Eröffnungsinitiative wächst sprunghaft an.
4.♘f3 d6 5.0–0 ♘c6 6.♖e1 ♗g4
So arglos spielte man im vergangenen Jahrhundert. Es war höchste Zeit, an den König zu denken und mit 6. ... ♗e7 die Rochade vorzubereiten.
7.e5 ♘:e5?
Notwendig war der Bauernvorstoß 7. ... d5.

8.♘:e5! ♗:d1 9.♗b5+ ♔e7
10.♗g5+
Führt zu einer effektvollen
Abschlußstellung, ausreichend
war aber auch 10.♘d7+.
10. ... f6 11.♘g6+ ♔f7
12.♘:h8 matt.

140
Abt-Inkjol
Ontario 1979

1.e4 e5 2.d4 ed 3.♗c4 ♘f6
4.e5 d5 5.♗b3?
Richtig war das Schachgebot
5.♗b5+. Darauf ist 5. ... c6
nicht gut wegen 6.ef cb
7.♕e2+. Schwarz müßte also
den Läufer oder den Springer
dazwischenstellen, wonach der
Anziehende leicht den Bauern
zurückgewinnt.
5. ... ♘e4 6.♘f3 ♗b4+
7.♘bd2 0–0 8.♘:d4 ♗:d2+
9.♗:d2 c5 10.♘f3 c4 11.♗a4
b5!

12.♗:b5 ♕b6.
Nachdem der Läufer den
„Großen Bären"
f1–c4–b3–a4–b5 auf das
Spielfeld gezeichnet hat, geht
er ohne Ehre verloren. Weiß
gab auf.

141
Warnet-Laroche
Paris 1851

1.e4 e5 2.d4 ed 3.♘f3 ♗b4+
4.c3 dc 5.bc ♗c5 6.♗c4
Jeder hat sein Ziel erreicht;
Schwarz hat einen Bauern gewonnen und der Anziehende
in einer offenen Position
seinen Gegner um ein Tempo
in der Entwicklung überflügelt.
6. ... d6 7.0–0 b5
Ein ziemlich anspruchsloses
Manöver. Am einfachsten war
jetzt 8.♗:b5+ c6 9.♗a4, und
Weiß behält sein positionelles
Übergewicht angesichts der
besseren Entwicklung und der
Schwäche der Bauern c6 und
d6.
8.♗b3 ♘e7?
Dieser Fehler ist wiederum ty-

pisch. Nun geht die Partie zwangsläufig verloren. Richtig war 8. … ♘f6.
9.♘g5 0–0 10.♕h5 h6 11.♘:f7 ♕d7
Der Nachziehende hätte natürlich die Qualität hergeben können, aber was sollte das nutzen!
12.♘:h6+ ♔h7 13.♘g8 matt.

Nordisches Gambit

1.e4 e5 2.d4 ed 3.c3 dc 4.♗c4 cb 5.♗:b2

Die Heimat dieses Gambits ist Dänemark. Weiß möchte von den ersten Zügen an die Initiative an sich reißen, ohne dabei auf materielle Verluste zu achten. Wenn Schwarz versucht, um jeden Preis das erbeutete Material zu halten, gerät er leicht in einen Angriff. Als eine der sichersten Spielweisen für Schwarz gilt die Rückgabe der Bauern, um die Stellung zu vereinfachen, z. B. 5. … d5 6.♗:d5 ♘f6 7.♗:f7+ ♔:f7 8.♕:d8 ♗b4+ 9.♕d2 ♗:d2+ 10.♘:d2 c5 mit gleichen Aussichten.

142
Svenson–Alderson
Fernpartie, Schweden 1912/13

1.e4 e5 2.d4 ed 3.c3 dc 4.♗c4 cb 5.♗:b2 ♘f6? 6.♘c3 ♘c6 7.♘f3 ♘a5?
Der Versuch, den aktiven Läu-

fer abzutauschen, führt direkt in den Abgrund. Allerdings behielt der Anziehende auch nach den besseren Fortsetzungen 7. … d6 oder 7. … ♗b4 die größeren Chancen.
8.♗:f7+! ♔:f7 9.e5 ♘c4 10.ef ♕e8+ 11.♔f1 ♘:b2 12.♕d5+. Schwarz gab auf.
Bei 12. … ♔:f6 gewinnt am leichtesten 13.♖e1.

143
Berhold–Kreutzahler
Berlin 1941

1.e4 e5 2.d4 ed 3.c3 dc 4.♗c4 cb 5.♗:b2 d6 6.♘f3 ♗g4?
Unvorsichtig gespielt. Notwendig war die Befestigung der Position mit 6. … ♘c6.
7.♗:f7+! ♔:f7 8.♘e5+ ♔e8
Im Falle von 8. … de nimmt Weiß einfach die Dame weg.
9.♘:g4 ♘f6
Der letzte Fehler. Noch war 9. … ♘c6 möglich.
10.♘:f6+ gf 11.♕h5+ ♔e7 12.♗:f6+! Schwarz gab auf.
Die Dame geht verloren:
12. … ♔:f6 13.♕h4+.

Königsgambit

1.e4 e5 2.f4 ef

Eine der schärfsten und kompliziertesten Eröffnungen. Besonders populär war sie im 19. Jahrhundert. Mittels Opferspiel versucht Weiß, Entwicklungsvorteil zu erlangen und möglichst schnell Linien für einen Angriff am Königsflügel zu öffnen. Oft wird der Punkt f7 zum Ziel seiner Aktionen.

Die Hauptsysteme des Königsgambits sind das Springergambit (3.♘f3) und das Läufergambit (3.♗c4).

144
Budžinski–Morphy
Paris 1854

1.e4 e5 2.f4 ef 3.♗c4 d5 4.♗:d5 ♘f6 5.♘c3 ♗b4 6.d3?
Ein Fehler mit großen Folgen. Richtig war 6.♘f3.
6. ... ♘:d5 7.ed 0–0 8.♕f3
Auf 8.♘e2 ist 8. ... ♕h4+ 9.♔f1 f3 unangenehm.
8. ... ♖e8+ 9.♘e2 ♗c3+ 10.bc

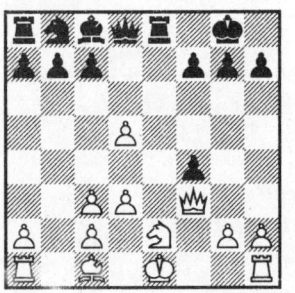

10. ... ♕h4+ 11.g3 ♗g4!
Weiß gab auf, da 12.gh ♗:f3 oder 12.♕f2 ♕e7 zu Springerverlust führt.

145
Meek–Adbor
New Orleans 1855

1.e4 e5 2.f4 ef 3.♘f3 d5 4.ed ♕:d5 5.♘c3 ♕d8 6.♘e4
Weiß hat ein Tempo gewonnen, verliert es aber sogleich wieder. Nach 6. ... ♘f6 wäre das Spiel ausgeglichen.
6. ... ♗g4? 7.♕e2
Es droht 8.♕b5+ und einiges mehr, aber alle Drohungen ließen sich mit 7. ... ♕e7 abwehren.
7. ... ♗:f3? 8.♘f6 matt.

146
Myschinski–Mametshanow
Iwano-Frankowsk 1983

1.e4 e5 2.f4 ef 3.♘f3 g5 4.♗c4 g4 5.0–0
Ein mutiges Springeropfer, das schon vor über 400 Jahren in Polerios Handschrift erwähnt wurde.
5. ... gf 6.♕:f3

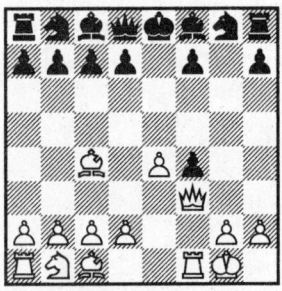

6. ... ♗c5+?
Als beste Verteidigung gilt 6. ... ♕f6. Nach 7.e5! ♕:e5 ist aber ein weiteres Opfer

möglich: 8.♗:f7+!? ♔:f7 9.d4
♛:d4+ 10.♘e3 ♛f6 11.♗:f4
mit gefährlichem weißem Angriff.
7.♔h1 d5 8.♛:f4 ♗e6
Mehr Widerstand leistete 8. ...
♛e7.
**9.ed ♗:d5 10.♛e5+ ♔d7
11.♛:d5+ ♗d6 12.♛f5+.**
Schwarz gab auf.

147
MacDonnell–Thyssen
London 1834

**1.e4 e5 2.f4 ef 3.♘f3 g5
4.♗c4 g4 5.♘c3!? gf 6.0–0**
Mit dem dynamischeren
6.♛:f3 konnte eine weitere Figur in den Kampf geführt werden.
6. ... fg?
Verliert die Partie. Nach dem
Schlagen des Springers mußte
sich der Nachziehende dringend um die Entwicklung seiner Figuren kümmern. Am besten geeignet dazu war ent-
schlossenes Handeln, z. B. mit
6. ... d5.
7.♖:f4 f6
Sieben Züge lang zog Schwarz
nur mit Bauern. Seine Position
ist schon nicht mehr zu halten. Auf die beste Fortsetzung
7. ... ♘h6 folgt 8.♛h5 ♛e7
9.♘d5! ♛c5+ 10.d4 ♛:c4
(10. ... ♛:d4+ 11.♗e3)
11.♛e5+ ♔d8 12.♛:h8 mit
leichtem Gewinn.
**8.♛h5+ ♔e7 9.♛f7+ ♔d6
10.e5+! ♔:e5 11.♖e4+ ♔d6
12.♛d5** matt.

148
Morphy–Conway
New York 1859
(Weiß spielte ohne ♖a1)

**1.e4 e5 2.f4 ef 3.♘f3 g5
4.♗c4 g4 5.d4 gf 6.♛:f3
♘h6?**
Richtig ist 6. ... d5! 7.♗:d5
♘f6.
**7.0–0 ♘e7 8.♗:f4 ♗:f4
9.♗:f7+! ♔:f7 10.♛:f4+
♔g7 11.♛f6+ ♔g8 12.♛f7**
matt.

149
Greco–N. N.
1619

Es folgt eine der 150 in Grecos Traktat aufgeführten Partien.
**1.e4 e5 2.f4 ef 3.♘f3 g5
4.♗c4 g4 5.♘e5**
Sehr unangenehm für Schwarz
ist das Polerio-Gambit 5.0–0
gf 6.♛:f3 mit gefährlichem
weißem Angriff.
5. ... ♛h4+ 6.♔f1 ♘h6
Laut Theorie gelten das Herz-
feld-Gambit 6. ... ♘c6 und
das Cochrane-Gambit 6. ... f3
als gute Fortsetzungen.
7.d4 d6
Stärker ist sofort 7. ... f3, da
in diesem Falle auf 8.g3 die
Antwort 8. ... ♛h3+ folgt.
8.♘d3 f3 9.g3
Hier kann der Anziehende
diesen Zug bedenkenlos ausführen – mehr noch, er lockt
damit die Dame in eine Falle.
9. ... ♛h3+

Die Dame sollte lieber nach Hause gehen, nach e7, aber sie hat etwas anderes im Sinne.
10.♕e1 ♛g2 11.♘f2!
Schwarz gab auf.

Ein zauberhaftes Bild, die Dame ist gefangen und geht verloren.

150
Itze–Reinle
Murnau 1925

1.e4 e5 2.f4 ef 3.♘f3 g5
4.♗c4 g4 5.♘e5 ♛h4+
6.♔f1 ♗g7
Dieselbe Idee konnte Schwarz vorteilhafter mittels 6. ... ♘c6 7.♘:f7 ♗c5 8.♕e1 g3 umsetzen. Im Vergleich zu der Stellung, die sich in der Partie ergibt, ist der Springer schon im Spiel, und der Läufer steht auf c5 sicherer.
7.♘:f7 d5! 8.♗:d5 ♗d4
9.♕e1 g3 10.h3?
Für diese Prophylaxe bleibt schon keine Zeit mehr. Dringend geboten war, mit 10.c3 den Läufer zu verjagen und danach sofort 11.d4 zu ziehen.

10. ... f3! 11.♘:h8 ♗h3!
12.♖:h3 ♛:h3!! 13.gh g2
matt.

Von dieser Position wird der weiße König noch lange böse träumen!

151
Brech–Bogilow
Aachen 1938

1.e4 e5 2.f4 ef 3.♘f3 g5
4.♘c3 g4
Mit 4. ... ♗g7 kann Schwarz größeren Verwicklungen aus dem Wege gehen.
5.♘e5 ♛h4+ 6.g3 fg 7.♛:g4
g2+
Der Turmgewinn ist verlockend, sicherer war jedoch 7. ... ♛:g4 8.♘:g4 d5 9.♗h3 de, z. B. 10.♘f6+ ♔d8! 11.♗:c8 ♔:c8.
8.♛:h4 gh♛ 9.♛h5 ♗e7?
Richtig war nur 9. ... ♘h6! 10.d4 d6 11.♗:h6 de, obwohl in diesem Falle der weiße Angriff nach 12.0–0–0 ♗:h6+ 13.♛:h6 ♘f3 14.♘d5 recht gefährlich wird.
10.♘:f7 ♘f6

Hartnäckiger war 10. ... ♔f8.
11.♘d6+ ♔d8 12.♕e8+!
♖:e8 **13.♘f7** matt.

Wie unangenehm! Der Springer hat kein rettendes Feld. Auf 12.♘e5 antwortet Schwarz 12. ... ♗:e5 13.de ♕c5+, und dem Anziehenden bleibt nur noch die bittere Wahl zwischen 14.♔e1 ♕g1+ und 14.♔f3 ♗g4+.

152
Kristiansen–Kolarow
Olympiade, Havanna 1966

1.e4 e5 2.f4 ef 3.♘f3 g5 4.h4 g4 5.♘e5 ♘f6 6.♗c4 d5 7.ed ♗d6 8.d4 ♘h5 9.♘:g4?
Der Anziehende ließ sich auf eine scharfe Variante ein, ohne ihre Feinheiten genau zu kennen. Der rechte Weg war 9.0–0 ♕:h4 (auf 9. ... ♗:e5 folgt 10.♕e1 oder das aggressivere 10.de ♕:h4 11.♕d4 g3 12.♖:f4! mit guten Aussichten für Weiß) 10.♕e1! ♕:e1 11.♖:e1 0–0 12.♘d3 mit anschließendem Vorrücken des Bauern c2.
9. ... ♘g3 10.♖h2 ♕e7+ 11.♔f2 h5! Weiß gab auf.

153
Grusman–Arkanow
Moskau 1977

1.e4 e5 2.f4 ef 3.♘f3 g5 4.h4 g4 5.♘e5 ♗g7
Gebräuchlicher ist der Zug 5. ... ♘f6.
6.♘:g4?
Der Ursprung aller folgenden Schwierigkeiten. Richtig war 6.d4. In diesem Falle hat Weiß sowohl nach 6. ... d6 7.♘:g4 ♗:g4 8.♕:g4 ♗:d4 9.♘c3 als auch bei 6. ... ♘f6 7.♘c3 d6 8.♘d3 0–0 9.♘:f4! ♘e4 10.♘:e4 ♖e8 11.♔f2 ♖:e4 12.c3 die besseren Aussichten.
6. ... d5! 7.ed?
Der letzte Fehler. Rettungschancen bot lediglich 7.e5 ♗:g4 8.♕:g4 ♗:e5 9.c3 mit der Hoffnung, in der Folge den Bauern f4 zu gewinnen.

7. ... ♛e7+

Es zeigt sich, daß keine Figur auf e2 dazwischengestellt werden darf wegen der Antwort 8. ... ♗:g4.

8.♔f2 ♗d4+ 9.♔f3 h5!
10.♘f2

10. ... ♗g4+! 11.♘:g4 hg+
12.♔:g4 ♘f6+.
Weiß gab auf. Nach 13.♔h3 ♘e4 kann er sich der Drohungen nicht erwehren.

154
Jerschow–Iljanok
Fernpartie, UdSSR 1957

1.e4 e5 2.f4 ef 3.♘f3 ♗e7
Ein durchaus möglicher Zug, der oft zu scharfem forciertem Kampf führt.
4.♗c4 ♗h4+ 5.♔f1
Interessant ist die Variante 5.g3 fg 6.0–0 gh+ 7.♔h1.
5. ... d5 6.♗:d5 ♘f6 7.♘:h4 ♘:d5
Der logische Fortgang der Ereignisse war jetzt 8.ed ♛:h4 9.♛e2+ ♛e7 10.♛:e7+ ♔:e7 11.♔f2 mit etwas besseren Chancen für Weiß. Dieser

wollte jedoch das Spiel vereinfachen.

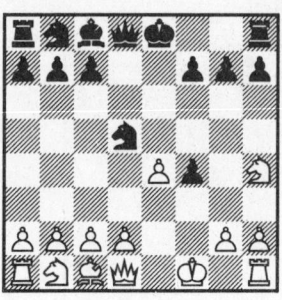

8.♘f3?? ♘e3+! Weiß gab auf.

155
Teschner–Walter
1951

1.e4 e5 2.f4 ef 3.♘f3 ♗e7
4.♗c4 ♘f6 5.♘c3
Nachhaltiger ist 5.e5. Mit dem Partiezug erhält Schwarz die Möglichkeit zu einer typischen Entlastungskombination.
5. ... ♘:e4! 6.♗:f7+
Auch nach 6.♘:e4 d5 hat Schwarz keine Sorgen.
6. ... ♔:f7 7.♘e5+ ♔e6?
Der König mußte nach g8 zurückgehen. So zieht er einen gefährlichen Angriff auf sich.
8.♛g4+ ♔:e5 9.d4+ ♔:d4?
Damit besiegelt Schwarz die eigene Niederlage. Der Weg zurück war allerdings schon verlegt – 9. ... ♔f6 10.♛:f4+ ♔g6 11.♛:e4+ ♔f7 12.0–0–0+ mit gefährlichem weißem Angriff. Eine letzte Chance auf Rettung bestand in der Flucht

zum Damenflügel über das Feld d6.

10.♗e3+!
Schwarz gab auf. Im Falle von 10. ... fe (10. ... ♔:e3 11.0–0–0) beendet 11.♕:e4+ ♔c5 12.♕d5+ nebst 13.♕b5 matt das Spiel, und auf 10. ... ♔e5 folgt am einfachsten 11.♕:f4+ ♔e6 12.0–0.

156
Ridout–Mills
England 1964

1.e4 e5 2.f4 ef 3.♘f3 ♗e7 4.♗c4 ♘f6 5.♘c3 ♘:e4! 6.♗:f7+ ♔:f7 7.♘:e4
Genauer ist 7.♘e5+ und erst nach dem Rückzug des Königs 8.♘:e4.

7. ... d5
Schwarz vergibt die ihm gebotene Möglichkeit. Nach 7. ... ♖f8 hätte sein König hinter den Bauern eine bequeme Deckung gefunden.

8.♘e5+ ♔e6?
Der König wird übermütig. Möglich war einzig der Rückzug nach g8.

9.♕g4+! ♔:e5 10.d4+! ♔:d4
Noch kürzer wird das Leben des Königs bei 10. ... ♔:e4 11.♕:f4 matt.
11.c3+ ♔c4 12.♕e2 matt.

157
Jefimow–Bronstein
Kiew 1938

1.e4 e5 2.f4 ef 3.♘f3 ♘f6 4.e5 ♘h5 5.♘c3 d6 6.♗c4 de?
Der spätere Großmeister und Anwärter auf die Weltmeisterschaft macht einen Fehler, für den er mittels 7.♗:f7+ ♔:f7 8.♘:e5+ nebst 9.♕:h5 bestraft werden konnte. Richtig ist 6. ... ♘c6. Auf 7.♕e2 folgt dann 7. ... ♗e6 mit dem Ziel, nach 8.♗:e6 fe 9.ed ♗:d6 10.♕:e6+ ♕e7 den Kampf auszugleichen.

7.♘:e5? ♕h4+ 8.♔f1 ♗e6!
Der Nachziehende hat eine Kombination erdacht, deren Motiv die Schwäche der ersten Reihe ist. Zuerst muß der Läufer von der Verteidigung des Feldes e2 abgelenkt werden.
9.♗:e6

Auf 9.♔g1 hatte Schwarz
9. ... ♗:c4 10.♘:c4 ♗c5+
11.d4 ♗:d4+ 12.♕:d4 ♕e1
matt vorbereitet.
**9. ... ♘g3+ 10.♔g1 ♗c5+
11.d4**

Es scheint, als wäre bei Weiß
alles in Ordnung. Er droht
12.hg, und auf 11. ... ♘:h1 ist
12.♗:f7+ nebst 13.dc gut.
**11. ... ♗:d4+! 12.♕:d4
♘e2+!**
Weiß gab auf. Nach 13.♘:e2
wird er auf e1 matt gesetzt.

158
Rudolph–N. N.
1912

1.e4 e5 2.f4 ef 3.♗c4 ♗c5?
Die Bedrohung des Feldes f2
ist illusorisch, da Weiß leicht
und mit Nutzen für seine Entwicklung den Läufer abdrän-
gen kann.
4.d4
Möglich war auch 4.♘f3 und
erst danach d2–d4.
**4. ... ♕h4+ 5.♔f1 ♗b6
5.♘f3 ♕d8 7.♗:f4**
Im Ergebnis seiner fehlerhaf-

ten Handlungen ist Schwarz
weit in der Entwicklung zurückgeblieben.
7. ... ♘e7 8.♘g5 0–0
Verliert sofort. Mehr Widerstand leistete 8. ... d5 9.ed
♘g6.
**9.♕h5 h6 10.♗:f7+ ♔h8
11.♕:h6+! gh 12.♗e5** matt.

159
Tschernikow–Tschigajew
Kursk 1983

**1.e4 e5 2.f4 ef 3.♗c4 ♕h4+
4.♔f1 ♗c5?**
Hilft nur dem Gegner, seine
Kräfte schnell zu entfalten.
Richtig ist 4. ... d5! 5.♗:d5
♗d6, und Weiß hat nichts
Besseres als die Fortsetzung
6.♘c3 (bei 6.e5 ♗:e5 7.♘f3
♕h5 8.♕e2 ♘d7! 9.d4 ♘e7
kommt Schwarz in Vorteil)
6. ... ♘e7 7.d4 f6! 8.♘f3 ♕h5
9.♗c4. Hier kann Schwarz mit
9. ... ♗g4! vollwertiges Spiel
erlangen.
5.d4 ♗b6 6.♘f3 ♕g4
Wenn Schwarz sich an den
Bauern f4 klammert, verliert er
bald alles. Besser war, nach e7
zurückzugehen.
7.♗:f7+! ♔f8
Das Schlagen 7. ... ♔:f7 verbietet sich wegen 8.♘e5+ mit
Damenverlust.
8.h3 ♕g3

86

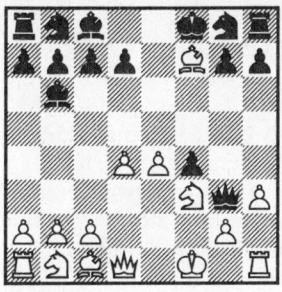

9.♗d2!
Die einfachsten Mittel sind immer die stärksten.
9. ... ♔:f7 10.♗e1 ♕g6
11.♘e5+. Schwarz gab auf.

160
Ludwig–Weiß
Fernpartie, Österreich 1946

1.e4 e5 2.f4 ef 3.♕f3
Eine alte Fortsetzung, das Breyer-Gambit. Die Dame wird zu früh ins Spiel gebracht, und Schwarz erhält zusätzliche Möglichkeiten für sein Gegenspiel. Am einfachsten ist jetzt 3. ... d5! 4.ed ♘f6, und falls 5.♗b5+, so 5. ... c6! 6.dc ♘:c6 mit guten Aussichten auf Initiative.
3. ... ♘c6 4.c3 ♘f6 5.d4 d5
Ein rechtzeitiger Gegenschlag.
6.e5 ♘e4 7.♗:f4 ♗e7 8.♘d2 ♗f5 9.0–0–0
Ein ruhigeres Leben versprach 9.♗b5.
9. ... ♕d7 10.h3?
Eine natürliche, aber, wie sich gleich zeigen wird, unglückliche Verteidigung gegen 10. ... ♗g4. Unbedingt notwendig

war, mit 10.♘e2 den Springer zur Sicherung des Zentrums heranzuführen.

10. ... ♘:d4! Weiß gab auf. Nach 11.cd erlangt Schwarz durch 11. ... ♕c6+ 12.♗c4 b5! großen Vorteil.

Abgelehntes Königsgambit

1.e4 e5 2.f4

Wenn der Nachziehende keine Lust zu vielzügigen forcierten Varianten hat, kann er das angebotene Opfer ablehnen. Die gebräuchlichste Spielweise bildet hierzu das Gegengambit 2. ... d5 3.ed e4, wobei Schwarz seinerseits einen Bauern hergibt und bestrebt ist, die Initiative zu ergreifen. Von den anderen Fortsetzungen haben die Züge 2. ... ♗c5, 2. ... d6 und 2. ... ♘f6 in der Praxis Fuß gefaßt.

161
Rigaud–Cooper
Olympiade, Nizza 1974

1.e4 e5 2.f4 d5 3.fe??

Ein typischer, schrecklicher
Fehler. Richtig ist 3.ed.
3. ... ♛h4+
In der alten Eröffnungsva-
riante 1.e4 e5 2.♘f3 f6 3.♘:e5!
fe 4.♛h5+ gibt Weiß für dieses Schach einen ganzen
Springer, in dieser Partie bekommt der Nachziehende alles umsonst.
4.g3 ♛:e4+ 5.♔f2 ♝c5+!
Weiß gab auf.
Wie sich später herausstellte,
war ein Spieler aus der Mann-
schaft der Antillen, der hier
mit Weiß spielen sollte, er-
krankt, und an seiner Stelle
mußte ein Delegationsmitglied
aufgestellt werden, das nicht
sehr viel vom Schach verstand.

162
Saxton–Darting
Fernpartie, USA 1936

1.e4 e5 2.f4 d5 3.ed ♛:d5?
Erlaubt dem Gegner, ein
Tempo für die Entwicklung zu
gewinnen, und gibt ihm damit
die Möglichkeit, schnell die
Initiative zu ergreifen. Solider
ist das übliche 3. ... e4.
4.♘c3 ♛e6 5.♘f3 ef+ 6.♔f2
♝d6?
Notwendig war, mit 6. ...
♝e7 den König abzusichern.
Jetzt geht alles zu Ende.
7.♝b5+.
Schwarz gab auf. Bei 7. ... c6
gewinnt 8.♖e1.

163
Larsson–Englund
Stockholm 1942

1.e4 e5 2.f4 d5 3.ed ef
Gehaltvoller und aussichtsreicher ist 3. ... e4.
4.♘f3 ♘f6 5.d4
Eine Ungenauigkeit, mit der
alle Sorgen beginnen. Besser
sieht 5.c4 aus, z. B. 5. ... c6
6.d4 ♝b4+ 7.♘c3 cd 8.♝:f4
0–0 9.♝d3 ♖e8+ 10.♝e5
♘c6 11.0–0 ♘:e5 12.♘:e5 dc
13.♝:c4 ♝e6. In dieser Position besitzt Weiß einen kleinen Raumvorteil, aber
Schwarz kann bei aufmerksa-
mer Verteidigung den Kampf
ohne Schwierigkeiten ausgleichen.
5. ... ♘:d5 6.c4?
Das ist schon ein Fehler. Der

Anziehende der vom Start weg in der Entwicklung deutlich zurückgeblieben ist, öffnet weiter seine Stellung. Vernünftiger war 6.♗d3.

6. ... ♗b4+ 7.♘bd2

Die Scharte ließ sich nur mit genauem und kaltblütigem Spiel ausbügeln. In Betracht kam 7.♔f2.

7. ... ♘e3 8.♕a4+

Ein Schlag ins Leere. Der Läufer ist sowieso unantastbar (auf 9.♕:b4 folgt 9. ... ♘c2+), und der Gegner erhält ein zusätzliches Tempo für seine Entwicklung.

8. ... ♗d7 9.♕b3 ♕e7 10.♔f2 ♘d1+ 11.♔g1 ♘c3!

Es droht Matt. Weiß gelingt es noch, einen Schlupfwinkel für seinen König zu schaffen ...

12.h3 ♗a4!

Aber für die Dame nicht! Weiß gab auf.

164
Cardiff–Bristol
Fernschach-Städtekampf 1891

1.e4 e5 2.f4 d5 3.ed e4 4.♗b5+

Ein riskantes Unterfangen. Weiß gewinnt einen Bauern, überläßt aber dem Gegner die Initiative und bleibt in der Entwicklung zurück.

4. ... c6 5.dc bc 6.♗a4

Stärker ist 6.♗c4 ♘f6 7.d4, obwohl der Nachziehende auch dann nach 7. ... ♘bd7 und 8. ... ♘b6 die aktivere Stellung behält.

6. ... ♕d4

Ein impulsiver Zug. Logischer war 6. ... ♗c5 mit der möglichen Folge 7.♘e2 ♗g4 8.♘bc3 ♘f6 9.d4 ed 10.cd 0–0 11.d4 ♗b6 12.0–0 ♖e8 mit schwarzem Übergewicht.

7.c3?

Es kam 7.♘c3 nebst 8.♕e2 in Betracht.

Weiß verletzt mit dem Textzug das wichtigste Gebot der Eröffnung – die Entwicklung der Figuren.

7. ... ♕d6 8.♘e2 ♗g4 9.0–0 ♕d3 10.♖e1 ♗c5+ 11.♔f1

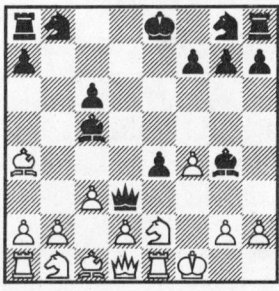

Jetzt werden die Rechnungen beglichen.

11. ... ♕f3+! 12.gf ♗h3
matt.

165
Salomon–Gregor
Hamburg 1902

**1.e4 e5 2.f4 d5 3.ed e4 4.♘c3
♘f6 5.d3 ♗b4 6.♗d2 ♘:d5**
Beachtenswert ist 6. ... e3.
Nach 7.♗:e3 0–0 8.♗d2 ♗:c3
9.bc ♖e8+ 10.♗e2 ♗g4
11.♔f2 ♗:e2 12.♘:e2 ♕:d5
13.♖e1 ♘c6 besitzt Schwarz
ausreichende Kompensation
für den geopferten Bauern.
7.♘:e4 ♘e3?
Schwarz spielt mit dem Feuer.
Dem Geiste der Eröffnung
entsprach 7. ... 0–0.

**8.♕e2! ♘:c2+ 9.♔d1 ♘d4
10.♘f6+.** Schwarz gab auf.
Das Glück währte nicht lange.
Auf 10. ... ♔f8 entscheidet
11.♗:b4+.

166
Schlösser–Skorin
Meseritz 1940

**1.e4 e5 2.f4 d5 3.ed e4 4.d3
♘f6 5.de**
Gespielt wird auch 5.♘c3
♗b4 6.♗d2.

**5. ... ♘:e4 6.♘f3 ♗c5 7.♕e2
f5**
Die Fortsetzungen 7. ... ♕:d5
8.♘fd2 oder 7. ... ♗f2+
8.♔d1 ♕:d5+ 9.♘fd2! sind
günstig für Weiß. Möglich war
aber 7. ... ♗f5, um auf 8.g4?
mittels 8. ... 0–0 9.gf ♖e8
starken Angriff zu erlangen.
8.♘fd2
Seine Entwicklung konnte der
Anziehende bequemer mit
8.♗e3 beenden.
**8. ... 0–0 9.♘:e4 fe 10.♗e3
♕:d5?**
Annehmbares Gegenspiel behielt Schwarz nach 10. ...
♗:e3 11.♕:e3 ♕:d5 12.♘c3
♕f7.

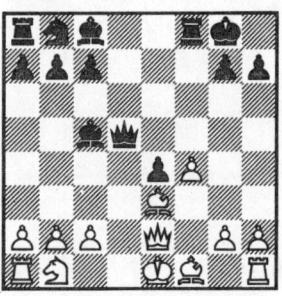

11.♕c4! Schwarz gab auf.

167
Serkin–Klowski
Riga 1954

**1.e4 e5 2.f4 d5 3.ed e4 4.d3
♘f6 5.♘d2**

Eine Fortsetzung von Großmeister Keres. Ihre Idee ba-
siert darauf, daß der Nachzie-

hende bei 5.♘c3 über die aktive Möglichkeit 5. … ♝b4 6.♝d2 e3! 7.♝:e3 0–0 mit starkem Angriff verfügt. Aber die Aufstellung des Springers auf d2 ist recht bescheiden und stellt den Gegner nicht vor ernsthafte Probleme.
5. … ed 6.♝:d3 ♘:d5 7.♘e4 ♘b4! 8.♝b5+ ♝d7 9.♕e2
Bis hierher verlief alles normal. Jetzt mußte Schwarz mittels 9. … ♝e7 seinen König sichern, was ihm mindestens ausgeglichene Chancen garantierte.
9. … ♘:c2+? 10.♔f1!
Auf 10. … ♝e7 folgt nun 11.♝:d7+ ♕:d7 12.♕:c2, aber warum nicht einfach den Läufer wegnehmen?
10. … ♝:b5 11.♘f6 matt!

Eine wirkungsvolle Konstruktion!

168
Ettlinger–Janowski
New York 1898

1.e4 e5 2.f4 d5 3.♘f3
Der Springerzug ist für Schwarz ungefährlich. Dieser kann problemlos das Spiel ausgleichen.
3. … de 4.♘:e5 ♝c5
Ebenfalls möglich ist 4. … ♘d7, z. B. 5.d4 ed 6.♘:d3 ♘gf6 7.♘c3 ♝b6, und Schwarz hat sich bequem aufgestellt.
5.♘c3 ♘c6 6.♕e2?
Ganz mit seinen eigenen Ideen beschäftigt, vergißt Weiß, seine Figuren zu entwickkeln. Ein möglicher Plan bestand in 6.♘:c6 bc 7.♘:e4 mit dem Bestreben, durch Figurenabtausch die Entwicklung zu beenden.
6. … ♘f6 7.♘:f7
Der Anziehende bleibt seiner Taktik treu (auf 7. … ♔:f7 folgt 8.♕c4+), aber seine Lage ist schon schwierig.
7. … ♕e7! 8.♘:h8 ♘d4 9.♕d1 ♘f3+! 10.gf ef+ 11.♝e2 f2+ 12.♔f1 ♝h3
matt.

169
Trattner–Gibbs
Bradford 1955

1.e4 e5 2.f4 ♝c5 3.♘f3 ♘c6
Gebräuchlicher ist 3. … d6 4.♘c3 ♘f6 5.♝c4 ♘c6 6.d3 mit kompliziertem Kampf.
4.c3
Zu langsam. Gut für Weiß ist 4.♘:e5 ♘:e5 5.d4! mit Aussichten auf Vorteil. Falls 4.fe, so antwortet Schwarz nicht 4. … ♘:e5 wegen 5.♘:e5 ♕h4+ 6.g3 ♕:e4+ 7.♕e2

营:h1 8.d4 急e7 9.匀f3 d5
10.急e3 急h3 11.匀bd2, und
seine Dame ist in Gefahr, sondern 4. ... d6!? 5.ed 曾:d6 6.c3
急g4 7.d4 0-0-0! mit scharfem Spiel.

4. ... d5!
Bei 4. ... d6 erlangt der Anziehende mittels 5.急b5 und 6.d4
Übergewicht. Nach dem Partiezug sollte er sich für die
forcierte Variante 5.ed 曾:d5
6.fe 急g4! (6. ... 曾:e5 7.曾e2)
7.d4 0-0-0 8.0-0 entscheiden. Seine Spielweise führt direkt in die Katastrophe.
**5.d4? ed 6.cd 急b4+ 7.匀c3
de 8.d5 ef 9.dc 急:c3+ 10.bc
f2+!** Weiß gab auf.

170
Aljechin–Tenner
Köln 1911

**1.e4 e5 2.f4 急c5 3.匀f3' d6
4.匀c3 匀f6 5.急c4 匀c6 6.d3
急g4 7.匀a4 ef?**
Gewöhnlich wird 7. ... 急b6
gespielt.
**8.匀:c5 dc 9.急:f4 匀h5
10.急e3 匀e5?**
In Erwägung kam 10. ... 匀d4.

11.匀:e5! 急:d1 12.急:f7+
Schwarz gab auf. Falls 12. ...
當f8 13.急:c5+ 曾d6, so hat er
zwei Bauern weniger, während
ihn nach 12. ... 當e7
13.急:c5+ 當f6 14.0-0+ 當:e5
ein größerer Verlust erwartet – 15.罩f5 matt.

171
Lopez–Leonard
Madrid 1575

**1.e4 e5 2.f4 d6 3.匀f3 急g4
4.急c4 c6?**
Bauernzüge muß man immer
mit großer Vorsicht ausführen.
Es vergingen jedoch 400 Jahre,
bevor diese Wahrheit zur Re-
gel wurde. Eine gute Fortsetzung war 4. ... 匀c6.
5.fe de

**6.急:f7+! 當:f7 7.匀:e5+ 當e8
8.曾:g4**
Die Partie ist im Prinzip beendet. Schwarz hat zwei Bauern
weniger und die schlechtere
Stellung.
**8. ... 匀f6 9.曾e6+ 曾e7
10.曾c8+ 曾d8 11.曾:d8+
當:d8 12.匀f7+.**
Schwarz gab auf.

172
Reinle–Lange
Murnau 1936

1.e4 e5 2.f4 f5?
Ein teures Vergnügen.
3.ef e4
Es ist schon viel verdorben,
aber nach 3. ... ♕h4+ 4.g3
♕f6 konnte sich Schwarz
noch irgendwie halten.
**4.♕h5+ g6 5.fg h6 6.g7+
♔e7 7.♕e5+ ♔f7 8.gh♘**
matt!

Wegen dieser ungewöhnlichen Finalposition wurde die
unglückliche Partie aufgeführt.

Wiener Partie

1.e4 e5 2.♘c3

Diese Eröffnung wurde in der
Mitte des vergangenen Jahrhunderts von Wiener Schachspielern ausgearbeitet. Weiß
befestigt den Bauern e4, verhindert den Gegenschlag
d7–d5 und beabsichtigt, mittels f2–f4 das gegnerische
Zentrum zu attackieren. Aber
eine gewisse Verzögerung in
der Dynamik des Spiels gestattet Schwarz, schnelle Gegenmaßnahmen zu organisieren.

173
Sämisch–Schlosser
Blindpartie, Trautenau 1924

1.e4 e5 2.♘c3 ♘f6 3.f4 ef?
Die praktischen Erfahrungen
sprechen für die Antwort 3. ...
d5.
4.e5 ♕e7
Eine Ergänzung zum vorangegangenen Fehler – die Dame
ist hier dem Angriff ♘d5 ausgesetzt. Besser war, mit dem
Springer nach g8 zurückzugehen.
**5.♕e2 ♘g8 6.d4 ♘c6 7.♘f3
g5**
Die schwarze Lage ist schon
sehr schwierig, so verfügt
Weiß z. B. bei 7. ... ♕b4 über
die Antwort 8.♕e4 mit totaler
Überlegenheit.
8.♘d5 ♕d8 9.♘f6+
Die Partie ist praktisch entschieden. Dem Nachziehenden bleibt nur noch wenig
Hoffnung.
9. ... ♔e7 10.d5 ♘b8

93

Eine bildschöne Situation.
11.d6+! cd 12.♘d5+! ♔e6
(12. ... ♔e8 13.ed+) **13.ed+**
♔:d6 14.♕e5+ ♔c6
15.♘d4+ ♔c5 16.b4 matt.

174
Würzburger–Peifer
Paris 1933

1.e4 e5 2.♘c3 ♘f6 3.f4 ef?
Ein typischer Fehler. Weiß
kann jetzt den gegnerischen
Springer zurückdrängen. Richtig ist 3. ... d5 4.fe ♘:e4.
4.e5 ♕e7 5.♕e2 ♘g8 6.♘f3
♘c6
Gute Züge sind schon nicht
mehr zu finden. Auf 6. ... c6
ist 7.♘e4 unangenehm.
7.d4 d6 8.♘d5 ♕d8

9.♘:c7+! Schwarz gab auf.

175
Kolbe–Rotenstein
Berlin 1921

1.e4 e5 2.♘c3 ♘c6 3.f4 ef
4.♗c4?!
Bei Einschaltung der Züge
♘c3 und ♘c6 ist dieses dem
Königsläufergambit entlehnte
Manöver ungünstig. Solider ist
4.♘f3.
4. ... ♕h4+ 5.♔f1 ♗c5
Das Problem besteht darin,
daß Weiß jetzt nicht 6.d4 spielen kann. Am besten war hier
die Fortsetzung 6.♕e1.
6.g3? fg 7.♘f3 g2+! 8.♔:g2
♕f2+ 9.♔h3 d5 matt.

176
Kulmala–Lehtonen
Helsinki 1938

1.e4 e5 2.♘c3 ♘c6 3.f4 ♗c5
Die Theorie empfiehlt das
Schlagen auf f4.
4.♘f3 d6 5.f5?
In scharfen Stellungen ist die
Entwicklung besonders wichtig. Notwendig war der Zug
5.♗c4.
5. ... ♘f6 6.h3 d5 7.♘:e5
Solider ist 7.d3.
7. ... ♘:e4 8.♘f3

Weiß steht schlecht, schon wegen der Möglichkeit 8. ... ♗f2+ 9.♔e2 ♗b6. Aber es kommt noch schlimmer. **8. ... ♕h4+! 9.♘:h4 ♗f2+ 10.♔e2 ♘d4+ 11.♔d3 ♘c5** matt.

177
Pillsbury–Fernandez
Hannover 1900

1.e4 e5 2.♘c3 ♘c6 3.f4 d6 4.♘f3 a6?
Ein typischer Zeitverlust. Ähnlich wie dem Menschen die Jugend zum Lernen und Sammeln von Erfahrungen gegeben ist, so ist die Eröffnung in der Schachpartie für die schnelle Figurenentwicklung bestimmt. Die normale Fortsetzung war 4. ... ♘f6.
5.♗c4 ♗g4 6.fe ♘:e5?
Der letzte Fehler. Um den Ausgleich ließ sich nur mit 6. ... de kämpfen. Im Falle von 6. ... ♗:f3 7.♕:f3 ♘:e5 8.♕e2 ♘:c4 9.♕:c4 behält Weiß die besseren Aussichten dank seinem größeren Einfluß im Zentrum.

7.♘:e5! ♗:d1 8.♗:f7+ ♔e7 9.♘d5 matt.

178
Weiß–Briefner
1896

1.e4 e5 2.♘c3 ♘c6 3.f4 d6
Die wichtigsten Varianten ergeben sich nach 3. ... ef. Der Nachziehende spielt analog dem Königsgambit und versucht, die für ihn vorteilhafte Einschaltung der Züge ♘c3 und ♘c6 auszunutzen (im Königsgambit wendet Weiß in den ersten Zügen nicht das Tempo für die Entwicklung des Springers nach c3 auf).
4.♗b5 ♗d7 5.♘f3 ♗e7 6.0–0 ef?
Die Öffnung des Spiels ist riskant. Geboten war die Fortsetzung der Entwicklung mit 6. ... ♘f6 und darauffolgendem 0–0.
7.d4 g5 8.♘d5! ♘h6 9.h4 g4 10.♗:f4 gf 11.♗:h6 fg?
Ein Fehler von derselben Art. Die Linie durfte nicht geöffnet werden. Im Gegenteil, Schwarz mußte versuchen, sie

95

zu schließen – 11. ... ♗g4
mit der Absicht ♕d7 und
0–0–0.

12.♖:f7! Schwarz gab auf. Die
Folgen von 12. ... ♔:f7 sind
leicht vorauszusehen:
13.♕h5+ ♔g8 14.♘f6+!
♗:f6 15.♕d5+.

179
Müller–Otto
Magdeburg 1936

**1.e4 e5 2.♘c3 ♘f6 3.♗c4
♘:e4 4.♘:e4 d5 5.♗:d5**
Genauer ist 5.♗d3 de 6.♗:e4.
In diesem Falle ist 6. ... f5
7.♗f3 e4 nicht gefährlich wegen 8.♗h5+ g6 9.♗e2 mit er-
heblicher Schwächung des
schwarzen Königsflügels.
5. ... ♕:d5 6.♕f3 ♗e6 7.d3
Es war an der Zeit, mit 7.♘c3
ein Tempo zu gewinnen.
7. ... ♘c6 8.c4?
Ein klar antipositioneller Zug.
Weiß verliert Zeit und
schwächt gleichzeitig den Bauern d3 und das Feld d4.
8. ... ♗b4+ 9.♔f1
Falls 9.♗d2, so ist 9. ...

♗:d2+ 10.♘:d2 ♕:f3
11.♘g:f3 0–0–0 unangenehm.
**9. ... ♕a5 10.♗e3 0–0–0
11.a3?**
Es fällt schon schwer, die
weiße Stellung zu halten, hartnäckiger war 11.♕e2.
11. ... ♖:d3! 12.♗b6
Auf diesen Gegenschlag hatte
sich der Anziehende verlassen.
12. ... ♗:c4! 13.♗:a5 ♖d1
matt.

180
Imbusch–Goering
München 1899

**1.e4 e5 2.♘c3 ♘f6 3.♗c4
♘:e4 4.♗:f7+ ♔:f7 5.♘:e4
♘c6**
Das ganze taktische Manöver
mit dem Schlagen auf f7 gilt
als nicht besonders günstig für
Weiß. Aber jetzt war die Fortsetzung 5. ... d5! 6.♕f3+
♔g8 7.♘g5 ♕d7! richtig, womit Schwarz alle Drohungen
abwehrt und dank dem starken Bauernzentrum eine gute
Stellung einnimmt.
6.♕f3+ ♔g8?
Den Widerstand verlängerte
lediglich 6. ... ♔e8. Natürlich
steht Schwarz auch danach
schlechter, weil sein König die
gesamte Partie in der Mitte
überleben muß.

7.♘g5! Schwarz gab auf. Gegen 8.♕f7 matt und 8.♕d5 matt gibt es keine befriedigende Verteidigung.

181
Mieses–N. N.
Simultanpartie,
Liverpool 1900

1.e4 e5 2.♘c3 ♘f6 3.♗c4 ♘:e4 4.♕h5
Ein scharfer Zug. Je nach den weiteren Handlungen des Anziehenden führt er entweder zu schnellen Vereinfachungen oder zu großen Verwicklungen.
4. ... ♘d6 5.♗b3
Nach 5.♕:e5+ ♕e7 6.♕:e7+ ♗:e7 7.♗b3 ♘f5 8.♘f3 c6 ergibt sich eine ausgeglichene Stellung.
5. ... ♗e7
Interessant ist die Fortsetzung 5. ... ♘c6 6.♘b5!? g6 7.♕f3 f5 8.♕d5. Nach 8. ... ♕e7 9.♘:c7+ ♔d8 10.♘:a8 b6 und daraufolgendem ♗c8–b7 bekommt Schwarz für die Qualität gute Angriffsaussichten.

6.d3 0–0 7.♘f3 ♘c6 8.♗g5 h6 9.h4 ♘e8?
Richtig ist 9. ... ♘d4, um schnell den gefährlichen Läufer abzutauschen und die Drohungen abzuwehren. Danach geht nicht 10.♕g6? wegen 10. ... ♗:g5 11.♗:g5 ♘:b3 12.♗:d8 fg 13.ab ♖:d8, und Weiß hat eine Figur verloren.
10.♘d5 ♘f6?
Auch hier war 10. ... ♘d4 noch möglich, z. B. 11.♕g6? ♗:g5!, und die weiße Kombination ist zerstört.

11.♕g6! Schwarz gab auf. Nach 11. ... fg folgt 12.♘:e7+ ♔h8 13.♘:g6 matt, und bei 11. ... hg entscheidet 12.♘:f6+ ♗:f6 13.hg.

182
Pratt–Korkenblad
USA 1965

1.e4 e5 2.♘c3 ♘f6 3.♗c4 ♘:e4 4.♕h5 ♘d6 5.♗b3 ♘c6 6.d4 ed
Wesentlich stärker ist 6. ... ♘:d4 mit den für Schwarz günstigen Varianten 7.♗g5

♗e7 8.♗:e7 ♕:e7 9.♘d5 g6!
oder 7.♕:e5+ ♘e6 8.♘d5 c6
9.♘c3 ♕f6.

7.♘d5 g6?
Eine schlechtere, aber noch
nicht hoffnungslose Position
konnte der Nachziehende
durch 7. ... ♗e7 8.♗f4 0–0
9.0–0–0 erreichen. Jetzt folgt
ein schnelles Ende.

**8.♕e2+ ♗e7 9.♘f6+ ♔f8
10.♗h6 matt.**

183
Milner-Barry–Alexander
London 1940

**1.e4 e5 2.♘c3 ♘c6 3.♗c4
♗c5 4.♕g4**
Ein typisches Verfahren.
Schwarz muß nun entweder
mit 4. ... g6 seine Bauerstel-
lung schwächen oder auf die
Rochade verzichten. Möglich
war auch 4.♘f3.
4. ... ♔f8 5.♕g3 d6 6.d3
Eine Ungenauigkeit. Richtig
war 6.♘ge2, um neben der
Entwicklung des Springers
auch die Drohung 6. ... ♘d4
abzuwehren.

**6. ... ♘d4! 7.♘b3 ♗e6
8.♗g5 ♕d7 9.♔d2**
Besser ist 9.♖c1 (es drohte
9. ... ♗:b3) mit darauffolgendem ♘ge2 und 0–0.
**9. ... h6 10.♗e3 ♘f6
11.♘ge2?**
Nun war 11.♗:e6 erforderlich.

Nachdem er die Variante
11. ... ♘h5 12.♕h4 g5
13.♕:h5 ♗g4 14.♕:f7+! ge-
funden hatte, erwartete Weiß
bedenkenlos den nächsten
Zug seines Gegners.
11. ...♘:b3+!
Weiß gab auf, da mit dem
letzten Kettenglied die gesamte Variante zerstört ist.

184
Rodis–Gromotka
Fernturnier 1982

**1.e4 e5 2.♘c3 ♘c6 3.♗c4
♗c5 4.♕g4 ♕f6?!**
Verlockend, aber letztendlich
ein falscher Weg. Solider ist
4. ... ♔f8.
5.♘d5! ♗:f2+ 6.♔f1 ♕h4
In einem solchen Kampf geht
man nicht friedlich auseinan-

der, einer der Spieler muß im Unrecht sein.

7.♕:g7 ♗:g1 8.g3!
Der Anziehende hat alle Varianten durchgerechnet und sieht schon das erfolgreiche Finale.

8. ... ♕:e4

9.♘f6+! ♘:f6 10.♕:f7+ ♔d8 11.♕:f6+ ♔e8
Auch bei 11. ... ♘e7 12.♕:h8+ ♘g8 13.♕:g8+ ♔e7 14.♕f7+ ♔d6 15.♖:g1 ist jeder Widerstand sinnlos.

12.♗f7+.
Bis zum Höchstmaß der Bestrafung blieben dem schwarzen König nur noch zwei Züge: 12. ... ♔f8 13.♗g6+ ♔g8 14.♕f7 matt. Der Nachziehende gab deshalb auf.

185
Brooks–Crous
Südafrika 1946

1.e4 e5 2.♘c3 ♘c6 3.♗c4 ♗c5 4.♕g4 ♕f6? 5.♘d5! ♕:f2+ 6.♔d1 ♔f8
Nur noch einen Zug dauerte die Partie Vuković–Emmler

(Hamburg 1974): 6. ... ♘a5 7.♘h3, und Schwarz gab auf.

7.♘h3 ♕d4 8.d3
Interessant verlief die Partie Mieses–Tschigorin (Ostende 1906): 8. ... d6 9.♕h4 ♗:h3 10.♕:h3 ♘a5? (die letzte Chance bestand vielleicht in 10. ... ♘ce7) 11.♖f1! ♘:c4 12.♕d7 f6 13.♘:f6! Schwarz gab auf.

8. ... ♗b6 9.♖f1 f6
Effektvoll wird 9. ... ♘f6 widerlegt: 10.♖:f6! d6 11.♕:g7+!! ♔:g7 12.♗h6+ ♔g8 13.♖g6+!! hg 14.♘f6 matt. Auf 9. ... ♘d8 folgte in der Partie Aljechin–Lugowskoi (1931) 10.c3 ♕c5 11.♘g5 ♘h6 12.♕h4 d6 13.♘e6+! nebst Matt in drei Zügen.

10.♘:f6! Schwarz gab auf. Nach 10. ... ♘:f6 entscheidet 11.♖:f6+ gf 12.♗h6+.

186
Aljechin–de Cossio
Blind-Simultanpartie 1944

1.e4 e5 2.♘c3 ♗c5 3.♗c4

♘e7 4.d3 ♘bc6 5.♕h5 0–0
6.♗g5 ♕e8 7.♘f3 ♘g6
8.♘d5 ♗b6
Es ist offensichtlich, daß die
schwarzen Steine kein starker
Spieler führt. Wir lassen deshalb seine Züge unkommen-
tiert und beobachten, wie der
Weltmeister die günstige Situation ausnutzt.

9.♘f6+! gf 10.♗:f6.
Schwarz gab auf. Gegen
11.♕h6 oder 11.♘g5 besteht
keine Rettung.

187
Stepanow–Tschapny
Tbilissi 1973

1.e4 e5 2.♘c3 ♘c6 3.g3 ♘f6
4.♗g2 ♗b4 5.♘ge2 d6 6.h3
0–0 7.0–0 ♗d7
Aus allgemeinen Erwägungen
heraus kein schlechter Zug,
mit dem eine weitere Figur
entwickelt wird. Es war jedoch
geboten, zu konkreten Handlungen überzugehen: 7. ...
♗:c3 8.♘:c3 ♘d4 nebst
c7–c6, und auf einen weißen
Angriff am Königsflügel ant-

wortet Schwarz mit einem Gegenschlag im Zentrum.
8.f4 ef
Das Zentrum durfte nicht auf-
gegeben werden. Natürlicher
war die Fortsetzung 8. ... ♕e7
9.d3 ♖ae8 nebst h7–h6 und
♘f6–h7, und der Nachzie-
hende besitzt am Hauptab-
schnitt des Kampfes ein Kräf-
teübergewicht.
9.♘:f4 ♕c8?
Schwarz hat nicht den richtigen Plan gefunden. Die Dame
steht auf c8 schlechter als auf
d8, während der weiße König
auf h2, wohin er jetzt geht,
günstiger als auf g1 aufgestellt
ist. Dringend erforderlich war
9. ... ♘d4 nebst 10. ... c6,
und der Punkt d5 ist gedeckt.
**10.♔h2 ♘d4 11.♘cd5! ♘:d5
12.♘:d5.** Schwarz gab auf.
Der gleichzeitige Angriff gegen Läufer und Dame (♘e7+
läßt sich nicht abwehren.

188
Shurawlew–Wendel
Nowgorod 1978

1.e4 e5 2.♘c3 d6 3.g3 g6
Beide Partner streben ein ruhiges positionelles Spiel an.
4.d4 ed?!
Erste Anzeichen von Unruhe.
Schwarz durfte das Zentrum
nicht aufgeben. Ein guter Zug
war 4. ... ♘c6.
**5.♕:d4 ♘f6 6.♘d5 ♗g7
7.♗h6! ♘c6?**
Nach 7. ... 0–0 ließ sich die
Position noch halten.

**8.♗:g7!! ♘:d4 9.♘:f6+ ♔e7
10.♘d5+ ♔d7 11.♗:d4**
Drei Figuren sind eine gute
Kompensation für die Dame.
Zudem hat der Nachziehende
seine Schwierigkeiten noch
nicht überstanden. So folgt
z. B. auf 11. ... ♖f8 einfach
12.♗g7.
11. ... c6 12.♗f6!
Schwarz gab auf. Mit der Blok-
kade des Bauern f7 stellte
Weiß die neue Drohung
13.♗h3+ auf. Nach 12. ...
♕g8 (oder 12. ... ♕f8
13.♗h3+ ♔e8 14.♘c7 matt)
13.♗h3+ ♔e8 14.♘c7+ ♔f8
15.♘:a8 ♗:h3 16.♘:h3 ergibt
sich eine für Schwarz hoffnungslose Lage.

189
Motyljew–Neustupow
Swerdlowsk 1976

1.e4 e5 2.♘c3 f5?
Verfrühte Aktivität. Schwarz
gerät sofort in eine kritische
Situation.
3.ef ♘f6?
Das ist schon der entscheidende Fehler. Eine Fortset-

zung des Kampfes war nur
mittels 3. ... ♗b4 4.♕h5+
♔f8 5.♗c4 ♕e8 möglich.
**4.g4! h5 5.g5 ♘g8 6.d4 d6
7.♗d3! ed 8.♘d5**
Der Unterschied in der Entwicklung der weißen und
schwarzen Figuren ist deutlich.
8. ... c6 9.♕e2+ ♗e7
Auch nach 9. ... ♘e7 10.♘f4
kann sich Schwarz nicht halten.
10.f6 cd 11.fg. Schwarz gab auf.

Läuferspiel

1.e4 e5 2.♗c4
Eine der ältesten Eröffnungen,
die auf eine fünfhundertjäh-
rige Geschichte zurückblickt.
In der heutigen Praxis ist sie
selten anzutreffen, da für den
Nachziehenden exakte Wege
gefunden wurden, den Kampf
auszugleichen.

190
Taylor–Dreyer
Antwerpen 1934

**1.e4 e5 2.♗c4 ♘f6 3.♘f3
♘:e4**
Mittels 3. ... ♘c6 kann der
Nachziehende auch in das
Zweispringerspiel im Nachzuge übergehen.
4.♘c3 ♘:c3 5.dc d6?
In der Eröffnung lohnt es gewöhnlich nicht, sich an solchen Bauern festzuklammern.
Das wichtigste ist die Entwicklung. Deshalb war 5. ... ♗e7!
(5. ... ♗c5? 6.♗:f7+! ♔:f7

101

7.♕d5+) 6.♘:e5 0–0 richtig, und Schwarz hat sich aller Sorgen entledigt.

6.0–0?
Das naheliegende 6.♘g5 stellt Schwarz vor große Probleme. Nach dem Partiezug droht 7.♘:e5 de 8.♗:f7+, aber das einfache 6. ... ♗e7 hätte diese Drohung beseitigt und dem Nachziehenden gute Chancen gegeben, den Mehrbauern zu realisieren.

6. ... ♗g4?

Es ist an der Zeit, sich der Kombination Legals zu erinnern.
7.♘:e5! ♗:d1 8.♗:f7+ ♔e7 9.♘g5 matt.

191
Pillsbury–Neumann
Simultanpartie, Hannover 1902

1.e4 e5 2.♗c4 ♘f6 3.♕e2?! ♗c5 4.c3 0–0 5.f4?!
Mit dem Ziel, seinen Gegner zu verwirren, spielte Weiß die Eröffnung herausfordernd und blieb deutlich in der Entwicklung zurück. Jetzt wird er dafür bestraft.

5. ... d5!
Die Partei mit der besseren Figurenentwicklung muß immer die Öffnung des Spiels anstreben.

6.ed ef 7.♕f3 ♗:g1 8.♖:g1 ♖e8+ 9.♔f1 ♘g4
Die weiße Stellung ist verloren.

10.♕:f4 ♖e5 11.♗d3 g5!
Weiß gab auf. Nach 12.♕g3 entscheidet 12. ... ♕f6+.

192
Oskam–Grosjean
Rotterdam 1930

1.e4 e5 2.♗c4 ♗c5 3.b4!?
Eine Mischung von Läuferspiel und Evans-Gambit. Auf 3. ... ♗:b4 beabsichtigt der Anziehende 4.c3 nebst d2–d4.

3. ... ♗b6 4.♘c3 ♘f6 5.♘f3 ♘:e4!?
Eine typische Methode zur bequemen Abwicklung im Zentrum.

6.♗:f7+?
Verlockend, aber falsch. Nicht schlecht war 6.♘:e4 d5 7.♗b5+ c6 8.♘c5 cb 9.♘:e5 mit guten Aussichten, den Eröffnungsvorteil zu behalten.

6. ... ♔:f7 7.♘:e5+ ♔e6?
Der König begeht Selbstmord. Schwarz sollte sich mit 7. ... ♔g8 bescheiden. Nach 8.♘:e4 ♕e7 wäre Weiß in einer schwierigen Lage.

8.♘:e4 ♔:e5 9.♗b2+ ♔:e4 10.♕f3 matt.

102

Alapin-Eröffnung

1.e4 e5 2.♘e2

Diese Eröffnung wurde Ende des 19. Jahrhunderts vom russischen Meister Alapin ausgearbeitet. Ihre Idee besteht darin, daß Weiß den Vorstoß f2–f4 durchsetzt, ohne einen Bauern zu opfern. Gegebenenfalls unterstützt der Springer auch d2–d4. Er steht jedoch auf e2 ungünstig, und Schwarz kann das Spiel recht leicht ausgleichen.

193
Manko–Jankovitz
Fernpartie 1900

1.e4 e5 2.♘e2 ♗c5 3.f4 ♛f6
Dieser Zug ist hier angebracht, er verhindert sowohl 4.fe als auch 4.d4.
4.c3 ♘c6
Im Falle des geradlinigen 4. ... ef 5.d4 f3 6.gf ♛:f3 7.♖g1 übernimmt Weiß bald die Initiative.
5.g3?
Die Einleitung eines fehlerhaften Planes. Zwar ging 5.d4 ed 6.e5 nicht wegen 6. ... ♛h4+ 7.g3 ♛h5 8.cd ♘:d4!, möglich war aber 5.b4 ♗b6 6.b5 ♘a5 7.d4.
5. ... ♘h6 6.♗g2 ♘g4 7.♖f1 ♘:h2 8.fe

Es scheint so, als ob die weiße Position nach 8. ... ♛:e5 9.d4 erträglich wäre. Doch der Schein trügt.
8. ... ♛:f1+! 9.♗:f1 ♘f3
matt.

194
Seibot–Lütze
Petersburg 1902

1.e4 e5 2.♘e2 ♘f6 3.f4 ef
Einfacher ist 3. ... ♘:e4 4.d3 ♘c5 5.fe d5 6.d4 ♘e4, und der Nachziehende hat keine Sorgen.
4.♘:f4 ♘:e4?
Schwarz verfügte über eine gute Auswahl: 4. ... d6, 4. ... ♘c6 oder sogar 4. ... ♛e7 5.d3 d5.
5.♛e2 ♛e7 6.♘d5! ♛e5 7.♘bc3 c6

Schwarz scheint mit einem kleinen Schreck davongekommen zu sein, aber ...

8.d4! ♕f5

Auf 8. ... ♕:d4 würde 9.♘:e4 cd 10.♘d6+ ♔d8 11.♕e8+ ♔c7 12.♘b5+ folgen.

9.♘:e4. Schwarz gab auf.

195

N. N.–Canal
Barcelona 1935

1.e4 e5 2.♘e2 d5 3.ed ♕:d5 4.♘bc3 ♕a5 5.d4 ♘c6

Genauer ist 5. ... ♘f6.
Schwarz nutzt die passive Aufstellung des Springers e2 aus, um seinen König schneller aus dem Zentrum zu bringen.

6.d5 ♘b4 7.♗d2?

Nach 7.♘g3 würde der Kampf erst beginnen.

7. ... ♗f5 8.♖c1

Jetzt dagegen geht er schnell zu Ende.

8. ... ♗:c2! 9.♖:c2 ♘d3

matt.

Halboffene Spiele

In diese Gruppe von modernen Eröffnungen gehören jene, in denen der Nachziehende auf 1.e2–e4 nicht 1. ... e7–e5 antwortet.

Skandinavische Verteidigung

1.e4 d5

Eine alte Eröffnung, die gegenwärtig nicht sehr populär ist, aber von Zeit zu Zeit in der Schachpraxis auftaucht. Ihre Bezeichnung erhielt sie, nachdem sie zu Beginn des 20. Jahrhunderts von skandinavischen Meistern umfassend analysiert wurde.
In den letzten Jahrzehnten wurde die Skandinavische Verteidigung mit neuem Inhalt erheblich angereichert, wobei jedoch die grundsätzliche Bewertung, daß sie dem Anziehenden größere Chancen bietet, erhalten blieb. Der frühzeitige Damenzug nach 2.ed ♛:d5 gestattet Weiß, ein Tempo für die Entwicklung seines Springers zu gewinnen und eine aktive, aussichtsreiche Position zu erhalten.

Trotzdem darf Weiß seine Möglichkeiten nicht überschätzen, da er bei zu scharfem oder selbstsicherem Spiel schnell in unangenehme Situationen geraten kann.

196
Junek–Stickel
Prag 1941

1.e4 d5 2.ed ♛:d5 3.♘c3 ♛a5 4.♘f3 ♗f5
Logischer ist 4. ... ♗g4.
5.d4 c6 6.♗d3 ♘f6 7.0–0 e6 8.♖e1 ♘bd7 9.♘e5 ♗g6
Der zweite unglückliche Zug mit diesem Läufer. Nach dem Abtausch auf d3 wäre der normale Entwicklungsrhythmus erhalten geblieben.
10.♛e2 ♛d8?
Ein unerklärlicher Zeitverlust. Hier bestand letztmals die Möglichkeit, den Läufer abzutauschen.
11.♗:g6 hg 12.♘:f7! ♛e7 13.♘:h8.
Schwarz gab auf.

197
Wiesel–Weigel
Fernpartie 1923

1.e4 d5 2.ed ♛:d5 3.♘c3 ♛a5 4.♘f3 ♗g4 5.h3 ♗:f3 6.♛:f3 ♘c6?

Für ein ruhiges und sicheres Leben war 6. ... c6 notwendig.
7.♗b5 ♛b6 8.♘d5! ♛a5 9.b4!

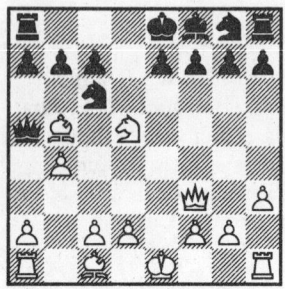

Die Dame ist gefangen. Schwarz gab deshalb auf.

198
Ripperova–Hajkova
ČSSR-Meisterschaft1981

1.e4 d5 2.ed ♛:d5 3.♘c3 ♛a5 4.d4 c6 5.♘f3 ♗g4 6.♗e2 ♘f6 7.♗d2 ♛c7
Genauer war der Damenrückzug nach b6.
8.♘e5 ♗:e2 9.♛:e2 ♘bd7 10.♗f4 ♛b6 11.0–0–0 ♖d8
Das ist jetzt schon ein Fehler, und zwar der letzte.
12.♘c4! Schwarz gab auf.

Bedroht sind Dame und König. Gegen 13.♘d6 matt gibt es keine sinnvolle Verteidigung mehr.

199
Mieses–Oehquist
Nürnberg 1895

1.e4 d5 2.ed ♛:d5 3.♘c3 ♛d8 4.d4 ♘c6
In dieser Position steht der Springer auf c6 sehr unsicher. Nach dem Rückzug 3. ... ♛d8 gilt 4. ... g6 als beste Fortsetzung, worauf gewöhnlich 5.♗c4 ♗g7 6.♘f3 folgt.
5.♘f3 ♗g4?
Eine tödliche Idee. Bescheidener und sicherer war 5. ... e6.
6.d5! ♘e5

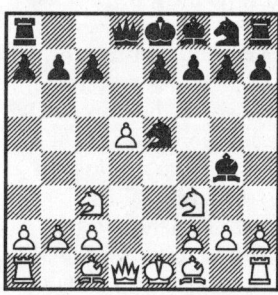

7.♘:e5. Schwarz gab auf. Nach 7. ... ♗:d1 gewinnt 8.♗b5+ c6 9.dc ♗e2!? 10.c7+! ♗b5 11.cd♛+ nebst 12.♘:b5.

200
Timman–Bakkali
Nizza 1974

1.e4 d5 2.ed ♘f6
Ein annehmbarer Versuch, die
ausgetretenen Pfade nach
2. ... ♕:d5 3.♘c3 ♕a5 zu verlassen.
3.d4
Weiß kann auch mit 3.c4 c6
4.d4! cd 5.♘c3 in den Panow-
Angriff der Caro-Kann-Verteidigung überleiten.
**3. ... ♘:d5 4.c4 ♘b6 5.♘f3
♗g4 6.c5 ♘d5?**
Scheinaktivität. Der Springer
wird zur Zielscheibe und stört
Schwarz bei der Verteidigung
seiner schwachen Punkte. Gegenspiel konnte er nur nach
5. ... ♘6d7 6.♕b3 ♗:f3! 7.gf
(oder 7.♕:f3 c6, und Schwarz
befestigt sich auf d5) 7. ...
♘c6 erreichen, z. B. 8.d5 ♘d4
9.♕d3 e5.
6.♕b3 b6?
Die letzte Möglichkeit, sich zu
verteidigen, bot 6. ... ♗c8.
7.♘e5! Schwarz gab auf. Gegen 8.♘:g4 oder 8.♗b5+ hilft
nur 7. ... ♗d7, und das geht
nicht, weil der Springer d5
hängt.

201
Rumjanzew–Lomonossow
Klaipeda 1978

**1.e4 d5 2.ed ♘f6 3.♗b5+
♗d7 4.♗c4 b5 5.♗b3 ♗g4
6.f3 ♗c8 7.♕e2 ♗a6?**

Der Läufer steht hier ungünstig. Ruhig und gut war 7. ...
a6 mit darauffolgendem
♗c8–b7.
8.♘c3 b4 9.♗a4+ ♘fd7
Der einzige Zug, weil der
Springer b8 den Läufer decken
muß und nach 9. ... c6 10.dc
♗:e2 11.c7+ ♘bd7 12.cd♕+
♖:d8 13.♘c:e2 eine Figur ver-
lorengeht.
10.♘b5 ♗b7
Der Nachziehende hat in
einer zweifelhaften Stellung
einen Bauern weniger. Hier
hätte er unbedingt den gefährlichen Springer vernichten
müssen.
11.d6! Schwarz gab auf.

Der Kampf ist zu Ende. Der
Bauer d6 darf wegen Matt
nicht genommen werden, und
nach 11. ... ♘a6 folgt trotzdem 12.dc ♘:c7 13.♘d6 matt.

202
Keller–Herrmann
Dresden 1950

**1.e4 d5 2.ed ♘f6 3.c4 c6
4.dc?!**

Solider ist 4.d4 cd 5.♘c3 mit
Übergang zum Panow-Angriff
der Caro-Kann-Verteidigung.
Jetzt erhält Schwarz für den
Bauern gute Initiative.
**4. ... ♘:c6 5.d3 e5 6.♘c3
♗c5 7.♗g5 0–0 8.♘e4?**
Ein zu geradliniger Versuch,
die gegnerische Initiative ab-
zuschwächen. Richtig war
8.♘f3 nebst 9.♗e2, um in
einem geeigneten Moment
den Bauern zurückzugeben
und die Entwicklung abzu-
schließen.

**8. ... ♘:e4! 9.♗:d8 ♗:f2+
10.♔e2 ♘d4 matt.**

Aljechin-Verteidigung

1.e4 ♘f6

Die Begründung der mit diesem Zuge verbundenen Idee
und die Ausarbeitung der Eröffnung stammen von Welt-
meister Alexander Aljechin.
Schwarz beabsichtigt, das gegnerische Bauernzentrum anzugreifen. Die Aljechin-Ver-

teidigung ist als vollwertig anerkannt und wird heute auch
von Großmeistern angewen-
det.

203
*Hill–Janeway
New York 1946*

1.e4 ♘f6 2.e5 ♘d5 3.c4 ♘f4?
Ein unnötiges Risiko. Richtig
ist 3. ... ♘b6.
4.d4 ♘g6 5.h4 h5
Der Bauer h5 wird sofort zum
Angriffsobjekt.
6.♗e2 e6
Dem Bauern ist nicht zu helfen. Schwarz versucht deshalb,
sich am Bauern h4 schadlos zu
halten.
7.♗:h5 ♘:h4 8.♕g4 ♘f5

Jetzt geht nicht 9.♗:f7+ ♔:f7
10.♖:h8 wegen 10. ... ♗b4+.
Aber Weiß kann seinen An-
griff auf andere Weise fortfüh-
ren.
9.♕g6!! ♕e7
Die Dame ist wegen Matt in
zwei Zügen tabu.
10.♗g5 fg 11.♗:g6+ ♔d8
Auf 11. ... ♕f7 folgt ein-

fach 12.♗:f7+ ♔:f7
13.♖:h8.
12.♖:h8. Schwarz gab auf.
Das Schlagen auf g5 ist nutz-
los – 12. ... ♕:g5 13.♖:f8+
♔e7 14.♖e8 matt.

204
Samarian – Alexandrescu
Rumänien 1956

**1.e4 ♘f6 2.e5 ♘d5 3.c4 ♘b6
4.c5 ♘d5 5.♘c3 e6 6.♗c4
♘:c3**
Das Bauernopfer sollte
Schwarz besser nicht annehmen, weil er danach nur
schwer die Entwicklung beenden kann. Solider ist 6. ... d6!
7.♘:d5 ed 8.♗:d5 c6 nebst
9. ... de.
7.bc ♗:c5 8.d4 ♕h4?
Eine unglückliche Idee. Besser
ist 8. ... d5 9.♗d3 ♗e7 mit
Übergang zu einer akkuraten
Verteidigung.
9.♗d3!
Der Läufer entzieht sich der
Gefahr 9.dc ♕:c4 und deckt
den Punkt e4. Jetzt konnten
sich die Ereignisse wie folgt
entwickeln: 9. ... ♗b6 10.a4
a5 11. g3 ♕e7 12.♕g4 mit
starker weißer Initiative. Aber
in die Logik mischt sich in
dieser Partie der Zufall ein.
9. ... ♗e7? 10.g3. Schwarz
gab auf.

205
Mazukewitsch – Kandaurow
Tula 1967

**1.e4 ♘f6 2.e5 ♘d5 3.c4 ♘b6
4.c5 ♘d5 5.♘c3 ♘:c3**
Eine stabile Position erlangt
Schwarz durch 5. ... e6.
6.dc d6 7.♗g5! de 8.♕b3
Schwarz kann nur schwer
seine Entwicklung beenden.
So geschah z. B. in der Partie
Mazukewitsch – Bodisko (Tula
1955) 8. ... ♗e6 9.♕:b7 ♘d7
10.b4 f6 11.♗e3 ♕c8 12.♕c6
♔f7 13.♘f3 a6 14.♕:e6+!!
♔:e6 15.♗c4+ ♔f5 16.♘h4+
♔e4 17.♔e2!, und Schwarz
gab auf.
8. ... ♘d7?
Der beste Ausweg war 8. ...
♕d7 9.♖d1 ♕f5.
9.♗c4!
Schwarz gab auf. Die Verteidigung 9. ... e6 geht nicht wegen Damenverlust, und auf
9. ... ♘:c5 wird er in zwei
Zügen matt gesetzt.

206
Wren – Mayfield
Halifax 1941

**1.e4 ♘f6 2.e5 ♘d5 3.c4 ♘b6
4.d4 d6 5.♗d3 de 6.de
♘8d7?**
Unterschätzt die gegnerischen
Möglichkeiten. Ein durchaus
annehmbares Spiel bekommt
Schwarz nach 6. ... ♘c6.
7.e6!

Auf 7. ... fe folgt jetzt standardmäßig 8.♕h5+ g6 9.♕:g6+ hg 10.♗:g6 matt. Die beste Möglichkeit war 7. ... ♘e5 8.ef+ ♔:f7, obwohl die schwarze Stellung auch dann recht kompromittiert ist.
7. ... ♘f6? 8.ef+ ♔:f7 9.♗g6+. Schwarz gab auf.

207
Borochow – Fine
Pasadena 1932

1.e4 ♘f6 2.e5 ♘d5 3.d4 ♘c6?
Unvorsichtig. Die Position erforderte 3. ... d6 oder 3. ... e6.
4.c4 ♘b6 5.d5! ♘:e5 6.c5 ♘bc4 7.f4

Nach sieben Bauernzügen in Reihe gewinnt Weiß einen Springer. Schon hier konnte Schwarz aufgeben.
7. ... e6 8.♕d4 ♕h4+ 9.g3 ♕h6 10.♘c3 ed 11.fe.
Schwarz gab auf.

208
Smekalin – Jegorow
Tscheljabinsk 1983

1.e4 ♘f6 2.e5 ♘d5 3.d4 e6
Allgemein gebräuchlich ist 3. ... d6, womit der vorgeschobene Bauer e5 unverzüglich angegriffen wird.
4.c4 ♗b4+?
Es scheint, daß Schwarz noch nichts falsch machen konnte, aber seine Partie ist danach schon hoffnungslos. Erforderlich war der bescheidene Springerrückzug nach b6.
5.♔e2!!

Dieser Zug ist leicht zu finden, wenn man nicht schablonenhaft spielt.
5. ... ♘b6
Mit 5. ... ♘e7 würde dem Läufer der Rückweg versperrt,

und es ginge 6.a3 ♗a5 7.b4 ♗b6 8.c5.

6.c5 ♛h4
Nur wenig besser war 6. ... ♘d5 wegen 7.a3 ♗a5 8.b4.
7.cb. Schwarz gab auf.

209
Golowei–Lematschko
Kaliningrad 1970

1.e4 ♘f6 2.e5 ♘d5 3.d4 d6 4.♘f3 ♗g4 5.♗e2 de
Mit diesem Abtausch sollte sich Schwarz Zeit lassen. Richtig ist, mittels 5. ... e6 die Entwicklung fortzusetzen.
6.♘:e5 ♗:e2 7.♛:e2 c6
Dieser oberflächliche Zug führt schnell ins Verderben. Geboten war, mit 7. ... ♘d7 den gegnerischen Springer anzugreifen.
8.♛f3 ♘f6
Es verlor 8. ... f6 wegen 9.♛h5+ g6 10.♘:g6, aber auch so ist die schwarze Lage nicht besser.
9.♛b3!
Die Punkte f7 und b7 lassen sich nicht gleichzeitig verteidigen.
9. ... ♛:d4 10.♛:b7 ♛:e5+ 11.♗e3 ♘d5(?) 12.♛c8 matt.

210
Rabinowitsch–Löwenfisch
Moskau 1927

1.e4 ♘f6 2.e5 ♘d5 3.♘f3 d6 4.♗e2?
Zu bescheiden gespielt. Natürlicher 4.d4 oder 4.♗c4.

4. ... ♘f4 5.♗f1
Ein seltsamer Zug. Warum nicht 5.0–0?
5. ... de 6.♘:e5?
Der letzte Fehler. Hoffnung auf ein erträgliches Leben bot lediglich 6.d4.
6. ... ♛d5 7.♘f3 ♛e4+ 8.♗e2 ♘:g2+ 9.♔f1 ♗h3 10.d3 ♘h4+ 11.♔e1 ♘:f3 matt.

211
Luer–Rattmann
Fernpartie 1922

1.e4 ♘f6 2.e5 ♘d5 3.♘f3 d6 4.d4 ♗g4 5.♗e2 de?
Die Hauptfortsetzungen lauten hier 5. ... ♘c6 oder 5. ... e6.
6.♘:e5 ♗:e2 7.♛:e2 ♘b6
Notwendig war 7. ... ♘d7.
8.0–0 ♛:d4?
Immer noch war die Entwicklung mit 8. ... ♘8d7 vorrangig.
9.♖d1 ♛h4
Jetzt wird 10.♛f3 mittels 10. ... ♛f6 zurückgeschlagen. Aber der Anziehende verfügt über etwas Interessanteres.

10.♗g5! ♛:g5
Der Läufer mußte geschlagen
werden. Auf 10. ... ♛b4 entscheidet 11.♛f3 f6 12.♛h5+
g6 13.♘:g6.
11.♖d8+!
Schwarz gab auf. Nach 11. ...
♔:d8 12.♘:f7+ geht die Dame
verloren.

212
Gibbs–Schmid
Olympiade, Lugano 1968

1.e4 ♘f6 2.♘c3
Diesen Zug kann man nicht
als Fehler bezeichnen. Aber
Weiß verzichtet praktisch auf
den Kampf um Eröffnungsvorteil, was nur mit dem prinzi-
piellen 2.e5 möglich ist.
2. ... d5 3.ed ♘:d5 4.♘ge2
Die Fortsetzung der zaghaften
Politik. Wenn Weiß schon von
einem festen und ruhigen
Ausgleich träumte, so mußte
er 4.♘:d5 ♛:d5 5.d4 ziehen.
4. ... ♘c6 5.g3
Ein Fehler zieht fast unaus-
weichlich einen anderen nach
sich. Für die erhebliche
Schwächung der gefährdeten
Felder in der Nähe des Königs
muß Weiß teuer bezahlen.
5. ... ♗g4 6.♗g2 ♘d4!

Das ist schon die Strafe. 7.0–0
geht nicht wegen 7. ... ♘:c3
8.dc ♘:e2+. Die einzige Möglichkeit, das materielle Gleichgewicht zu erhalten, bestand
in 7.h3, aber auch dann behielt
Schwarz nach 7. ... ♘:c3 8.dc
♘f3+ 9.♗:f3 ♛:d1+ 10.♔:d1
♗:f3 11.♖g1 0–0–0+ 12.♔e1
e5 klare Gewinnchancen.
7.♗:d5 ♛:d5!
Das war's. Auf 8.♘:d5 folgt
8. ... ♘f3+ 9.♔f1 ♗h3 matt.
8.f3 ♛:f3 9.♖f1 ♛g2.
Weiß gab auf.

213
N. N.–Geschew
Bulgarien 1935

1.e4 ♘f6 2.♘c3 d5 3.ed c6
Mit einem Bauernopfer versucht Schwarz, die Initiative
an sich zu reißen.
**4.dc ♘:c6 5.d3 e5 6.♗g5 ♗c5
7.♘e4?**
Richtig war 7.♘f3. Aber Weiß
glaubte anscheinend, daß
Schwarz nur 7. ... ♗e7 ziehen
kann, und beabsichtigte danach, zweimal auf f6 zu tauschen.

7. ... ♘:e4! 8.♗:d8 ♗:f2+
9.♔e2 ♘d4 matt.

Französische Verteidigung

1.e4 e6

Die Eröffnung erhielt ihren
Namen nach der Fernpartie
London–Paris (1834/36). Die
französischen Schachspieler
zogen damals 1. ... e6 und er-
rangen den Sieg.
Die Idee der Eröffnung besteht im Gegenangriff auf das
weiße Bauernzentrum mit den
Zügen d7–d5 und c7–c5. Zu
seinen Mängeln gehört die
passive Aufstellung des Läufers c8, dem der Bauer e6 den
Weg ins Spiel versperrt.

214
Hansen–Rodas-Martini
Dortmund 1980

**1.e4 e6 2.d4 d5 3.ed ed 4.♘f3
♗d6 5.c4 ♘e7??**
Tödlicher Automatismus.

Richtig ist 5. ... c6 oder 5. ...
dc 6.♗:c4 ♘f6.
6.c5.

Dem Nachziehenden blieb
nichts anderes, als die Uhr an-
zuhalten und aufzugeben.

215
Dlužnievski–Verec
Innsbruck 1987

**1.e4 e6 2.d4 d5 3.e5 c5 4.c3
♘c6 5.♘f3 ♛b6 6.♗d3**
Die Hälfte der Partie ist schon
gespielt, aber noch ist nichts
Außergewöhnliches gesche-
hen. Jetzt geht nicht 6. ... cd
7.cd ♘:d4 8.♘:d4 ♛:d4 we-
gen 9.♗b5+. Deshalb zieht
Schwarz gewöhnlich 6. ...
♗d7, wonach der Bauer d4
wirklich bedroht ist.
6. ... cd 7.cd f6
Der Hauptmangel dieses Zuges besteht in der Schwächung
des Königsflügels. Auch hier
war 7. ... ♗d7 gut.
**8.0–0 ♗d7 9.♘c3 a6 10.a3
♘:d4?**
Mit 8. ... ♗d7 hat Schwarz
den König von der einen Seite

113

geschützt, dabei aber vergessen, daß er die andere Seite durch 7. ... f6 öffnete. Er hätte sich zu 10. ... 0–0–0 entschließen müssen.
11.♘:d4 ♕:d4 12.♗g6+. Schwarz gab auf.

216
Estrin–Neistadt
Moskau 1938

1.e4 e6 2.d4 d5 3.e5 c5 4.c3 ♘c6 5.f4
Weiß schützt den Punkt e5, verliert aber zu viel Zeit mit Bauernzügen. Stabiler ist 5.♘f3.
5. ... ♕b6 6.♘f3 ♘h6 7.♗d3 ♗d7
Vermerkt sei die bekannte Falle 7. ... cd 8.cd ♘:d4? 9.♘:d4 ♕:d4 10.♗b5+. Nach dem Partiezug ist der Bauer d4 jedoch in Gefahr.
8.♗c2 cd 9.cd ♖c8 10.b3?
Ein Versuch, den Läufer von der Deckung des Bauern b2 zu befreien. Dabei wird aber das Feld c3 zu sehr geschwächt. Natürlicher war 10.♘c3.
10. ... ♘b4 11.♘a3 ♕c7!
Weiß gab auf. Es droht 12. ... ♘:c2+, und auf 12.♗d3 oder 12.♗b1 entscheidet 12. ... ♕c3+.

217
Choinowsky–Thibaud
Brüssel 1947

1.e4 e6 2.d4 d5 3.♘d2

Ein von Tarrasch in die Praxis eingeführtes System.
3. ... c5 4.c3
Als Hauptfortsetzung gilt 4.ed ed 5.♗b5+ ♘c6 6.0–0 ♗d6! 7.dc ♗:c5 8.0–0 mit minimalem weißem Übergewicht.
4. ... cd 5.cd de 6.♘:e4 ♗d7 7.♘f3 ♗c6
Der Läufer nimmt eine aktive Stellung ein, verliert jedoch Zeit. Schwarz muß sich akkurat verteidigen.
8.♗d3 ♘f6
Schon eine Ungenauigkeit. Vorsichtiger war 8. ... ♘d7.
9.♘:f6+ ♕:f6?
Der Nachziehende mußte sich nach 9. ... gf mit dem schlechteren Endspiel zufriedengeben.
10.♗g5 ♗:f3

Hat sich Weiß verrechnet? O nein!
11.♕c1!! Schwarz gab auf.

218
Seppelt–Langanki
Westberlin 1950

1.e4 e6 2.d4 d5 3.♘d2 c5 4.ed ed 5.dc

114

Hilft dem Gegner bei der Lösung seiner Eröffnungsprobleme. Besser ist 5.♘gf3 oder 5.♗b5+.

5. ... ♗:c5 6.♘e2?
Sieht schön aus (alle weißen Figuren sind auf den ersten beiden Reihen symmetrisch angeordnet), verliert jedoch sofort.

6. ... ♕b6!

Der schwächste Punkt im Lager des Anziehenden, das Feld f2, ist nicht zu verteidigen. Weiß gab auf.

219
Kmoch—Elison
Amsterdam 1948

1.e4 e6 2.d4 d5 3.♘d2 c5 4.♘gf3 cd 5.♘:d4 de 6.♘:e4 ♘f6
Es ist schwer vorstellbar, wie Weiß in zwei Zügen die Partie verlieren kann. Es geht aber alles ganz natürlich vor sich.
7.♗g5? ♕a5+ 8.♗d2 ♕e5.

Das war's. Jeder Springer – ein halbes Königreich. Weiß gab auf.

220
Sharif—Sargos
Olympiade, Luzern 1982

1.e4 e6 2.d4 d5 3.♘d2 ♘f6 4.e5 ♘fd7 5.f4 c5 6.c3 ♗e7
Gebräuchlich ist die Verstärkung des Druckes gegen den Bauern d4 mit 6 ... ♘c6 und 7. ... ♕b6.
7.♗d3
Präziser war 7.♘df3 oder 7.♘gf3.

7. ... b5!? 8.♗:b5
Weiß sollte besser an seine eigenen Probleme denken und

mit 8.♘gf3 die Rochade vorbereiten.

8. ... ♕b6 9.♗:d7+ ♘:d7
Für den Bauern ist Schwarz Herr über die weißen Felder geworden.

10.dc? ♘:c5 11.♘e2? ♘d3+.
Weiß gab auf.

221
Tal–Waganjan
Dubna 1973

1.e4 e6 2.d4 d5 3.♘d2 ♘c6
Ein seltener Zug. Schwarz möchte 4.c3 mit 4. ... e5! beantworten. Häufiger wird 3. ... c5 oder 3. ... ♘f6 gespielt.
4.♘gf3 ♘f6 5.e5 ♘d7 6.♘b3 f6 7.♗b5 fe
Unvorsichtig. Die Position öffnet sich zugunsten von Weiß, der über mehr Einbruchsfelder verfügt. Ruhiger war 7. ... ♗e7.
8.de ♘c5 9.♘g5 ♗d7?
Damit wird die Niederlage schon besiegelt. Notwendig war, mit 9. ... ♘:b3 den „hängenden" Springer abzutauschen.
10.♗:c6 bc
Natürlich konnte Weiß jetzt mit dem einfachen 11.♕f3 ♕e7 12.♘:c5 ♕:c5 13.♕f7+ ♔d8 14.♘:e6+ in Vorteil kommen. Er kann aber noch mehr erreichen.
11.♕h5+! g6 12.♕f3.
Nun folgt auf 12. ... ♕e7 13.♘:c5 ♕:c5 14.♕f7+ ♔d8 überzeugend 15.♕f6+.
Schwarz gab auf.

222
Kirillow–Blankstein
Moskau 1938

1.e4 e6 2.d4 d5 3.♘d2 ♘c6 4.♘gf3 ♘f6 5.e5 ♘d7 6.c3 f6 7.ef ♕:f6 8.♗b5
Bis hierher verlief alles entsprechend den Empfehlungen der Theorie.

8. ... a6
Tempoverlust. Richtig war, die Entwicklung mit 8. ... ♗d6 fortzusetzen.

9.♕a4?
Die beste Reaktion war 9.♗:c6 bc 10.0–0.

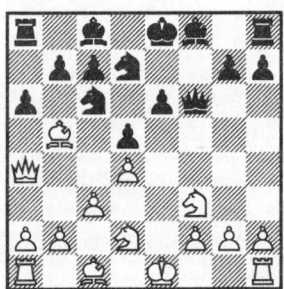

9. ... ab! 10.♕:a8 ♘b6.
Weiß gab auf. Die Dame ist in die Falle gegangen.

223
Kotkow–Akopjan
Krasnodar 1966

1.e4 e6 2.d4 d5 3.♘d2 de 4.♘:e4 ♗d7
Üblicher sind die Fortsetzungen 4. ... ♘d7 oder 4. ... ♗e7 nebst 5. ... ♘gf6.
5.♘f3 ♗c6 6.♗d3 ♘f6 7.♘:f6+ ♕:f6?

Der entscheidende Fehler, obwohl vorerst alles nicht leicht zu sehen ist.
8.♗g5! ♗:f3 9.♕d2!!
Schwarz gab auf.

Die Dame ist nicht zu retten – 9. ... ♕:d4 10.♗b5+.

224
van Steenis–Hommes
Amsterdam 1939

1.e4 e6 2.d4 d5 3.♘d2 de 4.♘:e4 ♘d7 5.♘f3 ♘gf6 6.♗d3 b6 7.0–0 ♗b7 8.♕e2 ♗e7 9.♖e1 0–0
Mit dem zweifachen Abtausch auf e4 konnte sich Schwarz vieler Sorgen entledigen.
10.♘eg5 ♖e8
Schwarz ist in eine schwierige Lage geraten, ohne einen klaren Fehler gemacht zu haben. Auf das natürliche 10. ... h6 ist 11.♘:e6 möglich, z. B. 11. ... ♗:f3 12.gf fe 13.♕:e6+ ♖f7 14.♗c4 mit Angriff auf Läufer und Turm. Das beste war wohl 10. ... ♗d6 11.♘e5 ♕e7, obwohl es auch danach schwer sein wird, dem Druck standzuhalten.

11.♘:f7! ♗:f3 12.gf.
Schwarz gab auf. Nach 12. ...
♔:f7 entscheidet 13.♕:e6+
♔f8 14.♗c4.

225
Lohmann–Teschner
Bad Pyrmont 1950

1.e4 e6 2.d4 d5 3.♘c3 de 4.♘:e4 ♘d7 5.♘f3 ♘gf6 6.♘fg5?
Stellt die Falle 6. ... ♗e7 7.♘:f7 auf. Gut war 6.♘:f6+ oder 6.♗g5.
6. ... ♗e7?
Richtig war 6. ... ♘:e4 7.♘:e4 ♗e7.
7.♘:f7 ♔:f7 8.♘g5+ ♔g8 9.♘:e6 ♕e8 10.♘:c7??
Weiß hängt an seiner anfänglichen Idee und denkt an nichts anderes. Dabei verfügte er über das starke 10.♗c4!, z. B. 10. ... ♗b4+ 11.♔f1 ♕e7 (oder 11. ... ♕f7 12.♗b3 ♘d5 13.♘:c7 ♘7f6 14.♘:a8) 12.♘:c7+ ♔f8, und nun bietet sich die Wahl zwischen Dauerschach oder 13.♘:a8 mit etwas besseren Aussichten für Weiß.
10. ... ♗b4 matt.

226
Iwanow–Martynow
Moskau 1973

1.e4 e6 2.d4 d5 3.♘c3 de 4.♘:e4 ♘e7 5.♗d3
Im nächsten Zuge wird Schwarz matt gesetzt. Was für ein Witz! Aber … Schwarz möchte jetzt den Läufer fianchettieren, zieht 5. … g6 und …
5. … g6?? 6.♘f6 matt!

Wie wir sehen, ist kein Fehler unmöglich.

227
Werle–Westlund
Stockholm 1947

1.e4 e6 2.d4 d5 3.♘c3 de 4.♘:e4 ♘f6 5.♘:f6+ ♛:f6 6.♘f3 h6 7.h4 c5?
Der Anziehende hat sich eine kleine, nicht allzu schwierige List ausgedacht, auf die Schwarz tatsächlich hereinfällt. Richtig ist 7. … ♘d7, und falls 8.♗g5, so 8. … hg 9.hg ♛:f3!

228
Jewremow–Amirchanow
Kasan 1980

8.dc ♗:c5 9.♗g5! hg 10.hg ♗b4+
In Erwartung von 11.c3 ♗:c3+ gespielt. 10. … ♛:f3 war nicht möglich, da der Turm h8 mit Schach geschlagen wird.
11.♔e2! ♛:f3+ 12.♛:f3! ♖:h1 13.♗b5+. Schwarz gab auf.

1.e4 e6 2.d4 d5 3.♘c3 de 4.♘:e4 b6 5.♘f3 ♗b7 6.♗b5+ ♘d7?
Natürlich mußte mit 6. … c6 ein Abwehrschild errichtet werden.
7.♘e5 ♗c8 8.♗g5!
Schwarz gab auf. Seine letzte Hoffnung, das Feld h4, ist nun nicht mehr zugänglich, und 9.♘c6 läßt sich ohne große Verluste nicht verhindern.

229
Blom–Jensen
Kopenhagen 1938

1.e4 e6 2.d4 d5 3.♘c3 de 4.♘:e4 ♗d6?
Der Läufer steht hier ungünstig. Richtig ist 4. … ♘f6 oder 4. … ♘d7.
5.♗d3 ♘e7
Auch jetzt war 5. … ♘d7 nebst 6. … ♘gf6 vorzuziehen.
6.♗g5 0–0 7.♘f6+! gf

Auf 7. ... ♔h8 entscheidet
8.♕h5.
8.♗:f6 ♕d7 9.♗:h7+!
Schwarz gab auf.

230
Yates–Marin
Olympiade, Hamburg 1930

**1.e4 e6 2.d4 d5 3.♘c3 ♘f6
4.♗g5 ♗e7 5.e5 ♘e4**
Tartakowers Zug. In der modernen Praxis wird er selten angewendet. Schwarz antwortet fast immer 5. ... ♘fd7.
6.♗:e7 ♕:e7
Im Falle von 6. ... ♘:c3 kann Weiß wählen zwischen einem angenehmen Endspiel nach 7.♗:d8 ♘:d1 8.♗:c7 ♘:b2 9.♖b1 ♘c4 10.♗:c4 dc 11.♔d2 oder einem scharfen und nicht unvorteilhaften Spiel, das sich nach 7.♕g4 ergibt.
7.♕g4
Nicht schlecht sieht auch 7.♘:e4 de 8.♕e2 aus.
7. ... 0–0
Schwarz konnte sich durchaus auf die forcierte Variante 7. ... f5 8.♕h5+ g6 9.♕h6 ♕b4 einlassen.
8.♗d3 ♘:c3
Auch hier konnte sich der Nachziehende mittels 8. ... f5 vieler Sorgen entledigen.
9.bc c5 10.♘f3 c4?
Erstaunlicher Leichtsinn. Unbedingt notwendig war 10. ... h6, wonach eine Verteidigung noch möglich war.

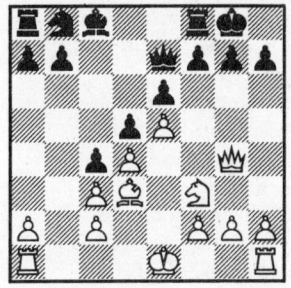

11.♗:h7+!
Schwarz gab auf. Nach 11. ... ♔:h7 12.♕h5+ ♔g8 13.♘g5 muß er entweder Dame oder König hergeben.

231
Jakimawitschus–Toom
Tbilissi 1976

**1.e4 e6 2.d4 d5 3.♘c3 ♘f6
4.♗g5**
Bislang nichts Interessantes.
4. ... ♘fd7?? 5.♗:d8.
Schwarz gab auf. Auf Tooms Partieformular stand 4. ... ♗e7 (und nicht 4. ... ♘fd7). Aber er glaubte, daß die Züge 4. ... ♗e7 und 5.e5 schon ausgeführt sind und er allen Regeln entsprechend mit dem Springer nach d7 zurückgeht.

232
Lytschuk–Fedotow
Reps 1981

**1.e4 e6 2.d4 d5 3.♘c3 ♘f6
4.e5 ♘fd7 5.♕g4**
Ein seltener Gast in den Turnieren.

5. ... c5 6.♘f3 ♘c6 7.♗e3 cd
8.♗:d4 ♘:d4 9.♘:d4 ♘:e5
10.♕g3
Dieses Bauernopfer hatte
Weiß im Sinn. Was soll
Schwarz nun tun?
10. ... ♘g6?
Natürlich und schlecht. Die
richtige Lösung war 10. ...
♗d6! 11.♕:g7 ♘g6, und
12.0-0-0 geht nicht wegen
12. ... ♗e5 13.♕h6 ♗f4+.
11.♘db5 e5 12.♘:d5!
Verstimmt gab Schwarz auf.
Wenn z. B. 12. ... ♗d6, so
13.0-0-0 0-0 14.♘dc7.

233
Romanowski–Judowitsch
Leningrad 1934

1.e4 e6 2.d4 d5 3.♘c3 ♗b4
4.a3 ♗:c3+ 5.bc ♘e7 6.♘f3
de 7.♘g5 ♘bc6 8.♗c4
Das von Weiß erdachte zeitweilige Bauernopfer ist recht
harmlos. Schwarz sollte nun in
aller Ruhe rochieren. Er ging
jedoch anderen Plänen
nach ...
8. ... ♘a5?
Mit der Absicht, nach 9.♗a2
durch 9. ... c5 die positionelle
Drohung 10. ... c4 aufzustel-
len.
9.♘:f7! ♔:f7 10.♕h5+ g6
11.♕:a5. Schwarz gab bald
auf.

234
Szily–Wloch
Budapest 1943

1.e4 e6 2.d4 d5 3.♘c3 ♗b4
4.♗d3
Ein alter Zug, den Zukertort
schon im Jahre 1868 anwen-
dete. Zum Erlangen eines
Vorteils reicht er nicht aus.
Schwarz kann einfach 4. ... de
5.♗:e4 ♘f6 6.♗f3 0-0 7.♘e2
♘bd7 antworten, und die
Chancen sind ausgeglichen.
4. ... c5 5.ed ♕:d5 6.♘f3
Interessant ist 6.♗d2 ♗:c3
7.♗:c3 cd 8.♗:d4 ♕:g2, und
nun ist neben 9.♕f3 mit Kompensation für den Bauern auch
9.♕d2!? ♕:h1 10.f3 ♘c6
11.0-0-0 ♘:d4 12.♗b5+ mit
Angriff möglich.
6. ... cd 7.a3 ♕a5?
Ausreichende Fortsetzungen
waren 7. ... ♗a5 oder 7. ...
♗:c3+.

8.ab! ♕:a1 9.♘:d4!
Die Dame ist gefangen, gegen
10.♘b3 gibt es keine Verteidigung mehr. Schwarz gab deshalb auf.

120

235
Lundquist–Philipps
Österreich 1980

1.e4 e6 2.d4 d5 3.♘c3 ♗b4
4.♗d2 de 5.♕g4 ♘f6 6.♕:g7
♖g8 7.♕h6 ♕:d4
Die schärfste Fortsetzung. Weniger riskant sind die Züge
7. ... ♘c6 oder 7. ... ♖g6.
8.0-0-0 ♘g4 9.♕h4
Die Batterie ist geladen.
9. ... ♕:f2

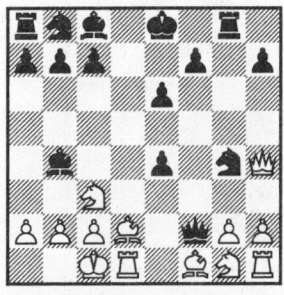

10.♕d8+!
Und schon ist der Schuß losgegangen. Schwarz gab auf, da
er nach 10. ... ♔:d8 11.♗g5+
matt wird.

236
Booth–Fazekas
London 1940

1.e4 e6 2.d4 d5 3.♘c3 ♗b4
4.e5 c5 5.a3 ♗:c3+ 6.bc ♕c7
7.♘f3 ♘c6 8.♗d3
Objektiv stärker ist 8.a4, um
danach den Läufer nach a3 zu
bringen.
8. ... cd?
Schwarz konnte zwischen den

normalen Zügen 8. ... c4 und
8. ... ♘ge7 wählen.
9.cd ♘:d4?
Noch immer war 9. ... ♘ge7
möglich, obwohl auch dann
die unantastbare Position des
weißen Läufers auf d3 dem
Anziehenden deutlichen Vorteil garantierte.
10.♘:d4 ♕c3+ 11.♕d2!
♕:a1 12.c3! Schwarz gab auf.

Der Nachziehende kann
13.♘b3 mit Damenfang nicht
verhindern.

237
Goldenow–Nekrassow
Minsk 1953

1.e4 e6 2.d4 d5 3.♘c3 ♗b4
4.e5 c5 5.dc
Eine alte Fortsetzung, die gegenwärtig kaum noch anzutreffen ist. Als stärkste Antwort gilt 5. ... ♕c7.
5. ... ♗:c3+ 6.bc ♘c6 7.♕g4
♘:e5?
Der Nachziehende hat die von
ihm angestrebte Position erreicht und gerät sogleich in
Schwierigkeiten. Ruhig und
gut war 7. ... ♔f8.

8.♕:g7 ♕f6 9.♗h6!

Eine typische Situation. Das Schlagen des Läufers ist schlecht – 9. ... ♕:h6 10.♕:h8. Gleichzeitig droht aber 10.♕:f6 ♘:f6 11.♗g7 und auch 10.♕f8+ ♔d7 11.♗b5+ ♘c6 12.♕d6+. Der Zug 9. ... ♘d7 hilft nicht wegen 10.♗b5, und 9. ... ♔e7 verliert sofort wegen 10.♗g5. Schwarz gab deshalb auf.

238
Kisseljow–Jelpidinski
Kasan 1982

1.e4 e6 2.d4 d5 3.♘c3 ♗b4 4.e5 c5 5.♕g4 ♔f8 6.dc?
Gibt die Eröffnungsinitiative aus der Hand. Die Theorie empfiehlt 6.♘f3 cd (oder 6. ... ♘c6 7.♗d2 cd 8.♘:d4 ♘:e5? 9.♘:e6+!) 7.♘:d4 ♕a5 8.♗d2 ♘c6 9.a3 mit gutem weißem Spiel.
6. ... ♘c6 7.♘f3
Hier hätte es sich gelohnt, über 7.♗d2 nachzudenken.
7. ... d4 8.a3 ♕a5 9.♖b1 dc 10.ab ♕a2! Weiß gab auf.

239
Morgunow–Zygankow
Tula 1956

1.e4 e6 2.d4 d5 3.♘c3 ♗b4 4.e5 ♘e7 5.♕g4 0–0
Eine recht riskante Entscheidung. Gebräuchlich sind die Fortsetzungen 5. ... c5 oder 5. ... ♘f5.
6.♘f3 ♘d7 7.♗d3 c5?
Eine Verteidigung war nur mittels 7. ... f5 möglich.

8.♗:h7+! ♔:h7 9.♘g5+ ♔g8 10.♕h5 ♖e8 11.♕:f7+ ♔h8 12.♘:e6. Schwarz gab auf.

240
Domenico–N. N.
16. Jahrhundert

1.e4 e6 2.d4 ♘c6 3.♘f3 ♗e7 4.c3 ♘f6 5.♗d3 0–0 6.h4 d5 7.e5 ♘e8
Diese Partie ist in Polerios Handschrift angeführt. Die Historiker ordnen sie in das letzte Viertel des 16. Jahrhunderts ein. Die ersten Züge sind recht verworren. Im Ergebnis haben wir jedoch eine

durchaus normale Stellung der Französischen Verteidigung vor uns.

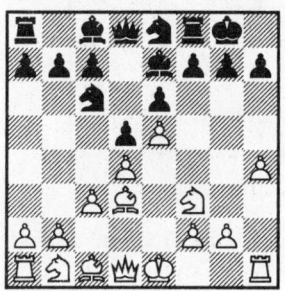

8.♗:h7+! ♔:h7 9.♘g5+ ♗:g5
Auf 9. ... ♔g6 entscheidet 10.h5+, und auch 9. ... ♔g8 ändert nichts wegen 10.♕h5. **10.hg+.**
Schwarz gab auf. Nach 10. ... ♔g8 11.♕h5 f5 12.g6 wird er unweigerlich matt gesetzt.

241
Tschernyschow – Andrejew
Woronesh 1982

1.e4 e6 2.d4 b6 3.♗d3 ♗b7 4.♘e2 ♕h4
Ein frühzeitiger Damenausfall muß immer konkrete Ziele verfolgen, sonst wird die Dame selbst zu einem bequemen Angriffsobjekt.
5.♘d2 c5 6.♘f3 ♕g4?
Inmitten der gegnerischen Figuren ist die Dame dem Untergang geweiht. Unbedingt notwendig war der Rückzug 6. ... ♕d8.
7.♘f4! f5 8.h3. Schwarz gab auf.

Caro-Kann-Verteidigung

1.e4 c6

Am Ende des vergangenen Jahrhunderts publizierten der Wiener Schachspieler Kann und der deutsche Caro Analysen dieser Eröffnung. Daraufhin erhielt sie ihren Namen. Die Grundidee der Verteidigung besteht im Gegenangriff auf das weiße Bauernzentrum mittels 2. ... d5. Im Unterschied zur Französischen Verteidigung wird der Läufer c8 nicht eingeschlossen. Allerdings bedeutet ein späterer Angriff auf das Zentrum mit c6–c5 auch den Verlust eines Tempos.
Die Caro-Kann-Verteidigung ist eine der populärsten modernen Eröffnungen.

242
Adams – Kramer
Philadelphia 1946

1.e4 c6 2.d4 d5 3.e5 ♗f5 4.♗d3 ♗:d3 5.♕:d3 e6 6.♘e2 c5 7.c3 ♘e7
Bis hierher ist alles logisch und klar. Aber jetzt bemerkte der Anziehende zu seinem Leidwesen die Möglichkeit, einen Bauern zu gewinnen (gut war 8.0–0 und danach f2–f4).
8.♕b5+? ♕d7 9.♕:c5 ♘f5!

Auf 10.♕a5 folgt einfach
10. ... b6. Weiß gab auf.

10.♘e5! ♗g6 11.h5 b5 12.hg!
Schwarz gab auf.

243
Sentschenko–Lasowski
Kaluga 1982

244
Horowitz–Gudju
Olympiade, Prag 1931

**1.e4 c6 2.d4 d5 3.♘c3 de
4.♘:e4 ♗f5 5.♘g3 ♗g6
6.♘f3 ♘f6 7.h4 ♘h5?**
Der zweite Zug mit dem
Springer, noch dazu an den
Rand, widerspricht allen
Grundregeln. Richtig war 7. ...
h5.
8.♗c4 ♘:g3 9.fg
Was hat der Nachziehende erreicht? Der Gegner hat eine
Figur mehr im Spiel, und die
Verdoppelung des Bauern
spielt keine Rolle, da er leicht
g3–g4 durchsetzen kann.
9. ... ♗h5?
Die Fortsetzung derselben
halsbrecherischen Strategie.

**1.e4 c6 2.d4 d5 3.♘c3 de
4.♘:e4 ♗f5 5.♘g3 ♗g6 6.h4
h6 7.♘f3 e6**
Eine ernste Ungenauigkeit,
die dem Gegner kampflos
wichtige Punkte im Zentrum
überläßt. Am meisten wird gegenwärtig die Variante 7. ...
♘d7 8.h5 ♗h7 9.♗d3 ♗:d3
10.♕:d3 gespielt.
**8.♘e5 ♗h7 9.♗c4 ♘d7
10.♕e2 ♘gf6?**
Läßt den entscheidenden
Schlag zu. Notwendig war der
Abtausch auf e5, obwohl
Schwarz auch danach sehr
akkurat spielen muß.

11.♘:f7! ♗b4+
Ein nutzloses Schach, aber
11. ... ♔:f7 12.♕:e6+ ♔g6
13.h5 matt oder 13.♕f7 matt
ist zu traurig.
12.c3. Schwarz gab auf.

245
Borges–Rocha
Rio de Janeiro 1933

**1.e4 c6 2.d4 d5 3.♘c3 de
4.♘:e4 ♗f5 5.♘g3 ♗g6 6.h4
h6 7.♘f3 ♘d7 8.♗c4 e6
9.♕e2 ♗d6 10.0–0 ♘gf6
11.♘e5 ♗h7?**
Schwächt entscheidend den
Punkt f7. Richtig war sofort
11. ... ♗:e5 12.de ♘d5.

12.♘:f7! Schwarz gab auf.
Nach 12. ... ♔:f7 wird er in
zwei Zügen matt gesetzt

246
Schuster–Carls
Bremen 1914

**1.e4 c6 2.d4 d5 3.♘c3 de
4.♘:e4 ♘f6 5.♘g3**
Bis hierher entwickelt sich die
Partie ganz harmlos wie schon
tausendmal zuvor.
5. ... h5 6.♗g5
Der Bauer sollte blockiert werden – 6.h4.
6. ... h4 7.♗:f6?
Noch konnte der Springer zurückgehen. Jetzt kommt die
Lawine ins Rollen.
7. ... hg 8.♗e5 ♖:h2!
Der Turm ist gefangen. Allerdings scheint es, daß er
nach ...
9.♖:h2
... noch gedeckt ist. Das ist jedoch ein Trugbild.
9. ... ♕a5+ 10.c3

10. ... ♕:e5+!! 11.de gh.
Weiß gab auf.

247

Herzog–Jaques
Schweiz 1962

**1.e4 c6 2.d4 d5 3.♘c3 de
4.♘:e4 ♘f6**
Wird viel seltener als 4. …
♗f5 oder 4. … ♘d7 gewählt.
5.♕d3
Besser ist das Schlagen auf f6.
5. … e6
Hier und auch in den nächsten Zügen schenkt Schwarz
der Möglichkeit ♘:e4 keine
Aufmerksamkeit, obwohl er
nach 5. … ♘:e4 6.♕:e4 ♘d7
7.♗c4 ♘f6 ein wichtiges
Tempo gewinnen konnte.
6.♘f3 ♗e7 7.♘e5 ♘bd7

Die etwas beengte schwarze
Stellung verleitet den Anziehenden zu einer Kombination,
in deren Resultat er … den
König verliert.
8.♘:f7?
Angebracht war die Fortsetzung der Entwicklung mit
8.♗e2.
**8. … ♔:f7 9.♘g5+ ♔g8
10.♘:e6 ♕e8! 11.♘c7 ♗b4+!**
Weiß gab auf. Das Matt auf e1
ist unabwendbar.

248

Réti–Tartakower
Wien 1910

**1.e4 c6 2.d4 d5 3.♘c3 de
4.♘:e4 ♘f6 5.♕d3 e5?**
Ein scharfer und unvorteilhaf-
ter Plan. Auf 5.♕d3 konnte
Schwarz 5. … ♘:e4 6.♕:e4
♘d7 oder auch 5. … ♘bd7
antworten.
**6.de ♕a5+ 7.♗d2 ♕:e5
8.0–0–0 ♘:e4?**
Eine klassische Position.
Schwarz wird jetzt in drei Zügen matt gesetzt. Zu halten
war die Partie nur mit 8. …
♗e7 9.♘:f6+ ♕:f6.

**9.♕d8+!! ♔:d8 10.♗g5+
♔c7 11.♗d8 matt.**

249

Schulkow–Gaweman
Moskau 1947

**1.e4 c6 2.♘c3 d5 3.d4 de
4.♘:e4 ♘f6**
Um den Doppelbauern zu vermeiden, wird häufiger 4. …
♘d7 gezogen und erst danach
♘gf6.

5.♘:f6+ ef

Die Bauernstruktur bestimmt die Pläne beider Seiten: Vorteilhaft für Weiß ist Figurenabtausch, während Schwarz ein kompliziertes Spiel anstreben muß.

6.♗c4 ♗e7 7.♕h5 0-0 8.♘e2 g6 9.♕f3 ♘d7?

Eine Unaufmerksamkeit. Der richtige Plan bestand in 9. ... f5 mit drauffolgendem ♗f6.

10.♗h6 ♖e8 11.♗:f7+! ♔:f7 12.♕b3 matt.

250

Grigorenko–Prygunow
Kasan 1983

1.e4 c6 2.♘c3 d5 3.♘f3 de 4.♘:e4 ♘f6 5.♘g3 h5 6.♗c4

Es war sinnvoll, mit 6.h4 ein weiteres Vordringen des Bauern zu verhindern.

6. ... h4 7.♘e2 h3 8.♘e5 e6 9.g3

Der weiße Königsflügel ist spürbar geschwächt. Noch dazu wird der wichtige weißfeldrige Läufer auf den anderen Brettabschnitt abgedrängt.

9. ... b5 10.♗b3 c5 11.d3 ♗b7 12.0-0 ♗d6 13.f4

Falls 13.♗f4, so gewinnt 13. ... g5.

13. ... c4!

Weiß gab auf. Auf 14.dc entscheidet 14. ... ♗c5+.

251

Aljechin–Beratende
Palma de Mallorca 1935

1.e4 c6 2.♘c3 d5 3.♘f3 de 4.♘:e4 ♘d7 5.♕e2 ♘gf6?

Natürlich mußte der Bauer e7 gezogen werden.

6.♘d6 matt.

Eine Position mit großer Ahnentafel. Des weiteren kam sie

u. a. vor in den Partien Vogt–
Lehmann (Hamburg 1947),
Keres–Arlamowski (Szczawno
Zdroj 1950), Kostjoerin–Lant-
zias (Havanna 1966), Guz-
dek–Krzysztanowska (Elblag
1973), Nisimura–Marco (Luzern 1982) ... Wer ist der
nächste?

252
Wooremaa–Luik
Tallinn 1962

**1.e4 c6 2.♘c3 d5 3.d4 ed
4.♘:e4 ♘d7 5.♗c4 ♘df6**
Natürlicher und stärker ist es,
den anderen Springer nach f6
zu bringen.
6.♘g5 ♘d5 7.♘1f3 h6?
Führt zur Katastrophe. Etwas
schlechter steht Schwarz nach
7. ... e6, aber das war der einzige Zug.

8.♘:f7! ♔:f7 9.♘e5+ ♔e6
Auf 9. ... ♔e8 folgt Matt in
zwei Zügen, und auch 9. ...
♔f6 ändert nichts wegen
10.♕f3+.
10.♕g4+ ♔d6 11.♘f7+.
Schwarz gab auf.

253
Aljechin–Bruce
Plymouth 1938

**1.e4 c6 2.♘c3 d5 3.♘f3 de
4.♘:e4 ♗f5 5.♘g3 ♗g6**
Gestattet dem Gegner, die Initiative zu übernehmen. Präziser ist 5. ... ♗g4.
**6.h4 h6 7.♘e5 ♗h7 8.♕h5
g6 9.♗c4 e6 10.♕e2 ♘d7**
Ein bekannter Fehler. Allerdings hatte Schwarz schon
keine gute Möglichkeit mehr,
den Punkt f7 zu befestigen,
z. B. 10. ... ♕c7 11.d4 ♘f6
12.♗f4 mit anwachsendem
Druck.

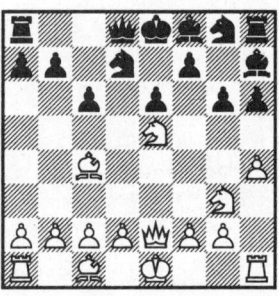

11.♘:f7! Schwarz gab auf.

254
Aljechin–Navarro
Madrid 1941

**1.e4 c6 2.♘c3 d5 3.♘f3 de
4.♘:e4 ♗f5 5.♘g3 ♗g6 6.h4
h6 7.♘e5 ♘d7 8.♘:g6 fg**
Die schwarze Bauernstellung
ist schon erheblich kompromittiert.
9.d4 e5

Auf 9. ... ♘gf6 ist 10.♗d3 ♔f7 11.♗c4+ unangenehm.
10.♕g4 ♕f6 11.♗e3 ♘e7
Der letzte Fehler, aber es war schon nichts mehr zu verderben, z. B. 11. ... 0–0–0 12.♘e4 ♕f7 13.de.
12.♘e4.
Schwarz gab auf. Die Damenzüge nach f7 oder f5 verbieten sich wegen 13.♘d6+.

255
Rödl–Kramer
1929

1.e4 c6 2.♘c3 d5 3.♘f3 ♗g4 4.d4 de 5.♘:e4 ♗:f3 6.♕:f3 ♕:d4?!
Eine riskante Entscheidung. Außer der Dame hat der Nachziehende keine Figur im Spiel.
7.♗e3 ♕e5?
Hier mußte konsequent 7. ... ♕:b2 folgen, da Weiß jetzt bequem die Entwicklung beenden kann.
8.0–0–0 ♘f6 9.♘g5
Droht 10.♖d8+! ♔:d8 11.♘:f7+.
9. ... ♘bd7 10.♗c4 e6

11.♖:d7! Schwarz gab auf.
Falls 11. ... ♔:d7, so genügt 12.♘:f7 nebst 13.♘:h8, und 11. ... ♘:d7 verliert schnell – 12.♕:f7+ ♔d8 13.♘:e6+ ♔c8 14.♕e8 matt.

256
Dainauskas–Blecher
Šiauliai 1980

1.e4 c6 2.♘c3 d5 3.♕f3 d4 4.♗c4! ♘f6 5.e5 dc 6.ef g6?
Nach 6. ... ef 7.dc ♗d6 würde Schwarz nicht schlechter stehen.
7.dc ♘d7?
Ein Fehler kommt selten allein. Auch hier war noch Zeit, den Bauern f6 zu schlagen.

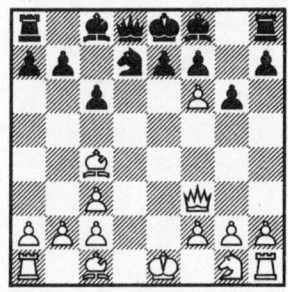

8.♗:f7+! Schwarz gab auf.
Nach 8. ... ♔:f7 entscheidet 9.fe+ ♔:e7 10.♗g5+.

257
Riwlin–Nemerow
Charkow 1981

1.e4 c6 2.♘c3 e5
Der Ursprung aller Sorgen.

Natürlicher ist 2. ... d5.
3.d4 ed 4.♕:d4
Gewöhnlich kann Schwarz in solchen Stellungen mit ♘c6 ein Tempo gewinnen. Hier ist jedoch das Feld c6 mit dem Bauern besetzt, und die weiße Dame fühlt sich im Zentrum sehr wohl.
4. ... ♕f6 5.e5
Weiß besitzt Entwicklungsvorsprung. Deshalb tauscht er natürlich nicht ab, sondern führt neue Kräfte in den Kampf.
5. ... ♕g6 6.♗d3! ♕:g2
7.♗e4 ♕g4 8.♘f3
Anschauliche Ereignisse. In der Arena erscheint eine weiße Figur nach der anderen, während die gegnerische Dame unter Aufbietung von vier Tempi nur einen Bauern erobert hat. Die schwarze Lage ist schon sehr schwierig.
8. ... h6 9.♖g1 ♕e6 10.♗f4 ♘e7 11.♕d3!
Ein schlauer Zug. Erstens wird der Springer nicht nach f5 gelassen und zweitens ...
11. ... ♘a6 12.♘d4!
... die Dame gefangen.

Auf 12. ... ♘b4 ist 13.♕f1 vorbereitet. Schwarz gab auf.

258
Teder–Ranniku
Tallinn 1980

1.e4 c6 2.d3 d5 3.♘d2 g6 4.f4 ♗g7 5.♘gf3 ♘h6 6.♗e2 0–0 7.c3 ♕b6 8.♕b3 ♘d7 9.a4?
Dieser einzige weiße Fehler besiegelt schon die Niederlage. Der Eröffnungsvorteil des Anziehenden ist dahin, aber der ruhige Damentausch hätte ein solides Gleichgewicht aufgebaut.
9. ... ♘c5! 10.♕c2
Jetzt führte 10.♕:b6 ab mindestens zum Verlust des Bauern a4.
10. ... ♘g4 11.a5
Es hat keinen Sinn, diesen Zug zu kritisieren, da die weiße Position sowieso nicht mehr zu halten war.
11. ... ♘:d3+! 12.♕:d3 ♕f2+. Weiß gab auf.

259
Espeli–Andersen
Oslo 1952

1.e4 c6 2.c4 d5 3.cd cd 4.♗b5+ ♗d7 5.♕a4 de 6.♗:d7+ ♘:d7 7.♕:e4?

Weiß hat die Eröffnung zu arglos behandelt und macht jetzt den entscheidenden Fehler. Besser war 7.♘c3 ♘f6 8.♘ge2.

7. ... ♘c5 8.♕c4 ♘d3+
9.♔e2 ♖c8! 10.♕:d3 ♕:d3+
11.♔:d3 ♖:c1 12.♔e2 g6!

In dieser Bilderbuchstellung gab Weiß auf. Es mag scheinen, daß dies zu früh geschah, aber die Variante 13.d4 ♗g7! 14.♔d2 ♗h6+ 15.♔e2 ♘f6 16.g3 0–0 17.f4 ♖fc8 ist überzeugend.

260
Botwinnik–Spielmann
Moskau 1935

1.c4 c6 2.e4 d5 3.ed cd 4.d4
Es ist die Grundstellung des Panow-Angriffs entstanden.
4. ... ♘f6 5.♘c3 ♘c6 6.♗g5 ♕b6
Eine sehr scharfe und nicht ganz korrekte Variante. Die normale Fortsetzung ist 6. ... e6.
7.cd ♕:b2?
Schwarz rennt ins Verderben. Aber auch in dem nach 7. ... ♘:d4 8.♗e3 e5 9.de ♗c5 10.ef+ ♔e7 11.♗c4 ♖d8 12.♘f3 entstehenden Kampf sind die weißen Aussichten größer.

8.♖c1 ♘b4
Zur Umkehr ist es schon zu spät. Auch nach dem besseren 8. ... ♘d8 erlangt Weiß deutliches Übergewicht: 9.♗:f6 ef 10.♗b5+ ♗d7 11.♖c2 ♕b4 12.♕e2+ ♗e7 (12. ... ♕e7 13.d6) 13.♗:d7+ ♔:d7 14.♕g4+ (Botwinnik).
9.♘a4! ♕:a2 10.♗c4

Das war's. Auf 10. ... ♕a3 folgt 11.♖c3. Schwarz bat um ein letztes Wort ...
10. ... ♗g4 11.♘f3 ♗:f3
12.gf ... und gab danach sofort auf.

Pirc-Ufimzew-Verteidigung

1.e4 d6

Formal gehört dieses von dem jugoslawischen Großmeister Pirc und dem sowjetischen Meister Ufimzew ausgearbeitete und in die Praxis eingeführte Entwicklungssystem auf Grund des ersten Zuges zu den halboffenen Spielen. Viele

131

der sich ergebenden Positionen haben jedoch eine nahe strategische Verwandtschaft mit der Königsindischen Verteidigung. Im 19. Jahrhundert wurde diese originelle Eröffnung häufig vom deutschen Meister Paulsen angewendet. In der modernen Turnierpraxis ist die Pirc-Ufimzew-Verteidigung sehr populär.

261
Lusgin–Joffe
Minsk 1968

1.e4 d6 2.♘f3 g6 3.♗c4 ♘d7?
Niemand ist in der Lage zu zählen, wie oft dieser nicht wieder gutzumachende Fehler schon vorgekommen ist.

4.♗:f7+! ♔:f7 5.♘g5+.
Schwarz gab auf. Bei einem Rückzug nach e8 oder g7 geht nach 6.♘e6 die Dame verloren und nach 5. ... ♔f6 – der König: 6.♕f3+ ♔e5 (6. ... ♔:g5 7.d4+) 7.d4+ ♔:d4 8.♕c3 matt.

262
Dadian–Doubrava
Kiew 1896

1.e4 d6 2.d4 ♘d7 3.♗c4 g6 4.♘f3 ♗g7?
Der erste und zum Verlust ausreichende Fehler. Der normale Zug war 4. ... c6.
5.♗:f7+! ♔:f7
In der Partie Santasiere–Byrne (New York 1946) bedauerte Schwarz seinen Fehlgriff und zog 5. ... ♔f8, was ihn natürlich auch nicht rettete: 6.♘g5 ♘b6 7.♕f3 ♘f6 8.e5 de 9.de ♗g4 10.ef! ♗:f3 11.fg+ ♔:g7 12.♘e6+, und Schwarz gab auf.
6.♘g5+. Schwarz gab auf.

Diese Position verdient ein Diagramm schon deshalb, weil sie in den Partien vieler Schachspieler aufs Brett kam. So endeten zum Beispiel die Treffen Monosson–Faque (Paris 1935), Mandel–Hallbauer (Westberlin 1948), Tal–Streicher (Riga 1950) und sicher noch viele, viele andere.

263
Salaltschin–Welikow
Minsk 1981

**1.e4 d6 2.d4 ♞f6 3.♞c3 g6
4.f4 ♝g7 5.♞f3 ♞bd7 6.♝d3
e5?**
Unnütze Aktivität. Solider ist
6. ... 0–0.
7.fe de 8.de ♞g8?
Und das ist schon das Ende.
In scharfen Stellungen muß
man konkret spielen. Einzig
richtig war 8. ... ♞g4, obwohl
Weiß nach 9.e6! fe 10.♝c4 die
Initiative besitzt.
**9.♝f4 ♛e7 10.♞d5 ♛c5
11.b4 ♛c6 12.♝b5!**
Schwarz gab auf. In dieses
Netz sind schon unzählige
Damen gegangen.

264
Dagorow–Beckmann
Bulgarien 1976

**1.e4 g6 2.d4 ♝g7 3.♞c3 d6
4.f4 c6 5.a4 ♛b6**
Ein unbegründeter Angriff auf
den Bauern d4. Hierin liegt
der Ausgangspunkt der baldigen schwarzen Niederlage.
6.♞f3 ♝g4 7.a5!
Objektiv am besten war nun
der bescheidene Rückzug nach
c7 (7. ... ♛b4? 8.♖a4), womit
Schwarz sein fehlerhaftes Manöver eingestanden hätte.
7. ... ♝:f3 8.ab ♝:d1

9.♖:a7! Schwarz gab auf.

265
Jovanović–Tuomainen
*Frauen-Olympiade, Medellin
1974*

**1.e4 d6 2.d4 g6 3.♞f3 ♝g7
4.♝c4 ♞f6 5.0–0 ♞bd7**
Eine ernste Ungenauigkeit.
Notwendig war 5. ... e5.
6.e5 de 7.de ♞g4

Auf einen typischen Fehler
folgt eine typische Strafe:
8.♝:f7+!
Nach 8. ... ♚:f7 9.♞g5+ ♚g8
(sonst geschieht 10.♞e6)
10.♛d5+ wird Schwarz matt
gesetzt. Er gab deshalb auf.

266
Gliksman—Popović
Wrocław 1979

**1.e4 g6 2.d4 ♗g7 3.♘c3 d6
4.g3**
Eines der sichersten Systeme
für Weiß in dieser komplizierten Eröffnung.
4. ... ♘c6
Nicht im Sinne der Position
gespielt. Gewöhnlich wählt
der Nachziehende folgende
Aufstellung: c6, ♘d7, ♘gf6,
0–0.
5.d5 ♘d4
Der Auftakt zu einem erstaun-
lichen Kampf. Die vorgeschobene Springerstellung brachte
Weiß schon hier auf den Gedanken, diesen einzukreisen.
6.♗e3
Sofort 6.♘b1 wird mit 6. ...
c6 beantwortet.
6. ... c5 7.♘b1! ♕b6 8.♗c1!

Die scharfsinnige Idee 7.♘b1!
führte zu der paradoxen Rückkehr einer zweiten Figur.
8. ... ♗h6!
Die Drohung 9.c3 zwingt
Schwarz zu erfindungsreichem

Spiel. Trotzdem konnte der
Anziehende mit 9.♘a3! diese
originelle Eröffnungsauseinan-
dersetzung für sich entscheiden.
9.c3? ♗g4! 10.♕a4+
Auf 10.f3 folgt einfach 10. ...
♗:c1 11.♕:c1 ♘:f3+.
10. ... ♔f8 11.♘d2 ♕a5!
Weiß gab auf.

267
Bardos—Balogh
Fernpartie 1933

1.e4 d6 2.d4 f5
Ein seltenes und nur wenig er-
forschtes System. Neben 3.e5
gilt auch 3.♘c3 ♘f6 4.♗d3
♘c6 5.♘f3 als eine solide
Fortsetzung.
3.ef?! ♗:f5 4.c4?
Weiß hatte die Wahl zwischen
mehreren guten Plänen, z. B.
4.♘f3 ♘f6 5.♗c4. Möglich
war auch 4.♗d3, und nach
dem Läuferabtausch kann sich
die Schwäche der weißen Felder im gegnerischen Lager
auswirken.
4. ... e5! 5.de ♘c6 6.ed?
Der Anziehende beschäftigt
sich mit den gegnerischen
Bauern und vergißt völlig die
eigene Figurenentwicklung.
6. ... ♗:d6
Eine anschauliche Position.
Schwarz hat schon drei Figuren im Spiel, während bei
Weiß nur der Bauer c4 nach
vorn gerückt ist. Es ist nicht
verwunderlich, daß der Kampf
nicht mehr lange dauert.

7.♘f3 ♛e7+ 8.♗e2 0–0–0
9.♘bd2 g5 10.h3 ♘f6
11.♛b3 ♖he8 12.♛e3 ♛g7.
Weiß gab auf. Im Falle von
13.♛:g5 ♛:g5 14.♘:g5 ge-
winnt 14. … ♗d3, und auf
13.♛b3 ist 13. … ♗b4 gut.

268
Wassilkow – Watis
Donezk 1984

1.e4 d6 2.d4 ♘f6 3.♘c3 g6
4.f4 ♗g7 5.♘f3 0–0
Ein anderer gebräuchlicher
Zug ist 5. … c5.
6.e5 ♘fd7 7.h4
Konsequente Angriffsführung.
Sonst kann Schwarz leicht mittels c7–c5 das gegnerische
Zentrum zerstören.
7. … c5 8.h5 cd 9.hg
Die schärfste Fortsetzung. Zu
kompliziertem Kampf führt
auch 9.♛:d4 de 10.♛f2 e6.
9. … dc
Das Opfer muß angenommen
werden. Im Falle von 9. … hg
10.♛:d4 ♘c6 11.♛f2 de
12.♛h4 ♘f6 13.fe ♘h5 14.g4
hat Weiß entscheidenden Angriff.

10.♖:h7!
Eine Überraschung. Auf 10. …
fg ist 11.♗c4+ ♔:h7
12.♘g5+ ♔h8 13.♔f2 beab-
sichtigt.
10. … de 11.♘g5 e6 12.♛h5.
Schwarz gab auf. Die Drohungen 13.gf+ und 13.♖h8+! lassen sich nicht mehr abwehren.

269
Reinhardt – Reiss
Hamburg 1934

1.e4 d6 2.♗c4
Elastischer ist das gebräuchliche 2.d4, da der Läufer in
einigen Varianten auf c4 im
Abseits steht.
2. … ♘d7 3.d4 ♘gf6?
Trotz der harmlosen weißen
Aufstellung darf man nicht
völlig sorglos werden. Eine
gute Fortsetzung war 3. … e5.
4.e5! de 5.♗:f7+!? ♔:f7 6.de
Die weiße Kombination hat
das Spiel belebt, versprach
aber nach 6. … c6! (mit der
Drohung 7. … ♛a5+) 7.ef ef
nicht viel. Bei dem Versuch,
das Material zu behalten, gerät
Schwarz in Schwierigkeiten.
6. … ♘g8?

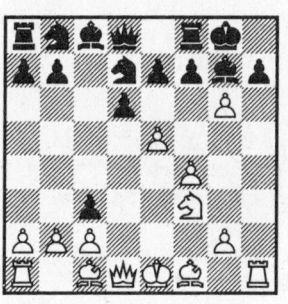

7.e6+! ♔:e6?
Ein unbesonnener König.
Noch war es möglich, einige
positionelle Mängel in Kauf
zu nehmen und nach e8 zu-
rückzugehen.
**8.♘h3 h6 9.♘f4+ ♔f6
10.♕d5.** Schwarz gab auf.

Sizilianische Verteidigung

1.e4 c5

Eine schon lange bekannte Eröffnung, die im 20. Jahrhundert eine besonders stürmi-
sche Entwicklung durchlaufen
hat.
Durch den Abtausch seines
Läuferbauern gegen den weißen Zentrumsbauern bekommt
Schwarz eine halboffene Linie
und versucht über sie, die Initiative am Damenflügel zu ergreifen. Weiß antwortet gewöhnlich mit einem Angriff
im Zentrum und am Königs-
flügel. Die Besonderheit und
der Reiz der Sizilianischen
Verteidigung bestehen darin,
daß sie von beiden Seiten eine
genaue und aktive Eröffnungs-
behandlung verlangt. Die
kleinste Ungenauigkeit oder
Zugumstellung kann schon ins
Verderben führen.

270
Horowitz–Plancarte
Mexiko-Stadt 1958

1.e4 c5 2.c3 ♘c6
Stört die gegnerischen Pläne
nicht. Aktiver ist 2. ... d5 oder
2. ... ♘f6.
3.d4 cd 4.cd d5 5.♘c3! de?
Führt schnell in die Krise. Präziser ist 5. ... e6.
**6.d5! ♘e5 7.♕a4+ ♗d7
8.♕:e4 ♘g6 9.♘b5!**
Was nun? Sowohl 9. ... ♕a5+
10.b4 ♕b6 11.♗e3 als auch
9. ... e6 10.d6 versprechen wenig. Schwarz fand einen „Ausweg", der ihm weiteres Nachdenken erspart.

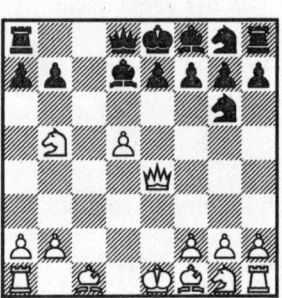

9. ... ♘f6? 10.♘d6 matt!

271
Perlis–Tartakower
Ostende 1907

**1.e4 c5 2.c3 d5 3.ed ♕:d5
4.d4 cd 5.cd ♘c6 6.♘f3 ♗g4
7.♗e2 e6 8.♘c3 ♕a5 9.0–0
♘f6**
Bisher ein logischer und guter
Spielverlauf. Mit **10.♗e3**

konnte der Anziehende jetzt die etwas besseren Aussichten erhalten. Er verfällt jedoch plötzlich auf eine falsche Idee. **10.♘e5? ♗:e2 11.♘:c6 ♕:c3!** Weiß gab auf.

272
Suchin–Miroschnitschenko
Moskau 1979

1.e4 c5 2.c3 d6 3.d4 ♘f6 4.dc ♘:e4?? 5.♕a4+. Schwarz gab auf. Jeder Kommentar ist überflüssig.

273
Przewoźnik–Wojcechowski
Kalisz 1978

1.e4 c5 2.♘f3 ♘c6 3.c3 d5 4.ed ♕:d5 5.d4 cd 6.cd ♘f6 7.♘c3 ♕a5 8.♗d3 Gebräuchlicher ist der solidere Plan mit 8.♗e2 und darauffolgendem ♗e3, ♕d2, 0–0 nebst Turmüberführung ins Zentrum.
8. ... ♗g4 9.♗e3 e5? Schwarz verfügte über eine reiche Auswahl guter Züge: 9. ... ♘d5, 9. ... ♘b4, 9. ... e6, 9. ... ♖d8 und sogar 9. ... 0–0–0. Der Partiezug stellt jedoch eine unbegründete Aktivität dar.
10.de ♘:e5 11.♗b5+ ♘fd7? Schlecht ist auch 11. ... ♗d7 12.♘:e5 ♗:b5 13.♕b3. Die Figur rettete lediglich 11. ... ♘ed7, aber die Position ist schon recht verdächtig.
12.♕d5!

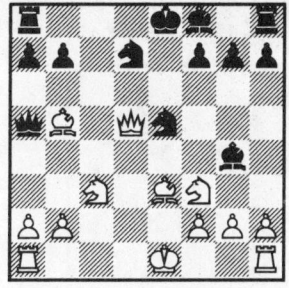

In Gefahr sind die schwarze Dame (13.♗:d7+) und der Springer e5. Weder 12. ... ♕c7 13.♕:e5+ noch 12. ... ♘c6 13.♗:c6 versprechen Hilfe. Schwarz gab auf.

274
Lane–Flesch
London 1983

1.e4 c5 2.c3 d5 3.ed ♕:d5 4.d4 e6 5.♘f3 ♘f6 6.♗e2 ♗e7 7.0–0 0–0 Nichts deutet auf die bevorstehende Tragödie hin. Die Partner spielen bislang solide und genau. Und trotzdem sind es bis zum Ende der Partie nur noch zweieinhalb Züge.
8.c4 ♕f5 Nicht der beste Platz für die Dame. Vorzuziehen war der Rückzug nach d8.
9.♘c3 ♖d8 Scheint logisch, verliert aber sofort. Notwendig war 9. ... cd.
10.♘h4!

Außer den Türmen sind alle weißen Figuren an der Jagd nach der Dame beteiligt. Schwarz gab auf.

275
Thomas–Sapira
Antwerpen 1932

1.e4 c5 2.♘f3 ♘f6 3.♘c3 d5 4.ed ♘:d5 5.♗b5+ ♗d7 6.♘e5 ♘:c3?
In scharfen Stellungen muß man jede Ungenauigkeit vermeiden. Normal war 6. ... ♘c6.
7.♕f3! f6
Traurig ist die schwarze Lage auch bei 7. ... ♕b6 (7. ... ♕c7 8.♕:f7+ ♔d8 9.♘:d7 ♘:b5 10.♘:f8) 8.♕:f7+ ♔d8 9.♗:d7 ♘:d7 10.♘:d7.
8.♕h5+ g6 9.♘:g6 ♔f7 10.♘e5+ ♔g7
Auf 10. ... ♔e6 ist 11.♗c4+ am einfachsten.
11.♕f7+ ♔h6 12.dc matt.

Der Läufer c1 setzt matt, ohne einen einzigen Zug ausgeführt zu haben!

276
Boleslawski–Gurgenidse
Rostow am Don 1960

1.e4 c5 2.♘f3 ♘c6 3.d4 d5?
Die Suche nach neuen, nicht schablonenhaften Wegen ist immer lobenswert. Dieses Experiment kommt dem Nachziehenden jedoch teuer zu stehen.
4.ed ♕:d5 5.♘c3 ♕e6+
Wenn die Dame ruhig zurückgeht, ist 6.d5 unangenehm.
6.♗e3 cd 7.♘:d4 ♕d7
Ein Blick auf die Position zeigt die ernsthaften Folgen von 3. ... d5. Der schwarze Entwicklungsrückstand ist erheblich, und die Dame steht ungünstig.

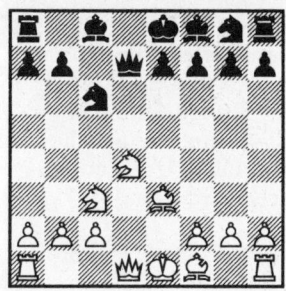
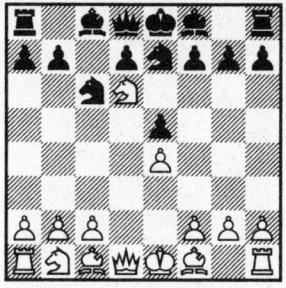

8.♘db5!
Hervorragend! Es droht
9.♕:d7+ ♔:d7 10.0–0–0+.
8. ... ♖b8
Wenn schon solche unge-
schickten Züge nötig sind,
dann ist die Lage kritisch.
**9.♕e2! f6 10.♖d1 ♕g4 11.f3
♕h5 12.♗:a7!**
Schwarz gab auf. Nach 12. ...
♘:a7 folgt 13.♘d6+ ♔d7
14.♘:c8+ ♔:c8 15.♕e6+
nebst Matt in drei Zügen.

277
Cranter–Cam
Schottland 1894

**1.e4 c5 2.♘f3 ♘c6 3.d4 cd
4.♘:d4 e5**
Eine scharfe und durchaus
mögliche Fortsetzung.
5.♘b5 ♘ge7??
Nur wenig schlechter wäre das
schwarze Spiel nach 5. ... a6
oder 5. ... ♘f6.
6.♘d6 matt!

Von einem solchen Finale
werden beide Spieler noch
lange träumen.

278
Schalkow–Bogun
Leningrad 1983

**1.e4 c5 2.♘f3 ♘c6 3.d4 cd
4.♘:d4 d6 5.♘c3 a6 6.♗e3
♕c7?**
In der Sizilianischen Verteidigung muß man genau die richtige Zugfolge beachten. Hier
mußte mit 6. ... ♘f6 unbedingt das Feld d5 unter Kontrolle genommen werden.
7.♘d5 ♕d8
Im Falle von 7. ... ♕b8 gewinnt 8.♘b6 ♖a7 9.♘:c6 bc
10.♘:c8.
8.♘:c6! bc 9.♗b6. Schwarz
gab auf.

279
Gurejew–Boiko
Stawropol 1983

**1.e4 c5 2.♘f3 ♘c6 3.d4 cd
4.♘:d4 e6 5.♗f4**
Nicht der allerbeste Zug, aber

doch recht giftig. Die richtige
Reaktion war nun 5. ... a6
oder 5. ... ♘:d4 6.♕:d4 ♘e7.
5. ... ♘ge7??
Punkt ade!
6.♘b5!
Der Sinn des hinterlistigen
5.♗f4. Die beiden Schwach-
punkte c7 und d6 sind jeweils
doppelt angegriffen. Hier
konnte Schwarz schon aufgeben,
aber er war wohl zu sehr
verärgert.
**6. ... ♘g6 7.♘c7+ ♔e7
8.♕d6+ ♔f6 9.♘d5 matt.**

280
Russin–Schumilin
Rtischtschewo 1977

**1.e4 c5 2.♘f3 ♘c6 3.d4 cd
4.♘:d4 g6 5.♗e3 ♗g7 6.♘c3**
Bis dahin nichts Besonderes.
Diese Stellung kam schon in
Hunderten Partien vor. Die
übliche Fortsetzung ist jetzt
6. ... ♘f6.
6. ... a6? 7.♘d5!

Schwarz hat nur ganz leicht
die Züge umgestellt, und
schon läßt sich die Drohung

8.♘:c6 und 9.♗b6 nicht mehr
abwehren. Nichts bringt z. B.
7. ... ♘:d4 8.♗:d4 ♗:d4
9.♕:d4 ♘f6 10.♘:f6+ ef
11.0–0–0, und Weiß steht auf
Gewinn. Die letzte Verteidi-
gungschance bestand in 7. ...
♗e5.
**7. ... e6 8.♘:c6 dc 9.♗b6!
♕h4 10.♘c7+ ♔f8
11.♗c5+.**
Schwarz gab auf.

281
Klein–Mjagmarsuren
Olympiade, Leipzig 1960

**1.e4 c5 2.♘f3 ♘c6 3.d4 cd
4.♘:d4 ♘f6 5.♘c3 d6**
Tausendmal wurde diese Position schon gespielt. Kann der
Anziehende sie in einem Zuge
verlieren? Ja, wenn er dem
Automatismus verfällt.
6.♗d3?? ♘:d4. Weiß gab auf.

282
Schestakow–Gusseinow
Dubna 1967

**1.e4 c5 2.♘f3 ♘c6 3.d4 cd
4.♘:d4 ♘f6 5.♘c3 d6 6.♗c4
g6**
Die Drachenvariante in dieser
Form überläßt dem Anziehenden ein großes positionelles
Übergewicht. Besser ist 6. ...
e6, 6. ... ♗d7 oder 6. ... ♕b6.
7.♘:c6 bc 8.e5! de
Verliert sofort. Schwarz mußte
sich auf die Fortsetzung 8. ...
♘g4 9.♗f4! ♕b6 10.♕f3 ♗f5
11.ed ed 12.0–0 mit ausge-

zeichnetem weißem Spiel einlassen.
9.♗:f7+! Schwarz gab auf.

283
Koch–Kuppe
Berlin 1932

**1.e4 c5 2.♘f3 ♘c6 3.d4 cd
4.♘:d4 ♘f6 5.♘c3 d6 6.♗g5
e6 7.♘:c6 bc 8.e5**
Das Richter-System wird
heute nicht mehr gespielt. Es
ist prinzipiell unrichtig, da
Weiß mit zu einfachen Mitteln
versucht, die vielzähligen Eröffnungsprobleme zu seinen
Gunsten zu lösen.
8. ... ♛a5
Nicht schlecht ist auch 8. ...
de.
9.♗b5
Riskant. Solider ist 9.♗:f6 gf
10.ed ♛e5+ 11.♗e2 ♗:d6
12.♛d3.
9. ... cb 10.ef b4 11.♛f3 bc?
Alle Probleme beseitigte
11. ... ♛e5+. Der Nachziehende hoffte anscheinend auf
12.♛:a8 cb+ 13.♔e2 ♛a6+
nebst Schlagen auf a1.
12.♛c6+! Schwarz gab auf.

284
Spasski–Podgajez
Leningrad 1948

**1.e4 c5 2.♘f3 ♘c6 3.d4 cd
4.♘:d4 ♘f6 5.♘c3 e6 6.♗e2
♗b4 7.♗f3?**
So darf man in der Siziliani-

schen Verteidigung den Bauern nicht decken. Richtig war
die Rochade, um im Falle von
7.0–0 ♗:c3 8.bc ♘:e4 mit
9.♗a3 den schwarzfeldrigen
Läufer in den Angriff einzubeziehen.
7. ... ♛a5 8.♘db5?? ♛:b5.
Wie sich Boris Spasski erinnerte, begann er, damals elfjährig, nach diesem Zug zu
weinen und gab die Partie auf.

285
Pantschenko–Chantadse
Jurmala 1980

**1.e4 c5 2.♘f3 ♘c6 3.d4 cd
4.♘:d4 ♘f6 5.♘c3 g6 6.♘:c6
bc 7.e5 ♘g8 8.♗c4**
Interessant sind auch die Fortsetzungen 8.♗e3 und 8.f4.
8. ... ♛a5
Ebenso möglich ist 8. ... ♗g7
nebst f7–f6.
9.0–0! ♛:e5
Gefährlicher Optimismus.
Notwendig war 9. ... ♗g7.
10.♖e1 ♛c5

11.♘e4! ♛e5
Der Nachziehende möchte

141

nach 12.♘d6+ ed 13.♖:e5+
de die Dame möglichst teuer
verkaufen.
12.♘g5. Schwarz gab auf.

286
Mazukewitsch–Kusnezow
Tula 1957

**1.e4 c5 2.♘f3 ♘c6 3.d4 cd
4.♘:d4 ♘f6 5.♘c3 g6 6.♘:c6**
Eine interessante Spielweise
gegen die Drachenvariante,
wenn Schwarz anstelle von
d7–d6 zu ♘b8–c6 gegriffen
hat.
6. ... bc 7.e5 ♘d5?
Richtig ist 7. ... ♘g8, obwohl
auch dieser Zug die Probleme
des Nachziehenden nicht voll-
ständig löst. Die beiderseitigen Möglichkeiten sind nicht
bis zum Ende erforscht. Interessant verlief die Partie Mazukewitsch–Uspenski (Tula
1957): 8.♗e3 ♗g7 9.♗d4
♕a5 10.♗c4 ♗:e5 11.0–0
♘h6 12.♖e1 ♗:d4 13.♕:d4
0–0 14.♖:e7! d5 15.♗:d5! cd
16.♘:d5 ♘g4 17.♖e5 ♖d8
18.b4 ♕b6 19.♘:b6 ♖:d4
20.♖e8+ ♔g7 21.♘:a8, und
Schwarz gab auf.
**8.♘:d5 cd 9.♕:d5 ♖b8
10.e6! de 11.♕e5.**

In diese Falle sind schon viele
Schachspieler gegangen.
Schwarz gab auf.

287
Lokvenc–Janatschek
Dašice 1981

**1.e4 c5 2.♘f3 ♘c6 3.d4 cd
4.♘:d4 ♘f6 5.♘c3 e5**
Ein alter, noch nicht absolut
geklärter Zug. Schwarz
schwächt seine Position im
Zentrum (die Felder d6 und
d5), erlangt dafür Entwicklungsvorsprung und verleitet
den Gegner zu kombinatorischen Fehltritten.
6.♘db5 d6
Viele Fragen bleiben auch bei
6. ... a6 7.♘d6+ ♗:d6
8.♕:d6 ♕e7 offen.
7.♘d5 ♘:d5 8.ed ♘e7 9.c4
Schwarz hat die Eröffnungs-
auseinandersetzung gewon-
nen. Jetzt konnte er mit 9. ...
♘g6 den Bauern d6 befestigen
und nach der Abdrängung des
Springers durch a7–a6 die
Entwicklung vorteilhaft beenden.
9. ... ♗f5? 10.♕a4!

Die schwarze Lage ist sehr kritisch. Es ist eigenartig: Die einzige Möglichkeit, den Kampf fortzusetzen, war, der Gefahr mit 10. ... ♔d7!? entgegenzugehen, z. B. 11.♘:a7+ ♔c7 12.♘b5+ ♔b8.
10. ... ♗d7? 11.♘:d6 matt.

288
Jakowlew–Chalmanski
Kuibyschew 1984

1.e4 c5 2.♘f3 ♘c6 3.d4 cd 4.♘:d4 ♘f6 5.♘c3 e5 6.♘db5 d6 7.♘d5 ♘:d5 8.ed ♘e7 9.c3 ♗d7??
Ein solches Geschenk hat Weiß natürlich nicht erwartet. Erforderlich war 9. ... ♘g6.
10.♘:d6 matt.

289
Shukow–Makarow
Chabarowsk 1961

1.e4 c5 2.♘f3 ♘c6 3.d4 cd 4.♘:d4 ♘f6 5.♘c3 a6?
Schwarz beabsichtigt, nach gewöhnlichen weißen Fortsetzungen e7–e5 zu ziehen und das Spiel in eine für ihn günstige Richtung zu lenken.

6.♘:c6! bc 7.e5 ♘g8 8.♗c4
Was haben beide Seiten erreicht? Weiß hat den Bauern nach e5 gebracht, zwei Figuren entwickelt und bedroht den Punkt f7. Und Schwarz? – hat c7–c6 gezogen!
8. ... d5
Das hartnäckigere 8. ... e6 wird kaum jemandem gefallen.
9.♘:d5! cd 10.♗:d5 ♖a7 11.♗:f7+. Schwarz gab auf.

290
Bleischmidt–Lytschuk
Fernpartie, UdSSR 1976

1.e4 c5 2.♘f3 ♘c6 3.♗b5
Das spanische Manöver in der Sizilianischen Verteidigung. Die beste Erwiderung darauf ist 3. ... g6 oder 3. ... ♘f6.
3. ... a6
Jetzt muß Weiß 4.♗:c6 dc 5.d3 ziehen, was ihm einen kleinen, aber dauerhaften Vorteil verspricht. Er spielt jedoch weiter „spanisch“.
4.♗a4?? b5 5.♗b3 c4.

Eine anschauliche Tragödie. Weiß gab auf.

291
Tal–Bellon
Kapfenberg 1970

1.e4 c5 2.♘f3 ♘c6 3.♗b5 b6?
Viel zu langsam.
4.0–0
Gut war auch 4.♗:c6 dc
5.0–0.
4. ... ♗b7 5.c3 d5
Verfehlte Aktivität. Notwendig war, die Figuren des Königsflügels zu entwickeln.
6.♕a4 ♖c8 7.♕:a7
Auf 7.♘e5 käme die Erwiderung 7. ... ♕d6.
7. ... ♖c7 8.♘e5 e6 9.ed ed 10.♖e1 ♗e7 11.♕:b6 ♕c8 12.d4. Schwarz gab auf. Er hat ersatzlos zwei Bauern weniger.

292
Matschulski–Schewtschenko
Charkow 1980

1.e4 c5 2.♘f3 ♘c6 3.♗b5 ♕b6
Größte Popularität besitzt die Antwort 3. ... g6.
4.♘c3 e6 5.0–0 ♘ge7
Der Mangel dieser Entwicklungsmethode ist ihre Schwerfälligkeit – Weiß bekommt Zeit zu aktiven Handlungen. Deshalb kam 5. ... d6 nebst ♗d7, ♘f6 und ♗e7 in Betracht.
6.d3 ♘g6 7.♖b1! ♗e7 8.♗e3 0–0 9.b4 ♘:b4 10.♖:b4.
Schwarz gab auf – wohl doch etwas zu früh. Nach 10. ... a6

11.♖a4 ♖b8 12.♘c4 ♕c7 13.♕b1 b5 wäre er mit Bauernverlust davongekommen.

293
Bronstein–Tomić
Vinkovci 1970

1.e4 c5 2.♘f3 ♘c6 3.♗b5 g6 4.c3 ♕b6
Hier steht die Dame unsicher. Besser ist 4. ... ♘f6.
5.♗a4 ♗g7 6.0–0 e5?
Der Nachziehende verhindert d2–d4, schwächt aber erheblich die schwarzen Zentrumsfelder. Immer noch war 6. ... ♘f6 vorzuziehen.
7.♘a3 ♘ge7 8.b4! cb 9.♘c4 ♕c5
Bescheidener und besser war 9. ... ♕c7.
10.d3
Weiß nutzt den Umstand aus, daß 10. ... b5 wegen 11.♗:b5 unmöglich ist, indem er seinen Springer befestigt und das Schlagen auf b4 vorbereitet.
10. ... bc 11.♖b1! c2 12.♕:c2 ♘d4.
Schwarz gab gleichzeitig auf, da ihn 13.♘:d4 ed (13. ... ♕:d4 14.♗e3) 14.♗a3 ♕h5 15.♘d6+ erwartet.

294
Bjesman–Minosjan
Leningrad 1982

1.e4 c5 2.♘f3 ♘c6 3.♘c3 ♘f6 4.♗b5 ♕c7
Einfacher ist 4. ... e6 oder 4. ... g6.

5.0–0 a6 6.♗:c6 dc
Nicht logisch. Wenn Schwarz
schon ♛c7 gewählt hat, dann
ist 6. ... ♛:c6 vorzuziehen.
**7.e5 ♘d5 8.♘e4 b6 9.♛e2
g6?**
Natürlich muß man die gegnerischen Handlungen aufmerk-
samer verfolgen. Unbedingt
notwendig war 9. ... e6.

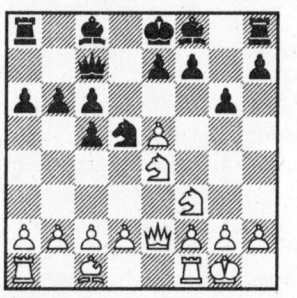

10.♘d6+! Schwarz gab auf.

295
Jarkin–Ignatjew
Fernpartie 1979

**1.e4 c5 2.♘f3 ♘c6 3.♗b5
♛c7**
Am weitesten verbreitet ist
3. ... g6.
4.0–0 g6 3.♘c3 e6
Schwächt die Position erheblich. Solider war 5. ... d6.
**6.♗:c6! bc 7.e5 ♗g7 8.♖e1
♘e7 9.♘e4!**
Sehr gut! Mit dem Opfer des
wichtigen Bauern vernichtet
Weiß den Läufer g7 und
macht sich zum Herrscher
über die schwarzen Felder.

**9. ... ♗:e5 10.♘:e5 ♛:e5
11.d4! cd**
Auf 11. ... ♛:d4 folgt
12.♘d6+ ♚f8 13.♗h6+ ♚g8
14.♛f3 ♛:d6 15.♛f6 ♛d4,
und nun ist 16.♛:e7 oder
16.♖e5 möglich.
12.♗g5! Schwarz gab auf.

Alle Löcher lassen sich nicht
flicken.

296
Buckley–N. N.
London 1840

1.e4 c5 2.♘f3 d6 3.♘c3 e5
Schwarz verhindert auf radi-
kale Weise die Öffnung des
Zentrums mittels d2–d4, überläßt aber dem Gegner freiwillig den Punkt d5. Das gestattet
dem Anziehenden, einen zwar
kleinen, aber dauerhaften positionellen Vorteil zu erhalten.
4.♗c4
Bevor Weiß d2–d3 zieht,
bringt er den Läufer in eine
aktive Position außerhalb der
eigenen Bauernkette.
**4. ... ♘c6 5.d3 ♘ge7 6.♗g5
♗g4 7.♘d5 ♘d4?**

Um den gegnerischen Druck im Zentrum zu neutralisieren, muß Schwarz sorgfältig und konsequent handeln. Richtig war 7. ... ♕d7, um nach 8.c3 oder 8.0–0 mit 8. ... ♘:d5 9.♗:d5 ♗e7 weitere Vereinfachungen und die kleine Rochade vorzubereiten.
8.♘:e5!! ♗:d1 9.♘f6+ gf 10.♗:f7 matt.

297
Bobolowitsch – Archipkin
Sewastopol 1968

1.e4 c5 2.♘f3 d6 3.♘c3 ♘f6 4.e5 de 5.♘:e5 g6?
Unaufmerksam gespielt. Das Erscheinen des Springers auf e5 veränderte die Dynamik der Position erheblich. Nicht schlecht war 5. ... ♘bd7 oder 5. ... e6.
6.♗c4 e6 7.♕f3 ♗g7
Auch jetzt war 7. ... ♘bd7 noch sinnvoll.
8.♗b5+ ♔e7
Die Verteidigung 8. ... ♘bd7 führte lediglich zum Verlust eines Bauern – 9.♗:d7+ ♗:d7 10.♕:b7.
9.d4! cd
Auf 9. ... ♕:d4 wäre 10.♘d3 mit der Drohung 11.♗e3 geschehen.
10.♘e4 ♕a5+ 11.♗d2 ♕:b5
Warum eigentlich den Läufer nicht nehmen? ...
12.♕a3+! Darum! Schwarz gab auf. Nach 12. ... ♔d8 folgt die Antwort 13.♘:f7+

♔d7 14.♕d6+ ♔e8 15.♕d8+ ♔:f7 16.♘d6 matt.

298
Schult – Dax
Österreich 1941

1.e4 c5 2.♘f3 d6 3.b3
Ein durchaus möglicher Übergang zu geschlossenen Entwicklungssystemen.
3. ... ♘f6
Genauer ist 3. ... ♘c6.
4.e5!
Dieser Zug verbindet die normale logische Fortsetzung des Kampfes mit einer amüsanten Falle.
4. ... de 5.♘:e5 ♕d4?
Kann auf verschiedene Weise widerlegt werden. Notwendig war 5. ... ♘bd7.
6.♗b5+ ♘bd7 7.♘c4! ♕:a1 8.♗b2 ♕:a2 9.♗:f6.
Schwarz gab auf. Die Dame ist sowohl nach dem Schlagen des Läufers als auch bei 9. ... a6 10.♗:d7+ ♗:d7 11.♘c3 verloren.

299
Waserski – Godes
Swerdlowsk 1975

1.e4 c5 2.♘f3 d6 3.d4 cd 4.♘:d4 ♘f6 5.♘c3 a6 6.♗g5 ♘bd7 7.♗e2 h6?
In dem von Schwarz gewählten System ist dieser Zug überflüssig, da er das Feld g6 erheblich schwächt. Richtig war sofort 7. ... b5.
8.♗h4 b5 9.♘d5!

Der Nachziehende kommt plötzlich in Schwierigkeiten. Natürlich muß er nicht sofort verlieren. So war z. B. 9. ... ♘:d5 10.ed ♘f6 möglich, aber auch danach ist offensichtlich, daß der weiße Eröffnungsvorteil reale Formen angenommen hat.

9. ... ♗b7? 10.♘e6!

Der Kampf ist vorbei (10. ... fe 11.♗h5+), obwohl Schwarz nach 10. ... ♕a5+ 11.b4 ♗:d5 12.ba ♗:e6 noch lange und hartnäckig weiterspielte.

300
Wooremaa–Sacharjan
Minsk 1964

1.e4 c5 2.♘f3 d6 3.d4 cd 4.♘:d4 ♘f6 5.♘c3 a6 6.♗g5 ♘bd7 7.♗c4 h6
Tempoverlust. Schwarz konnte hier zwischen zwei erprobten und gehaltvollen Plänen wählen: 7. ... e6 und 8. ... ♗e7 (die logischste Fortsetzung) und 7. ... b5 8.♗b3 ♗b7.
8.♗:f6! gf?
Der Versuch, ein verstärktes

Bauernzentrum zu bilden, kommt Schwarz in dieser Stellung teuer zu stehen. Die natürliche Antwort war 8. ... ♘:f6, worauf Weiß gewöhnlich 9.0–0 nebst f2–f4 antwortet.

9.♗:f7+! ♔:f7 10.♕h5+.
Schwarz gab auf. Nach 10. ... ♔g8 11.♘e6 sind seine beiden wichtigsten Figuren bedroht.

301
Szabó–Sooky
Budapest 1946

1.e4 c5 2.♘f3 d6 3.d4 cd 4.♘:d4 ♘f6 5.♘c3 h6
In dieser Position verfügt Schwarz über eine große Auswahl von guten Plänen: 5. ... a6, 5. ... ♘c6, 5. ... e6 und 5. ... g6.
6.♗e3 ♘g4? 7.♗b5+!
Schwarz gab auf. Ein solches Finale gab es schon in mehreren Partien, sowohl in der Turnierpraxis (Branz–Dementej, Mogiljow 1948) als auch im Fernschach (Barsoni–Laustsen, 1968).

302
Popović–Kristensen
Groningen 1977

**1.e4 c5 2.♘f3 d6 3.d4 cd
4.♘:d4 ♘f6 5.♘c3 g6 6.♗c4
♗g7 7.♗e3 0–0 8.h3**
Ein für die spannungsgeladene
Situation zu bescheidener
Zug. Richtig war 8.♗b3 oder
8.f3.
**8. ... ♘:e4!? 9.♘:e4 d5
10.♗d3?**
Mit 10.♘b5! konnte Weiß
Verwicklungen anstreben.
Jetzt dagegen geht er ohne
Ehre unter.
10. ... de 11.♗:e4 f5!
Weiß gab auf. Nach 12.♗f3
folgt 12. ... f4, und der Springer d4 verliert seine Stütze.

303
Pedersen–Zografakis
*Olympiade, Dubrovnik
1950*

**1.e4 c5 2.♘f3 d6 3.d4 cd
4.♘:d4 ♘f6 5.♘c3 g6 6.f4**
Der Löwenfisch-Angriff –
eine tückische Waffe gegen
die Drachenvariante.
6. ... ♗g7
Automatismus. Richtig ist
6. ... ♘c6! 7.♘:c6 bc 8.e5
♘d7.
7.e5 de 8.fe

Der Springer muß wegziehen,
aber wohin?
1) 8. ... ♘g8 9.♗b5+ ♗d7
10.e6!, und Weiß besitzt deutliches Übergewicht.
2) 8. ... ♘h5 9.♗b5+ ♗d7
10.g4. Schwarz verliert eine Figur.
3) 8. ... ♘d5 9.♗b5+ ♔f8
10.0–0 ♗:e5 11.♘:d5 ♕:d5
12.♗h6+ ♔g8 13.♘f5! ♕c5+
14.♗e3! ♕c7 15.♘h6+ ♔g7
16.♖:f7 matt (Mazukewitsch–
Schlafirner, Rjasan 1954).
4) 8. ... ♘fd7 (das kleinste
Übel) 9.e6! ♘e5 10.♗b5+
♘bc6 11.ef+ ♔:f7 12.0–0+
mit weißer Initiative.
8. ... ♘g4 9.♗b5+
Falls nun 9. ... ♗d7, so
nimmt Weiß einfach den
Springer g4 weg, und bei 9. ...
♘c6 10.♘:c6 ♕:d1+
11.♔:d1! (11.♘:d1 a6 12.♗a4
♗d7) 11. ... ♘f2+ 12.♔e2
bekommt er für den Turm
zwei Figuren.
9. ... ♔f8 10.♘e6+.
Schwarz gab auf. Es ist interessant, daß diese Partie auf
der Olympiade in Nizza
(1974) im Treffen Szmetan–

Sbia (Argentinien–Marokko)
Zug für Zug wiederholt
wurde.

304
Zeitlin–Taimanow
Leningrad 1981

Es sei vermerkt, daß mit den
schwarzen Steinen nicht der
Großmeister Mark Taimanow
spielte, sondern sein Sohn, der
Meisteranwärter Igor Taimanow.
**1.e4 c5 2.⌕f3 e6 3.⌕c3 a6
4.d4 cd 5.⌕:d4 ⌕c6 6.⌕f4
⌕ge7?**
Eine Nachlässigkeit. Im Falle
von 6. … d6 hätte sich eine
normale sizilianische Stellung
ergeben.

7.⌕db5! ab 8.⌕:b5 d5
Auch nach dem verzweifelten
8. … ⌕d5 ist keine Rettung
zu erwarten: 9.ed e5 10.d6!
9.⌕c7! Schwarz gab auf, da er
die Dame verliert.

305
Taranin–Subkow
Swezlowodsk 1972

**1.e4 c5 2.⌕f3 e6 3.d4 cd
4.⌕:d4 a6 5.⌕c3 ⌕c6 6.⌕e3
⌕c7**
Häufiger wird 6. … ⌕f6 gespielt.
7.⌕d2 ⌕ge7?
Wie leicht man doch eine Partie verlieren kann. Es reicht
aus, nur an seine eigenen
Pläne zu denken und dabei
die gegnerischen Möglichkeiten außer acht zu lassen.
Schwarz verfügte über eine
reiche Auswahl guter Fortsetzungen (7. … ⌕b4, 7. …
⌕f6, 7. … b5, 7. … d6), aber
er wollte auf d4 schlagen und
danach den zweiten Springer
mit Tempogewinn nach c6
bringen.

**8.⌕db5! ab 9.⌕:b5 ⌕a5
10.⌕d6+ ⌔d8 11.⌕:a5+
⌖:a5 12.⌕b6 matt.**

Walkerling–Hanssen
Fernpartie 1930

1.e4 c5 2.♘f3 e6 3.d4 cd
4.♘:d4 ♘f6 5.♘c3 ♗b4
Provoziert große Verwicklungen, die meist vorteilhaft für
Weiß verlaufen. Sicherer ist
5. … ♘c6.
6.e5 ♘d5 7.♛g4 g6 8.a3
Der Abtausch des schwarzfeldrigen Läufers ist vorteilhaft für
Weiß, weil die schwarzen Felder im gegnerischen Lager
spürbar geschwächt sind, z. B.
8. … ♗:c3+ 9.bc ♘:c3
10.♗d2 ♘d5 11.♘b5 mit gefährlichen Drohungen.
8. … ♛a5
Scheinbar ist der Läufer ungefährdet.

9.ab!! ♛:a1 10.♘b3!
Schwarz gab auf. Plötzlich ist
die Dame gefangen.

Maura–Tschiburdanidse
Argentinien 1978

1.e4 c5 2.♘f3 e6 3.d4 cd
4.♘:d4 ♘f6 5.♘c3 ♗b4 6.f3
Ein Fehler. Wenn Weiß ein
ruhiges Spiel anstrebt, so verfügt er über den normalen
Entwicklungszug 6.♗e3. Er
kann aber auch zu dem scharfen 6.e5 greifen, was nach
6. … ♘e4 7.♛g4 ♛a5 8.♛:e4
♗:c3+ 9.bc ♛:c3+ 10.♔d1
♛:a1 11.♘b5 zu einem verwickelten Kampf führt.
6. … 0–0 7.♗e3
Der weiße König hat die Rochade hinausgezögert, und so
kann sich Schwarz an das alte
Rezept halten: Öffnung des
Zentrums.
7. … e5 8.♘b3 d5!
Es droht 9. … d4. Mit 9.♗d2
ließ sich noch eine gewisse
Verteidigung organisieren.
9.♗c5? ♗:c5 10.♘:c5 d4
11.♘e2 ♛a5+. Weiß gab auf.
Der Springer c5 ist verloren.

308

Kasparow–West
Telex-Olympiade,
UdSSR–Österreich 1977

1.e4 c5 2.♘f3 ♘f6 3.♘c3 e6
4.d4 cd 5.♘:d4 ♗b4
Auf Umwegen gelangte man
zum scharfen Paulsen-System.
Als solide gilt 5. … ♘c6.
6.e5 ♘d5 7.♗d2 ♘:c3 8.bc
♗f8
Derartige Züge zeigen, daß

Schwarz seine Eröffnungsprobleme nicht lösen konnte.

9.♗d3 d6 10.♕e2 ♘d7?
Besser war, auf e5 zu schlagen und erst nach **11.♕:e5** den Springer nach d7 zu ziehen.

11.♘:e6! ♕b6
Auch bei 11. ... fe 12.♕h5+ ist die Stellung nicht zu halten.
12.♘c7+. Schwarz gab auf.

309
Steiner–Czabay
Fernpartie 1922

1.e4 c5 2.♘f3 ♘f6 3.♘c3 d5 4.ed ♘:d5 5.♘e5 ♘:c3?
Richtig ist 5. ... ♕c7.
6.bc
Fehlerhafter Automatismus. Viel stärker war 6.♕f3!, z. B. 6. ... f6 7.♕h5+ g6 8.♘:g6 hg 9.♕:h8 ♘d5 10.d4.
6. ... ♕d5
Der Nachziehende ist der Meinung, daß der Läufer f1 an den Bauern g2 gebunden ist und die Dame deshalb auf d5

gut steht. Richtig war jedoch auch hier 6. ... ♕c7.
7.♗b5+ ♘d7 8.♕e2 ♕:g2?

9.♕d3!
Die Fesselung des Springers d7 ist wichtiger als der Turm.
9. ... ♕:h1+ 10.♔e2 e6 11.♗:d7+ ♔e7 12.♗:c8.
Schwarz ist verloren. Nach 12. ... ♖:c8 13.♕d7+ ♔f6 14.♕:f7+ ♔e5 15.d4+ ♔d5 16.♕:b7+ ♖c6 17.c4+ gab er auf.

310
Aronin–Kantorowitsch
Moskau 1960

1.e4 c5 2.♘f3 g6 3.c3 b6
An sich kein schlechter Zug. Der Mangel besteht darin, daß er den Gegner nicht bei der Durchführung seiner Pläne behindert.
4.d4 ♗b7 5.♗c4 d5?
Die Öffnung des Spiels ist vorteilhaft, wenn man besser entwickelt ist. Schwarz ist jedoch in der Entwicklung etwas zurückgeblieben und hätte deshalb lieber 5. ... ♗g7 wählen sollen.

151

6.ed ♗:d5
Genauer war 6. ... ♘f6.
7.♕a4+ ♗c6
Auf 7. ... ♘c6 gewinnt das
einfache 8.♘e5 ♖c8 9.♗b5
♕c7 10.♗f4 Material.
8.♘e5! Schwarz gab auf. Er
hat keine Rettung mehr, weder nach 8. ... ♗:a4 9.♗:f7
matt noch bei 8. ... ♕c7
9.♘:c6 ♘:c6 10.d5.

311
Alexander–Milew
Amsterdam 1954

**1.e4 c5 2.♘f3 d6 3.d4 cd
4.♘:d4 ♘f6 5.♘c3 a6 6.♗d3
e5 7.♘de2**
Ein normaler sizilianischer
Spielverlauf. Gut war jetzt
7. ... ♘c6 oder 7. ... ♗e6.
7. ... d5?
Überschätzt die eigenen Möglichkeiten. Zweifellos hat sich
Schwarz durch den bescheidenen Springerrückzug nach e2
verwirren lassen.
8.ed ♘:d5 9.♗c4!
Die beste Entscheidung, obwohl zum Nachweis der Un-
zulänglichkeit von 7. ... d5
auch 9.♗b5+ gereicht hätte.
9. ... ♘f6 10.♗:f7+.
Schwarz verlor die Partie.

312
Blackburne–Loye
London 1913

**1.e4 c5 2.♘c3 e6 3.g3 ♘c6
4.♗g2 d6 5.♘ge2 ♗d7**

Keiner der schwarzen Züge
war für sich genommen
schlecht. Nicht gut war aber
die gesamte Entwicklungsmethode, da zuerst die Figuren
des nicht so wichtigen Front-
abschnittes ins Spiel gebracht
wurden. Natürlicher war 5. ...
♘f6.
6.d4 cd 7.♘:d4 ♘ge7?
Das ist nun schon ein direkter
Fehler. Auch hier war es noch
nicht zu spät, den Springer
nach f6 zu bringen.

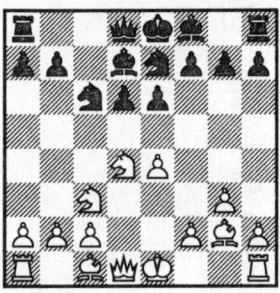

8.♘db5 ♘c8
Der Preis für den Fehler. Anstelle einer aktiven Aufstellung nimmt der Königssprin-
ger eine sehr bescheidene Position ein. Damit sind die
schwarzen Sorgen aber noch
nicht erschöpft.
9.♗f4 e5 10.♘d5!
Das Feld c7 kann nicht gedeckt werden.
10. ... ♕a5+ 11.♗d2.
Schwarz gab auf.

313
Kenew–Todorow
Warna 1981

1.e4 c5 2.f4 a6 3.c4 b6 4.♞c3
♝b7 5.♞f3 e6 6.♝d3
Weiß möchte schnell seine
Entwicklung beenden und
zum Angriff am Königsflügel
übergehen. In solchen Fällen
darf manchmal auch der Läufer vor den Damenbauern gestellt werden.
6. ... ♞c6 7.0–0 ♞f6 8.e5
♞g4 9.♞g5?
Zu geradlinig. Das vorberei-
tende 9.h3 oder 9.♞e4 gab
Weiß gute Chancen, seine
Pläne erfolgreich zu verwirkli-
chen.
9. ... ♞c:e5?
Beide Partner sind ungeduldig.
Das genauere 9. ... ♞g:e5!
hätte den Springerausfall widerlegt.
10.♞:f7?
Ein verhängnisvoller Fehler in
günstiger Position.
Richtig war 10.♝e4! ♝:e4
11.♞g:e4, und die Sorgen sind
auf der Seite des Nachziehenden.

10. ... ♛h4! 11.h3 ♛g3.
Weiß gab auf.

314
Rutschjowa–Jeruslanowa
Rostow am Don 1980

1.e4 c5 2.♞c3 ♞c6 3.f4 e6
4.♞f3 g6 5.♝b5 ♝g7 6.0–0
♞ge7 7.d3 0–0 8.♝e3
Dieser natürliche Zug bringt
die Anziehende plötzlich in
erhebliche Schwierigkeiten.
Zuerst war der Abtausch auf
c6 notwendig.
8. ... ♞d4! 9.a4?
Das führt schon zu materiellen Einbußen. Mittels 9.♝:d4
cd 10.♞e2 ♛b6 11.♝a4 d5
12.♝b3 war die Position noch
zu halten.
9. ... d5!

Die Figur ist nicht zu retten,
da nicht nur 10. ... a6 droht,
sondern auch 10. ... ♞:f3+
11.♛:f3 d4.
10.♞e2 a6 11.♞e:d4 cd
12.♞:d4 ab. Weiß gab auf.

315
Gurgenidse–Kotow
Jerewan 1954

**1.e4 c5 2.♘c3 ♘c6 3.♘ge2
♘f6 4.g3 d5 5.ed ♘d4 6.♗g2
♗g4 7.d3?**
Notwendig war die Rochade,
um die Verteidigungsmöglich-
keit f2–f3 zu erhalten.
7. ... ♘:d5! 8.♗:d5

8. ... ♛:d5!
Ausgezeichnet. Unwillkürlich
erinnert man sich an eine
Falle aus der Schottischen Partie: 1.e4 e5 2.♘f3 ♘c6 3.d4
ed 4.♘:d4 ♘ge7 5.♘c3 g6?
6.♗g5 ♗g7 7.♘d5! ♗:d4 (es
drohte 8.♘:c6) 8.♛:d4! ♘:d4
9.♘f6+ ♔f8 10.♗h6 matt!
Aus demselben Grunde kann
Weiß jetzt die Dame nicht
schlagen – 9.♘:d5 ♘f3+
10.♔f1 ♗h3 matt.
**9.f3 ♛:f3 10.♖f1 ♛g2
11.♗e3 ♘f3+ 12.♖:f3 ♛:f3.**
Weiß mußte entscheidenden
Materialverlust hinnehmen.

316
Koronghi–Szemegyi
Budapest 1985

**1.e4 c5 2.♘f3 b6 3.d4 ♗b7
4.♗c4 ♗:e4?**
Verdirbt mit einem Schlag das
interessant begonnene Spiel.
Die richtige Erwiderung war
4. ... e6.
**5.♗:f7+ ♔:f7 6.♘g5+ ♔e8
7.♘:e4 cd?**
Rettungschancen verblieben
nur bei 7. ... ♘f6.
**8.♛h5+ g6 9.♛e5 ♘f6
10.♘d6 matt.**

317
Sarkissowa–Arakelowa
Baku 1972

1.e4 c5 2.♘e2
Dieser Zug wird manchmal angewendet, wenn Weiß in die
geschlossene Variante der Sizilianischen Verteidigung ein-
lenken möchte. In der vorliegenden Partie wird er jedoch
mit einem falschen Plan verbunden.
2. ... ♘f6 3.e5
Logischer ist 3.♘bc3, da die
Öffnung der Position für
Weiß ungünstig ist.
**3. ... ♘g4 4.d4 cd 5.♛:d4 d6
6.ed ♘c6 7.de**
Wahrscheinlich der entscheidende Fehler. Bei seinem
deutlichen Entwicklungsrückstand hätte sich Weiß mit dem
bescheidenen 7.♛d1 zufriedengeben sollen.
7. ... ♛:e7 8.♛f4 ♗e6 9.c3

Mit 9.h3 mußte unbedingt der Springer vertrieben werden.
9. ... 🜚d8 10.h3 🜚ge5 11.🜚g3

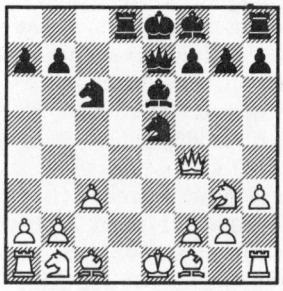

Die Position ist reif für entschiedene Handlungen, und Schwarz läßt sich nicht lange bitten!
11. ... 🜚g4! Weiß gab auf.

318
Utjazki–Kusnezow
Moskau 1960

1.e4 c5 2.🜚e2 d6 3.g3 🜚g4 4.🜚g2 🜚c6 5.h3 🜚d7 6.c3 g6 7.d4 cd
Unnötig! Das ruhige 7. ... 🜚g7 setzte die Entwicklung fort, und der gegnerische Springer hätte nicht das bequeme Feld c3 erhalten.
8.cd 🜚g7 9.🜚bc3 🜚h6
Der Nachziehende lebt über seine Verhältnisse. Er träumt von einem künftigen Gegenspiel mittels f7–f5, währenddessen er an seine Zentrumsstellung denken sollte. Besser war 9. ... 🜚f6.
10.d5! 🜚e5?

Es ist verständlich, daß der Springer nicht zurückgehen möchte, aber nun geht er unerwartet verloren.
11.🜚:h6! 🜚:h6 12.f4.
Schwarz gab auf.

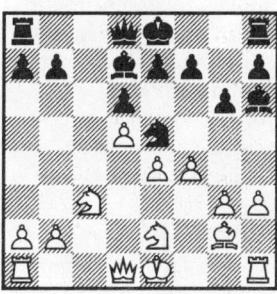

Auf 12. ... 🜚c4 folgt 13.🜚d4. Auf einer Stufe mit dieser Miniatur steht die Großmeisterpartie Tartakower–Rubinstein (1923): 1.e4 e5 2.🜚f3 🜚c6 3.d4 ed 4.🜚:d4 🜚f6 5.🜚:c6 bc 6.🜚d2 🜚c5 7.e5 🜚e7 8.🜚e2 🜚d5 9.🜚b3 0–0 (9. ... 🜚b6) 10.🜚d2 a5 11.0–0–0 🜚b6 12.c4 a4 13.🜚a1 a3? (13. ... 🜚b4) 14.🜚c2! ab+ 15.🜚b1, und Schwarz gab auf.

Sizilianisches Gambit

1.e4 c5 2.b4 oder 2.d4

Im ersten Falle lenkt Weiß den Bauern c5 vom Zentrum ab, um dieses mittels d2–d4 zu besetzen, im zweiten strebt er danach, den Gegner in der Entwicklung zu überflügeln.

319
Nagy–Balogh
Budapest 1947

320
Capron–Cordier
Dijon 1976

1.e4 c5 2.b4
In unseren Tagen ist das Sizilianische Gambit nicht mehr populär, da seine Varianten übermäßig scharf sind.
2. ... cb 3.d4 e5?!
Eine mutige, aber kaum gerechtfertigte Idee. Die gebräuchliche Fortsetzung ist 3. ... d5.
4.de ♘c6 5.♘f3 ♘ge7 6.♗f4?
Dieses eigenartige Manöver führt zur Niederlage. Zweifellos gehört der Läufer nach b2.
6. ... ♘g6 7.♗g3 ♕a5 8.♕d5 b3+! 9.♕:a5
Die Partie ist schon nicht mehr zu retten. Auf 9.♘bd2 folgt 9. ... ♕c3! Weiß glaubte sicherlich, daß seine Lage gar nicht so schlecht ist.

1.e4 c5 2.b4
Es ist besser, das Sizilianische Gambit nicht im zweiten Zug, sondern erst im dritten, nach den Zügen 2.♘f3 e6 oder 2.♘f3 d6 anzuwenden.
2. ... cb 3.a3
Darin liegt der Sinn des Gambits begründet. Nach 3. ... ba 4.♘:a3 nebst ♗c1–b2 erhält der Anziehende für den Bauern gutes Figurenspiel.
3. ... ♘f6 4.e5 ♘d5 5.ab e6
Im Falle von 5. ... ♘:b4 6.c3 und 7.d4 besitzt Weiß Vorteil im Zentrum.
6.♘f3 d6 7.♗c4 de 8.♘:e5 ♕c7 9.♗b2 ♘d7 10.♕e2
Es droht Abtausch auf d5 und danach Abzugsschach.
10. ... ♘5f6
Die schwarze Position ist schon kompromittiert, aber auf f6 mußte der andere Springer gestellt werden.

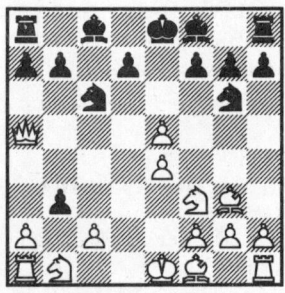

9. ... b2!! 10.♕c3 ♗b4 11.♕:b4 ♘:b4. Weiß gab auf.

11.♘:f7! Schwarz gab auf. Nach 11. ... ♔:f7 12.♕:e6+

♔g6 13.♖a3 kommt der König nicht mehr zur Ruhe.

321
Marshall–Rogosin
New York 1940

1.e4 c5 2.b4 cb 3.a3 ♘c6
Hier ist der Gegenschlag 3. ... d5 angebracht.
4.ab ♘f6?
Jetzt mußte, koste es, was es wolle, 4. ... ♘:b4 folgen.
5.b5 ♘d4 6.c3 ♘e6 7.e5 ♘d5 8.c4 ♘df4?
Der Nachziehende amüsiert sich weiter, indessen war jedoch die Zeit zu konkreten Handlungen gekommen. Richtig war 8. ... ♘b6 9.d4 d6.
9.g3 ♘g6 10.f4.

Eine unterhaltsame Partie! Nach zehn Zügen nur mit Bauern hat Weiß einen Springer gefangen. Im Falle von 10. ... ♘c7 folgen noch zwei Bauernzüge – 11.f5 ♘:e5 12.d4. Schwarz ist verloren.

322
Kujoth–Fashingbauer
Milwaukee 1950

1.e4 c5 2.b4 cb 3.a3 ♘c6 4.ab ♘f6? 5.b5 ♘b8
Auch dieser Rückzug kann nicht retten (vergleiche die vorige Partie).
6.e5 ♛c7
Ein Versuch, den Gang der Ereignisse irgendwie zu verändern. Auf 7.ef ist die Antwort 7. ... ♛e5+ geplant.
7.d4 ♘d5 8.c4 ♘b6 9.c5 ♘d5 10.b6!

Nach zehn Eröffnungszügen nur mit Bauern hat Weiß eine originelle Gewinnstellung erreicht.
Schwarz gab angesichts der Variante 10. ... ♛c6 11.♖:a7 ♖:a7 12.ba auf.
Wenn man jedoch die vorangegangenen Züge in Betracht zieht, kann man bezweifeln, daß Kujoth nach 10. ... ♛d8! 11.♖:a7 ♖:a7 12.ba ♛a5+ den Gewinn gesehen hätte: 13.♘c3!! ♘:c3 14.ab♛ ♘:d1+ 15.♗d2! ♛d8 16.♔:d1, und

157

Schwarz hat gerade den Springer verloren, mit dem er im vierten Zuge den entscheidenden Fehler begangen hat.

323
Stokes–Bett
Australien 1974

1.e4 c5 2.d4 cd 3.c3 dc 4.♘:c3 ♘c6 5.♘f3 d6 6.♗c4 ♘f6?
Bisher war alles in Ordnung. Um die Königsstellung zu sichern, mußte aber 6. … e6 geschehen.
7.e5! de 8.♕:d8+ ♔:d8
Auch bei 8. … ♘:d8 9.♘b5 ♖b8 10.♘:e5 e6 11.♗f4 steht Schwarz schlecht.
9.♘g5
Hier verdarb Schwarz die Partie mit **9. … e6??** und gab nach **10.♘:f7** auf.
Aber auch nach 9. … ♔e8 10.♗:f7+ (10.♘:f7 ♘a5!) 10. … ♔d8 11.♗e3 ist der weiße Angriff sehr stark.

324
Schnitzler–Eberle
Düsseldorf 1861

1.e4 c5 2.d4 cd 3.♗c4
Ein normaler und guter Zug ist 3.♘f3.
3. … e5 4.f4 d6 5.♘f3 ♘c6 6.fe de 7.0–0
Für den Bauern hat Weiß bestimmte Vorteile erlangt. Er hat den Gegner um zwei Entwicklungstakte überflügelt,

und außerdem muß dieser schnellstens den schwächsten Punkt in seiner Position, den Punkt f7, schützen. Wozu kann man ihm raten? Die beste Entscheidung war wohl 7. … f6, um danach den König auf den Damenflügel zu evakuieren.
7. … ♗e7?

8.♗:f7+! ♔:f7 9.♘:e5+ ♔e6?
Die letzte Überlebenschance bestand in 9. … ♔e8 10.♕h5+ g6 11.♘:g6 hg 12.♕:h8 ♗e6. Jetzt dagegen ist alles zu Ende.
10.♘f7! ♕b6 11.♕g4 matt.

325
Krogius–Ojanen
Finnland 1951

1.e4 c5 2.d4 cd 3.♘f3 e5 4.c3
Natürlich geht 4.♘:e5 nicht wegen 4. … ♕a5+ mit Springergewinn.
4. … dc 5.♘:c3 d6 6.♗c4
Mit dem Bauernopfer hat

Weiß seinen Gegner erheblich in der Entwicklung überflügelt und nebenbei eine verdeckte Drohung aufgestellt. Jetzt war 6. ... ♘c6 notwendig.

6. ... h6? 7.♗:f7+! ♔:f7 8.♘:e5+ ♔e7 9.♘d5+ ♔e6 10.♕g4+ ♔:e5 11.♗f4+ ♔d4 12.♗e3+.

Auf 12. ... ♔c4 folgt 13.♕e2 matt, und bei dem Partiezug **12. ... ♔e5** dauert das Leben des schwarzen Königs nur einen Zug länger: **13.♕f4+ ♔e6 14.♕f5** matt.

Geschlossene Spiele

Als geschlossene Spiele werden alle Eröffnungen bezeichnet, bei denen Weiß den ersten Zug nicht mit dem Königsbauern ausführt.

Einen wichtigen Platz unter diesen Aufbauformen nimmt das Damengambit ein, das bis auf den heutigen Tag als eine nachhaltige Eröffnung gilt. Die Mehrzahl der anderen geschlossenen Eröffnungen – die Nimzowitsch-Indische Verteidigung, die Holländische Verteidigung, die Damenindische und die Königsindische Verteidigung, die Grünfeld-Indische Verteidigung – entstanden, um dem orthodox verteidigten Damengambit auszuweichen.

Damengambit

1.d4 d5 2.c4

Eine der populärsten modernen Eröffnungen. Bekannt ist das Damengambit schon sehr lange, aber weite Verbreitung fand es erst zum Ende des 19. Jahrhunderts mit der Ausarbeitung der Prinzipien der positionellen Kampfesführung.

Die Grundidee des Damengambits besteht im planmäßigen Kampf um das Zentrum, wobei sich im Unterschied zu den halboffenen und offenen Spielen die Ereignisse nicht so forciert entwickeln.

Die klassischen Methoden der Behandlung des Damengambits bestehen in 2. … e6, der orthodoxen Verteidigung, und 2. … c6, der Slawischen Verteidigung.

326
Kotow – Petrosjan
17. Meisterschaft der UdSSR,
Moskau 1949

1.d4 d5 2.c4 e6 3.♘c3 ♘f6 4.cd ed 5.♗g5 ♗e7 6.e3 c6 7.♕c2 ♘e4??
Ein furchtbares Versehen. Richtig ist 7. … 0–0 oder 7. … ♘bd7.
8.♗:e7 ♕:e7 9.♘:d5!
Das war's.
9. … cd 10.♕:c8+ ♕d8 11.♗b5+ ♘c6 12.♗:c6+ 13.bc ♕:c6+.
Schwarz gab auf.

327
Casas–Piazzini
Buenos Aires 1952

**1.d4 d5 2.c4 e6 3.♘c3 ♘f6
4.♗g5 ♗e7 5.e3 0–0 6.♘f3
♘bd7 7.♕c2**
Eine typische Stellung des Damengambits.
**7. ... c5 8.cd ♘:d5 9.♘:d5
♗:g5**
Gebräuchlicher und solider ist
9. ... ed, z. B. 10.♗:e7 ♕:e7
11.dc ♘:c5 12.♗e2 ♗g4 mit
Ausgleich.
10.h4! ♕a5+ 11.b4 cb

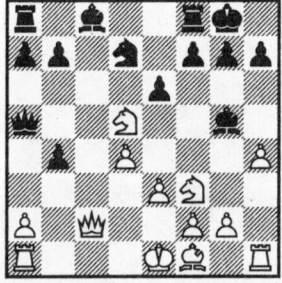

Auf 12.hg beabsichtigte
Schwarz, sich die verlorene Figur mittels 12. ... b3+ 13.♕c3
♕:d5 zurückzuholen.
12.♕:h7+!!
Schwarz gab auf. Das Finale
ist klar: 12. ... ♔:h7 13.hg+
♔g6 14.♘e7 matt. Ein solches
Matt gelingt nicht alle Tage!

328
Mayet–Harrwitz
Berlin 1848

**1.d4 d5 2.c4 e6 3.♘c3 ♘f6
4.♗g5 ♘bd7**

Schwarz beabsichtigt, das
Cambridge-Springs-System
(5. ... c6 und 6. ... ♕a5) zu
spielen.
5.cd ed 6.♘:d5?

Weiß hat den „vergifteten"
Bauern geschlagen und gerät
sogleich auf die Verliererstraße. Richtig war 6.♘f3 oder
6.e3.
**6. ... ♘:d5! 7.♗:d8 ♗b4+
8.♕d2 ♔:d8.**
Weiß gab auf. Dieser Figurenverlust unterlief den Anziehenden schon des öfteren. So
kann man z. B. die Partie
Mone–Sybin (Petersburg
1901) nennen.

329
Enevoldsen–Ortega
Olympiade, Helsinki 1952

**1.d4 d5 2.c4 e6 3.♘c3 ♘f6
4.♗g5 c6 5.e3 ♘bd7 6.♖c1**
Ein nicht sehr gelungener
Versuch, der Cambridge-
Springs-Variante auszuweichen. Solider ist das übliche
6.♘f3.

6. ... ♛a5 7.a3
Bei 6.♘f3 wäre dieser Zug
durchaus möglich, da sowohl
der Läufer g5 als auch der
Bauer a3 gedeckt sind und
8.b4 droht. Jetzt ist jedoch die
Lage etwas anders.
7. ... ♘e4 8.♗f4
Die Erwiderung 8.b4 ist hier
wegen 8. ... ♛:a3 nicht mehr
möglich. Deshalb ist dieser
Rückzug notwendig.
8. ... ♘:c3 9.♖:c3?
Noch konnte Weiß mittels
9.♛d2! um den Ausgleich
kämpfen, z. B. 9. ... dc
10.♗:c4 e5 11.de ♘:e5
12.♗e2 ♘g6 13.♗g3, und
13. ... ♛d5 14.♛:c3 ♛:g2 ist
schlecht wegen 15.♗f3.

9. ... ♗:a3! 10.♗d3 ♗:b2.
Weiß gab auf.

330
Niesner–Hoffmann
Prag 1952

1.d4 d5 2.c4 e6 3.♘c3 ♘f6
4.♗g5 c5 5.cd ♛b6
Eine unnötig scharfe Reaktion.
Normaler ist 5. ... ed.

6.♗:f6 gf 7.♛b3
Die Theorie zieht 7.e3! vor,
z. B. 7. ... ♛:b2 8.♗b5+ ♗d7
9.♗:d7+ ♘:d7 10.♘ge2 cd
11.♖b1! ♛a3 12.ed mit weißem Vorteil.
7. ... cd 8.♛:b6 ab 9.♘b5?
Das ist Wasser auf die Mühle
des Gegners. Besser war
9.♘e4.
9. ... ♖a5! 10.♘:d4 ♗b4+
11.♔d1 ♖:d5.
Weiß gab auf. Nach 12.♘f3
oder 12.e3 folgt 12. ... e5.

331
Kamyschow–Sokolski
Minsk 1933

1.d4 d5 2.c4 e6 3.♘f3 ♘f6
4.♗g5 ♗b4+ 5.♘c3 dc 6.e4
b5
Die logische Fortsetzung der
Variante ist 6. ... c5 mit scharfem Spiel.
7.e5 h6 8.♗h4 g5 9.♘:g5
♛d5
Nach 9. ... ♘d5 10.♛h5!
♛d7 11.♘e4 ist der Vorteil
des Anziehenden unumstrit-
ten.
10.♘:f7 ♘e4
Auch im Falle von 10. ...
♛e4+ 11.♗e2 ♔:f7 12.♗:f6
♖g8 13.♛d2 ist die schwarze
Situation ungünstig.
11.♛h5! ♘:c3
Der letzte Fehler, obwohl
11. ... ♔d7 12.♖c1 ebenfalls
nicht angenehm ist.
12.♘d8+! Schwarz gab auf.

332
Alterman–Kutujew
Kiew 1967

**1.d4 d5 2.c4 c6 3.♘f3 ♘f6
4.♘c3 e6 5.cd ed 6.♗g5 ♗e7
7.♛c2 0–0 8.e3 ♘bd7 9.♗d3
♖e8 10.0–0 h6**
Ein anderer gebräuchlicher
Plan ist 10. ... ♘f8 mit darauffolgendem 11. ... ♘g6 und
12. ... ♘e4.
11.♗f4 ♘h5?
Ein seit langem bekannter
Fehler. Richtig ist 11. ... ♘f8.

12.♘:d5! Schwarz gab auf.
Nach 12. ... cd 13.♗c7 geht
seine Dame verloren, und
12. ... ♘:f4 13.♘:f4 führt zu
Bauernverlust.

333
Schlechter–Perlis
Karlsbad 1911

**1.d4 d5 2.c4 c6 3.♘f3 ♗f5
4.♛b3 ♛b6 5.cd ♛:b3 6.ab
♗:b1 7.dc!**
Im Falle des natürlichen 7. ...
♗e4 attackiert Weiß den

friedlich in der Ecke schlum-
mernden Turm: 8.♖:a7!, und
8. ... ♖:a7 geht nicht wegen
9.c7.

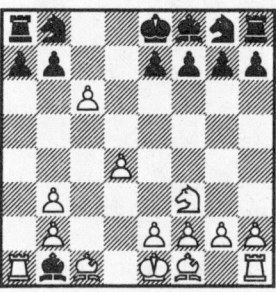

Der Gerechtigkeit halber sei
gesagt, daß Perlis die Kombination gesehen hat und deshalb vorzog, mit einem Minus-
bauern weiterzuspielen (7. ...
♘:c6 8.♖:b1), aber das än-
derte nichts am Ausgang der
Partie.

334
Fine–Judowitsch
Moskau 1937

**1.d4 d5 2.c4 e6 3.♘c3 ♘f6
4.♘f3 c5 5.♗g5 cd 6.♘:d4 e5
7.♘db5 a6 8.♘:d5**
In dieser vorher zurechtgeleg-
ten Variante rechnete Weiß
nur mit 8. ... ab 9.♘:f6+ gf
10.♛:d8+ ♔:d8 11.♗:f6+.
Und trotzdem ...

163

8. ... ab! 9.♘:f6+ ♕:f6!!
10.♗:f6 ♗b4+ 11.♕d2
♗:d2+ 12.♔:d2 gf.
Weiß hat eine Figur verloren.
Diese berühmte Partie aus
dem 3. Moskauer internationa-
len Turnier wurde im Treffen
Gorschkow–Beloussow (Li-
pezk 1980) wiederholt.

335
Grekow–Grigorjew
Moskau 1919

1.d4 d5 2.c4 e6 3.♘c3 c5
4.♘f3 ♘c6 5.♗f4 cd! 6.♘:d4
♗b4 7.♘b5
Mit seinen letzten beiden Zügen hat der Nachziehende diesen fehlerhaften Angriff provoziert. Die richtige Fortsetzung war 7.cd ed 8.e3.

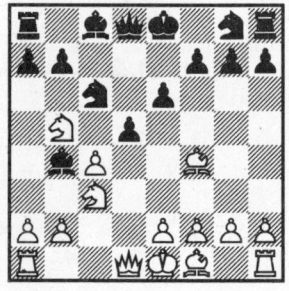

7. ... d4! 8.♘c7+ ♕:c7!!
9.♗:c7 dc 10.a3 c2+.
Weiß gab auf.

336
Kovář–Novak
Brno 1921

1.d4 d5 2.c4 e6 3.♘c3 c5
4.♗f4
Üblich ist 4.cd. Auch 4.e3 und
4.♘f3 sind sichere Züge.
4. ... cd 5.♗:b8?
Es liegt auf der Hand, daß
dem Anziehenden 5.♕:d4
♘c6 nicht gefiel, obwohl er
gerade so hätte spielen müssen. Jetzt verliert er schnell.
5. ... dc 6.♗e5
Im Falle von 6.♗f4 cb 7.♖b1
♕a5+ sind die weißen Verluste zu groß.
6. ... cb.
Weiß gab auf. Im Falle von
7.♗:b2 entscheidet das Läufer-
schach auf b4. Schwarz hat die
Partie gewonnen, ohne auch
nur einmal seine Offiziere zu
berühren. Erwähnt sei noch
ein Vorgänger dieser Partie:
N. N.–Brüning (Berlin 1907).

337
Rossem–Selman
Fernpartie 1933

1.d4 d5 2.c4 e6 3.♘c3 c5 4.cd
cd 5.♕:d4
Möglich ist auch vorher
5.♕a4+. In diesem Falle verfügt Schwarz nach 5. ... ♗d7
6.♕:d4 nicht über den Zug
♘c6.

164

5. ... ♘c6 **6.**♕d1 ed **7.**♕:d5
♗d7
Genauer ist 7. ... ♗e6
8.♕:d8+ ♖:d8 mit Entwicklungsvorsprung für Schwarz.
8.a3?
Ein typischer Zeitverlust.
Richtig und bequem war die
Aufstellung 8.♗g5 ♘f6
9.♕d2.
8. ... ♘f6 **9.**♕g5
Weiß steht schon schlechter.
Die Dame mußte nach d1 zurückgehen.
9. ... ♘d4! **10.**♕e3+ ♗e6
11.♕d3 ♗c4! Weiß gab auf.

Die Entscheidung von Weiß
leuchtet ein, denn nach
12.♕d2 ♗b3! 13.♖b1 ♘c2+
14.♔d1 ♕a5 besteht gegen
15. ... ♖d8 keine Verteidigung mehr.

338
Nowikow–Kasanzew
Perm 1986

**1.d4 d5 2.c4 e6 3.♘c3 ♘f6
4.♗g5 ♗e7 5.e3 0–0 6.♘f3
♘bd7 7.♗d3 c5**
Solider sind die gebräuchli-

chen Fortsetzungen 7. ... b6,
7. ... c6 und 7. ... h6.
8.cd cd
Der Nachziehende kommt ins
Schwimmen. Erforderlich war
8. ... ed.
9.de dc 10.ed cb 11.dc♕ **ba**♕

12.♗:h7+! Schwarz gab auf.
Nach 12. ... ♘:h7 13.♕:d8
behält Weiß eine der Damen.

339
Guinari–Rastrelli
Bologna 1925

1.d4 d5 2.c4 ♘f6
Gestattet dem Anziehenden,
ein zusätzliches Tempo für
die Eroberung des Zentrums
zu gewinnen. Sicherer sind die
erprobten Pläne 2. ... e6 oder
2. ... c6.
3.cd ♘:d5 4.e4 ♘f6 5.♗d3
Dieser Zug ist möglich, aber
natürlicher sieht 5.♘c3 aus.
**5. ... e5! 6.de ♘g4 7.♘f3
♘c6 8.♗f4?**
Nicht die Bauern, sondern die
Entwicklung ist das wichtigste.
8.0–0 garantierte Weiß nach
8. ... ♘g:e5 9.♘:e5 ♘:e5

165

10.♗b5+ c6 11.♕:d8+ ♔:d8 12.♖d1+ das bequemere Spiel.

8. ... ♘b4! 9.♗c2 ♕:d1+.
Weiß gab auf. Unerfreulich ist sowohl 10.♔:d1 ♘:f2+ wie auch 10.♗:d1 ♘d3+.

340
Oskam−N. N.
1927

1.d4 d5 2.c4 ♘f6 3.cd ♘:d5 4.e4 ♘f6 5.♘c3 ♘c6 6.♘f3
Gut sieht auch 6.♗b5 aus.
6. ... ♗g4 7.d5 ♘e5?
Schwarz spürt die Gefahr nicht. Der Springer mußte nach b8 gehen.

8.♘:e5! ♗:d1 9.♗b5+ c6 10.dc ♕b6
Verliert sofort, aber Schwarz steht schon recht schlecht, z. B. hat der Anziehende bei 10. ... ♗g4 die Wahl zwischen 11.c7+, wonach er einen Bauern mehr behält, und 11.cb+ ♗d7 12.♘:d7 ♘:d7 13.ba♕ ♕:a8 14.0−0 mit daraufflogendem 15.♖d1.
11.cb+ ♕:b5 12.ba♕+.
Schwarz gab auf.

341
Steller−Reig
Ströbeck 1982

1.d4 d5 2.c4 ♘f6 3.cd ♕:d5 4.♘c3 ♕a5 5.♗d2 ♗f5?
Vorsichtiger war 5. ... c6.
6.e4! ♗g6 7.♘d5.
Schwarz gab auf.

342
Krejzik−Réti
Wien 1922

1.d4 d5 2.c4 ♘f6 3.♘c3
Logischer ist 3.cd mit Tempogewinn: 3. ... ♕:d5 4.♘c3 oder 3. ... ♘:d5 4.e4.
3. ... e5?
Diese Mischung aus Albins Gegengambit und Budapester Gambit ist kaum empfehlenswert.
4.de ♘g4 5.♘f3 ♗b4 6.♗d2 ♕e7 7.♘:d5 ♗:d2+ 8.♕:d2 ♕c5 9.e3 0−0?
Alles war möglich, nur das nicht!
10.b4! Schwarz gab auf.

343
Prochorowitsch−Shurawlew
Moskau 1969

1.d4 d5 2.c4 ♗f5
Schwarz möchte den Gegner zu taktischen Verwicklungen verleiten, die sich beim Angriff auf den geschwächten Punkt b7 ergeben.
3.♘c3 e6 4.cd ed 5.♕b3 ♘c6!
Die Einladung, einen der bei-

den Bauern zu schlagen. Aber
6.♕:b7 ♘:d4 7.e4 ♖b8 führt
zu deutlichem schwarzem
Vorteil, und bei 6.♕:d5 ♕:d5
7.♘:d5 0-0-0 ist die weiße
Lage auch nicht gerade angenehm. Der von Weiß gewählte
dritte Weg erweist sich ebenfalls als unzulänglich. Richtig
ist wohl nur der vierte Weg:
völlig von Bauerneroberungen
Abstand nehmen und ein Gegenspiel beginnen – 6.♘f3
♗b4 7.e4! de 8.♘e5 usw.
**6.♘:d5 ♗e4! 7.♘c3 ♘d4
8..♕a4+ b5.** Weiß gab auf.
Das alles wiederholte sich in
der Partie Tichobojew–Loba-
tschow (Sewastopol 1983) und
davor schon einmal bei Küp-
pel–Hermann (BRD 1970).

344
Sawjalow–Zilinski
Antrazit 1981

1.d4 d5 2.c4 ♗f5 3.cd ♗:b1!
Im Falle von 3. ... ♕:d5
4.♘c3 gewinnt der Anzie-
hende ein wichtiges Entwick-
lungstempo.
Weiß sollte jetzt zunächst mit
4.♕a4+ fortsetzen.
**4.♖:b1 ♕:d5 5.♕a4+ ♘c6
6.♘f3 e5 7.de ♗b4+ 8.♗d2
♕e4!**
In Gefahr ist nicht nur der
Turm, sondern auch die
Dame: Es droht 9. ... ♗:d2+.
9.♕d1 0-0-0

Weiß ist bei vollem Brett im
Zugzwang. Wie soll er die
Drohung 10. ... ♘:e5 abweh-
ren?
10.g3 ♗:d2+ 11.♘:d2 ♕:h1.
Weiß gab auf.

345
Bernstein–N. N.
Berlin 1903

1.d4 d5 2.♘f3 ♗g4
Bringt eine gewisse Instabilität
in den schwarzen Aufbau. Sicherer sind die gebräuchlichen
Fortsetzungen 2. ... ♘f6 oder
2. ... e6.
**3.c4 e6 3.♘e5 ♗f5 5.cd ed
6.♕b3 b6**

7.e4! ♗:e4

167

Die schwarze Stellung ist schon kompromittiert; besser war jedoch 7. ... ♗e6.
8.♗b5+ ♔e7 9.♗c6!
Schwarz gab auf.

346
N. N.–Bernstein
Warschau 1903

1.d4 d5 2.c4 c5 3.♘c3 e6 4.♘f3
Solider ist 4.e3.
4. ... cd 5.♕:d4?
Besser war 5.♘:d4 e5 6.♘f3 d4 7.♘d5 ♘f6 8.e4 ♘:e4 9.♘:e5 ♘c6 10.♗d3 mit gleichem Spiel (Bernstein).
5. ... ♘c6 6.♕d1 d4 7.♘e4 f5 8.♗g5

8. ... fe! 9.♗:d8 ♗b4+ 10.♘d2 e3 11.fe de.
Weiß gab auf. Auf den ersten Blick scheint es, daß Weiß zu früh das Handtuch geworfen hat, doch nach 12.♕a4 ♗:d2+ 13.♔d1 ♔:d8 14.g3 ♘f6 15.♗g2 ♔c7 ist seine Stellung nicht zu retten.

347
München–Augsburg
Fernpartie 1942

1.d4 d5 2.c4 c6
Mit diesem Zug befestigt Schwarz das Zentrum, ohne dem Läufer c8 den Weg zu versperren. Allerdings ist ein späterer Sprengungszug c6–c5 immer mit einem Tempoverlust verbunden.
3.♘c3 e6 4.♘f3 ♘d7
Gebräuchlicher und natürlicher ist der Zug 4. ... ♘f6.
5.e4 de 6.♘:e4 ♘gf6 7.♗d3 ♘:e4 8.♗:e4 ♘f6 9.♗c2
Trotz der Vereinfachungen ist die weiße Stellung vorzuziehen, weil Schwarz die Entwicklung des Läufers c8 noch nicht gelöst hat.
9. ... c5
Verfrühte Aktivität. Vorher mußte der König in Sicherheit gebracht werden – 9. ... ♗e7 und 10. ... 0–0.
10.0–0 cd 11.♗g5 d3?
Im Falle von 11. ... ♗c5 hatte Weiß die Antwort 12.a3 a5 13.b4! ab 14.ab ♖:a1 15.♕:a1, da 15. ... ♗:b4 wegen 16.♕a4+ nicht geht. Und auf 11. ... ♗e7 wäre 12.♕d3 gefolgt, und Schwarz muß, wenn er rochieren möchte, noch die Schwächung 12. ... g6 in Kauf nehmen. Deshalb versucht er, 12.♗:d3 zu provozieren.
12.♗a4+! Schwarz gab auf.

Die Analyse zeigt, daß Schwarz wirklich so schlecht steht, daß er aufgeben kann: 12. ... ♗d7 13.♘e5! ♕a5 (13. ... b5 14.♘:d7!) 14.♘:d7 ♘:d7 15.♗:d7+ ♔:d7 16.♕:d3+ ♔c7 17.♖fd1! ♕:g5 18.♕d7+ ♔b6 und nun 19.♖d6+! ♗:d6 20.♕:d6+ ♔a5 21.b4+ ♔a4 22.♕d3 ♔:b4 23.♖b1+ mit Gewinn.

348
Pillsbury–N. N.
Blind-Simultanpartie,
New Jersey 1900

1.d4 d5 2.c4 e6 3.♘c3 c6 4.♘f3 ♗d6 5.e4 ♘e7 6.♗d3 0–0?
Schwarz mußte hier unbedingt das Zentrum öffnen: 6. ... dc 7.♗:c4 c5!, und 8.e5 ♗c7 9.dc ist nicht gefährlich wegen 9. ... ♕:d1+ 10.♘:d1 ♘d7 mit Rückgewinn des Bauern.
7.e5 ♗c7

8.♗:h7+! ♔:h7 9.♘g5+ ♔g6 10.♕g4 f5 11.♕g3 ♕d7
Längeren Widerstand leistete 11. ... f4.
12.♕h4! Schwarz gab auf. Den schwarzen König erwartet ein trauriges Schicksal: 12. ... f4 13.♕h7+ ♔:g5 14.h4+ ♔g4 15.f3+ ♔g3 16.0–0 nebst 17.♘e2 matt.

349
Tschesnokow–Turbanow
Saratow 1982

1.d4 d5 2.c4 c6 3.♘c3 ♘f6 4.♗g5 dc 5.e3
Häufiger wird 5.a4 gespielt, was b7–b5 verhindert.
5. ... b5 6.♗:f6
Der Anziehende beginnt ein taktisches Manöver, dessen Folgen er allerdings nicht bis zum Ende durchdacht hat. Gute Fortsetzungen waren 6.a4 oder 6.♘f3.
6. ... ef 7.♘:b5
Der Fehler begann im vorangegangenen Zug, das hier ist sein Kulminationspunkt.
7. ... cb 8.♕f3 ♗b4+ 9.♔d1

♛c7 10.♕:a8 ♝b7 11.♕:a7
♝f3+. Weiß gab auf.
Schwarz hätte die Dame auch
mit 11. ... ♘c6 gewinnen können.

350
Nadel–Margulies
Berlin 1932

**1.d4 d5 2.c4 c6 3.♘f3 ♘f6
4.♘c3 dc 5.a4 ♝f5 6.♘e5 c5?**
Unvorsichtig gespielt. Genauer
war 6. ... ♘bd7 oder 6. ... e6.
7.e4! ♘:e4
Falls 7. ... ♝:e4, so ist 8.♘:e4
♘:e4 9.♕f3 ♘d6 10.♝:c4 unangenehm.
8.♕f3 cd
Auch hier gewinnt nach 8. ...
♘:c3 9.♕:f5 f6 der Zug
10.♝:c4.
9.♕:f5 ♘d6

**10.♝:c4! e6 11.♝b5+ ♔e7
12.♘g6+! hg 13.♘d5+! ed
14.♕e5 matt.**

351
Panow–Grekow
Moskau 1928

**1.d4 d5 2.c4 c6 3.♘f3 ♘f6
4.♘c3 dc 5.♘e5 ♘bd7
6.♘:c4 e6 7.f3 ♝b4 8.e4
♘:e4!?**
Ein mutiges Opfer. Schwarz
erhofft sich für den Springer
drei Bauern sowie Angriff gegen den feindlichen König.
9.fe ♕h4+ 10.♔d2 ♕:e4?
Verdirbt alles. Richtig war
10. ... ♕f2+, und falls
11.♔d3, so 11. 0–0 mit der
Drohung 12. ... ♘c5+.

11.♘d6+! Schwarz gab auf.
Nach 11. ... ♝:d6 ist der
Springer c3 entfesselt, und die
Dame geht verloren.

352
Matamoros–Madique
Olympiade, Luzern 1982

1.d4 d5 2.c4 c6 3.♘f3 ♝g4
Ein ungenauer Zug, der den
Gegner ein Tempo gewinnen
läßt. Wenn Schwarz den Läufer schon entwickeln möchte,
dann gehört er nach f5.

4.♘e5 ♗f5 5.cd cd 6.♘c3
Schwarz hat schon erhebliche
Schwierigkeiten, einen guten
Zug zu finden. Noch am be-
sten war jetzt 6. ... ♘f6.
6. ... e6?
Besiegelt die Niederlage.
Schwarz verstellt seinem eige-
nen Läufer den Weg nach d7.
7.♕a4+ ♘d7 8.e4! ♗d6
Verzweiflung. Aber was sollte
er machen?
9.♘:d7 ♕:d7 10.♗b5.
Schwarz gab auf.

Angenommenes Damengambit

1.d4 d5 2.c4 dc

Schwarz verfolgt damit nicht
das Ziel, einen Bauern zu gewinnen. Durch die zeitweilige
Aufgabe des Zentrums möchte
er möglichst schnell die Entwicklung beenden, um danach
ein Spiel gegen die weiße Bauernstellung zu beginnen.

353
Schmatkow–Eidlin
Moskau 1957

**1.d4 d5 2.c4 dc 3.e3 e5
4.♗:c4 ed 5.ed ♘f6 6.♘c3
♗e7 7.♘f3**
Das Spiel verläuft bisher still,
normal und ruhig.
7. ... ♘bd7?
Der Nachziehende mußte natürlich rochieren.

8.♗:f7+ ♔:f7 9.♘g5+ ♔g6
Auf die achte Reihe kann der
König nicht zurückgehen:
9. ... ♔g8 10.♕b3+; bei anderen Rückzügen folgt
10.♘e6.
10.♕d3+ ♔h5 11.h3.
Es droht 12.g4+ ♘:g4 13.hg+
♔:g4 14.♕h3 matt. Schwarz
gab deshalb auf.

354
Atkins–Gunsberg
Hannover 1902

**1.d4 d5 2.c4 dc 3.♘f3 c5 4.e3
♗g4? 5.♗:c4 e6**
Der unvorsichtige Läuferaus-
flug hat den Nachziehenden
in eine kritische Lage gebracht. Jeder beliebige Springerzug wäre mit 6.♗:f7+ beantwortet worden. Auch 5. ...
♗:f3 half nicht, da nach
6.♕:f3 die beiden Bauern b7
und f7 bedroht sind.
Der Nachziehende versucht,
den Punkt f7 abzuschirmen,
und gerät vom Regen in die
Traufe.
6.♕a4+ ♘d7 7.♘e5 ♗f5

171

Mit der schwachen Hoffnung auf Rettung nach 8.♗b5 ♘f6.
8.♘:d7! Schwarz gab auf.

355
Frese–Schroeder
Marburg 1951

1.d4 d5 2.c4 dc 3.♘c3 e5 4.d5
Um Eröffnungsvorteil konnte Weiß nur mittels 4.de kämpfen.
4. ... ♗d6 5.e4 f5 6.♗:c4 ♘f6 7.♗d3
Es war einfacher, auf f5 zu tauschen und zu versuchen, nach der Rochade den Punkt e4 zu besetzen.
7. ... fe 8.♘:e4 0–0 9.♗g5

Richtig war 9.♘e2 mit darauffolgender Rochade. Aber es ist nicht so leicht vorherzusehen, daß in dieser Position die Kombination Legals möglich ist.
9. ... ♘:e4!! 10.♗:d8 ♗b4+ 11.♔e2 ♖:f2+ 12.♔e3 ♗c5+ 13.♔:e4 ♗f5+ 14.♔:e5 ♘d7 matt.

356
O'Kelly–Davie
Dundee 1967

1.d4 d5 2.c4 dc 3.♘f3 ♘f6 4.♘c3 c5 5.d5 e6 6.e4 ed 7.e5!
Widerlegt den gegnerischen Bauernansturm. Auf den Rückzug des Springers führt 8.♘:d5 zu deutlichem weißem Vorteil.
7. ... d4 8.♗:c4 ♗e6
Als Antwort auf 8. ... dc hatte sich Weiß den Einschlag auf f7 zurechtgelegt.
9.♗:e6 fe 10.ef ♕a5
Falls jetzt 10. ... dc, so wäre 11.f7+ gefolgt.
11.♘e5!
Schwarz gab auf.

Tschigorin-Verteidigung

1.d4 d5 2.c4 ♘c6

Dieses System hatte Ende des vergangenen Jahrhunderts der hervorragende russische Schachspieler Tschigorin ausgearbeitet. Seine Idee besteht im Figurendruck auf das gegnerische Zentrum. Die Tschigorin-Verteidigung wurde mit ihren strategischen Motiven zum Wegbereiter solcher modernen Eröffnungen wie der Nimzowitsch-Indischen und der Grünfeld-Indischen Verteidigung.

357
Landgraf–Klein
Karl-Marx-Stadt 1957

1.d4 d5 2.c4 ♞c6
Eine scharfe und originelle
Verteidigung, bei der Schwarz
jedoch meistens gezwungen
ist, dem Gegner den Vorteil
des Läuferpaares zu überlas-
sen, während der Springer c6
oft bei der Durchsetzung des
Sprengungszuges c7–c5 stört.
3.♞f3 ♝g4 4.♞c3
Möglich ist auch 4.♛a4 ♝:f3
5.ef e6 6.♞c3 ♞e7, und nach
7.cd! ed 8.♝b5 a6 9.♝:c6+
♞:c6 10.0–0 muß Schwarz mit
den Drohungen ♜e1+ und
♛b3 rechnen.
4. ... e5?
Zu scharf! In einer solchen
Position sollte man bescheidener sein und im Ausgleichs-
sinn mit 4. ... e6 das Zentrum
befestigen.
5.cd ♝:f3
Oder 5. ... ed 6.dc dc 7.♛a4
mit weißem Vorteil.
6.gf! ed
Schlecht ist auch 6. ... ♞:d4
7.e3 ♞f5 8.♝b5+.
7.dc dc 8.cb cb?
Die letzte Chance bestand in
8. ... ♛:d1+ 9.♔:d1 ♜d8+.
**9.♛a4+ ♔e7 10.♝:b2 ♜b8
11.♛e4+.** Schwarz gab
auf.

358
Blazej–Mikulka
Fernpartie 1930

**1.d4 d5 2.♞f3 ♞c6 3.c4 ♝g4
4.e3 e5 5.de**
Das aggressive Spiel des Nachziehenden konnte mit 5.♛b3!
in Frage gestellt werden.
5. ... d4 6.♛a4?
Überläßt die Initiative ganz
dem Gegner. Solider war
6.♝e2.
6. ... ♝:f3 7.gf ♝b4+ 8.♞d2
Besser war 8.♝d2, weil nach
dem Abtausch 8. ... ♝:d2+
9.♞:d2 der Turm a1 in die
Verteidigung des Königs ein-
bezogen werden konnte.
**8. ... de 9.fe ♛h4+ 10.♔e2
0–0–0 11.f4 ♛g4+ 12.♞f3**

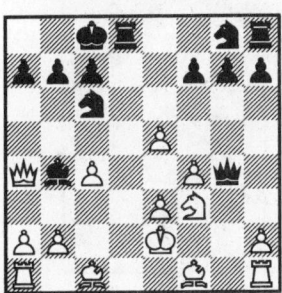

**12. ... ♞:e5!! 13.fe ♛:c4+
14.♔f2 ♝e1+.** Weiß gab
auf.

Tolusch–Aronson
24. Meisterschaft der UdSSR,
Leningrad 1957

**1.d4 d5 2.c4 ♘c6 3.♘f3 ♗g4
4.cd ♕:d5?**
Vorsichtiger ist 4. ... ♗:f3 5.gf
♕:d5 6.e3 e6 7.♘c3 ♕d7, obwohl Weiß auch hier spürba-
res Übergewicht im Zentrum
besitzt.
**5.♘c3 ♕a5 6.d5! 0–0–0
7.♗d2 ♗:f3 8.ef ♘b4**
Schwarz droht, den Bauern d5
zu schlagen. Muß Weiß ihn
decken?
9.a3!
Im Gegenteil, der Widersacher
wird gezwungen, die Drohung
auszuführen.
9. ... ♘:d5 10.♘a4!

Um die Dame zu retten, muß
Schwarz den Springer hergeben. Er gab daher auf.

360
Litwinow–Kasanzew
Minsk 1974

**1.d4 d5 2.c4 ♘c6 3.♘f3 ♗g4
4.cd ♗:f3 5.gf ♕:d5 6.e3 e5**

Solider ist 6. ... e6 7.♘c3
♕d7.
7.♘c3 ♕a5?
Eine Verteidigung war nur mit
7. ... ♗b4 8.♗d2 ♗:c3 9.bc
ed 10.cd ♘ge7 möglich.
**8.d5 0–0–0 9.♗d2 ♘ce7
10.e4**
Nun droht 11.♘a4.
10. ... ♘g6 11.a3 a6
Ein Eigentor, aber auch nach
11. ... ♕b6 12.♗e3 c5 13.b4
steht der Nachziehende
schlecht.
12.♘a4. Schwarz gab auf.

Katalanische Eröffnung

**1.d4 d5 2.c4 e6 3.♘f3 ♘f6
4.g3**

Ein selbständiges System des
Damengambits. Ihre Bezeichnung erhielt diese Eröffnung
nach einem Turnier im Jahre
1929 in der Hauptstadt Katalo-
niens, Barcelona, auf dem sie
erfolgreich angewendet wurde.

361
Veitch–Penrose
Buxton 1950

**1.d4 d5 2.c4 e6 3.♘f3 ♘f6
4.g3 dc 5.♘bd2**
Neben dieser Fortsetzung
empfiehlt die Theorie 5.♕a4+
und 5.♗g2.
5. ... c5 6.dc?
Hier war 6.♕a4+ oder 6.♘:c4
geboten.

6. ... ♝:c5 7.♗g2?
Die weiße Position ist schon
recht kompromittiert, und
auch nach dem relativ besten
7.♛a4+ ♗d7 8.♛:c4 ♛b6
9.e3 ♘c6 wären noch nicht
alle Schwierigkeiten überwun-
den gewesen. Doch nur auf
diesem Wege war eine Ret-
tung möglich.

**7. ... ♗:f2+! 8.♔:f2 ♘g4+
9.♔e1**
Auf 9.♔g1 entscheidet 9. ...
♛b6+.
9. ... ♘e3. Weiß gab auf. Es
geht weniger um den hilflosen
Läufer g2 – nach 10.♛a4 ♗d7
ist die Dame verloren.

Albins Gegengambit

1.d4 d5 2.c4 e5

Dieses System wurde am Ende
des 19. Jahrhunderts vom
österreichischen Meister Albin
(1848–1920) ersonnen und
ausgearbeitet. Mit einem Bauernopfer erwirkt Schwarz eine
heftige Verschärfung des
Kampfes. Angesichts guter
Verteidigungsmethoden wird
das Gegengambit heute selten
gespielt, obwohl die Möglichkeiten beider Seiten noch
nicht völlig geklärt sind.

362
*Dudkin–Skitin
Dubna 1967*

**1.d4 d5 2.c4 e5 3.de d4 4.♘f3
♘c6 5.♘bd2**
Als guter Plan für Weiß gilt
5.g3 und 6.♗g2 mit darauffolgender Rochade.
**5. ... ♛e7 6.a3 ♘:e5
7.♘:d4?? ♘d3 matt!**

Ein schönes Matt, das mehrere
Male auf den Seiten dieses Buches zu finden ist. Im Jahre
1972 endete mit demselben Finale die Fernpartie Burkin–
Lazar.

1.d4 d5 2.c4 e5 3.de d4 4.♘f3
♘c6 5.a3 ♗g4 6.♘bd2 ♕e7
7.h3 ♗f5 8.b4 0-0-0 9.♗b2
♘:e5 10.♘:d4??
Interessante Verwicklungen
ergaben sich nach 10.♘:e5
♕:e5 11.g4 ♗g6 12.♘f3.
10. ... ♘d3 matt.

Budapester Gambit

1.d4 ♘f6 2.c4 e5

Das Budapester Gambit wurde
am Anfang des 20. Jahrhunderts von ungarischen Meistern ausgearbeitet. Schwarz
strebt danach, mit einem Bauernopfer von den ersten Zügen an die Initiative an sich
zu reißen.
Anfangs war das Gambit häufig von Erfolg gekrönt, später
wurden jedoch gute Gegen-
mittel gefunden. Das wichtigste von ihnen besteht darin,
daß der Anziehende den
Mehrbauern nicht festhält,
sondern ihn zurückgibt und
dank seinem größeren Einfluß
im Zentrum positionelles
Übergewicht erhält.

1.d4 ♘f6 2.c4 e5 3.de ♘g4
4.♘f3 ♘c6 5.♗f4 ♗b4+
6.♘bd2 ♕e7 7.a3 ♘g:e5
Nun kann Weiß ein kleines
positionelles Übergewicht mittels 8.♘:e5 ♘:e5 erlangen.
Auch viele andere Antworten
sind möglich, außer einer:
8.ab?? ♘d3 matt!

Ebenso endeten die Partien
Henricksen–Pedersen (Brons-
hoj 1937), Peschechonow–Ol-
chowski (Kalinin 1959), Chari-
tonjuk–Strutschkow (Minsk
1979). Massenhypnose?

1.d4 ♘f6 2.c4 e5 3.de ♘g4
4.♘f3 ♘c6 5.♗f4 ♕e7?
Logischer ist 5. ... ♗c5, um
erst auf 6.e3 die Dame nach
e7 zu stellen.
6.♘c3 ♘g:e5 7.♘:e5 ♘:e5
8.♘d5 ♕d6 9.c5! Schwarz gab
auf.

Die schwarze Dame hat zu viele Verpflichtungen übernommen.

366
László–Alföldy
Budapest 1933

1.d4 ♘f6 2.c4 e5 3.de ♘g4 4.♕d4
Weiß versucht, den Bauern zu behalten – warum auch nicht? –, wählt dafür aber nicht die beste Methode. Die Dame wird zu früh entwickelt und setzt sich den Angriffen der gegnerischen Figuren aus.
4. ... d6 5.ed ♗:d6 6.♘f3
Es zeigt sich, daß 6.♕:g7 unmöglich ist wegen 6. ... ♗e5 7.♕g5 ♕:g5 8.♗:g5 ♗:b2.
6. ... 0–0 7.h3?
Schwächt das Feld g3 so sehr, daß Schwarz den entscheidenden Angriff führen kann. Geboten war, mit 7.♘c3 schnell Reserven in den Kampf zu führen.
7. ... ♘c6
Ein natürlicher Zug und gleichzeitig eine schlaue Falle. Auf 8.♕d1 ist die Antwort

8. ... ♘:f2! 9.♔:f2 ♗g3+!
vorgesehen.
8.♕e4 ♖e8 9.♕c2 ♘b4 10.♕c3

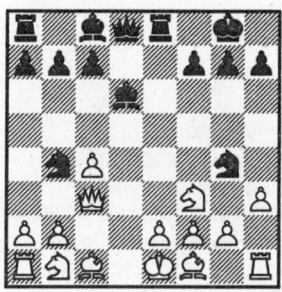

In dieser Situation ist es einfach unmöglich, daß es für Schwarz keine Gewinnfortsetzung gibt. Und sie war tatsächlich vorhanden: 10. ... ♘d3+!! 11.♕:d3 ♗b4+ 12.♗d2 ♕:d3. Der Nachziehende ist jedoch von einem anderen, dem Schein nach sehr effektvollen Zug geblendet und kommt vom richtigen Wege ab.
10. ... ♘e3?
Falls nun 11.♗:e3 ♖:e3!, so darf der Turm weder mit dem Bauern (12.fe ♗g3 matt) noch mit der Dame (12.♕:e3 ♘c2+) geschlagen werden, und auf 12.♕d2 ist 12. ... ♘d3+ unangenehm.
11.♘a3 ♘bc2+?
Guten Angriff für den geopferten Bauern versprach 11. ... ♘c6.
12.♘:c2 ♗b4
Schwarz hat seinen Plan ausgeführt. Sein Gegner kann Da-

177

menverlust nicht vermeiden.
Das schien so überzeugend zu
sein, daß Weiß aufgab. Dabei
wäre der Kampf nach 13.♗:e3
(13.♘:e3) 13. ... ♗:c3+ 14.bc
erst richtig losgegangen!

367
Lagha–Contedini
Olympiade, Leipzig 1960

1.d4 ♘f6 2.c4 e5 3.de ♘e4
Mehr Aussichten auf Initiative
hat Schwarz bei 3. ... ♘g4.
4.♕c2
Möglich ist auch 4.♘d2, z. B.
4. ... ♘c5 5.♘gf3 ♘c6 6.g3
♕e7 7.♗g2 mit leichtem Vorteil für Weiß.
4. ... ♗b4+ 5.♘d2 d5 6.ed
Unnötig. Nach dem ruhigen
6.e3! wäre der Anziehende
weiter am Drücker geblieben.
6. ... ♗f5 7.♕a4+ ♘c6 8.a3
♘c5 9.dc?
Gegenchancen konnten nur in
der Variante 9.♕d1 ♘d4
10.ab ♘c2+ 11.♕:c2 ♗:c2
12.bc gesucht werden.
9. ... ♕e7 10.♕d1 ♘d3 matt!

368
Koppe–Hain
Siegen 1941

1.d4 ♘f6 2.c4 e5 3.de ♘e4
4.♘f3 ♘c6 5.♘bd2 ♘c5
Aktiver ist 5. ... ♗b4.
6.g3 h5
Eine ungefährliche Demon-
stration und gleichzeitig Zeitverlust. Besser war 6. ... ♕e7.
7.a3 ♕e7 8.b4
Ein recht zerzaustes Spiel.
Beide Partner lassen die gegnerischen Ideen und Möglichkeiten völlig außer acht. Der
natürliche Fortgang der Ereignisse wäre 8.♗g2 ♘:e5 9.0–0
gewesen.
8. ... ♘:e5 9.bc??
Auch hier mußte 9.♗g2! geschehen. Nach 9. ... ♘cd3+
(bei 9. ... ♘ed3+? 10.♔f1
♘:c1 11.bc geht eine Figur
verloren) 10.ed! ♘:f3+
11.♔f1 ♘:d2+ 12.♕:d2 hätte
die bessere Entwicklung den
Verlust der Rochade mehr als
kompensiert.
9. ... ♘d3 matt!

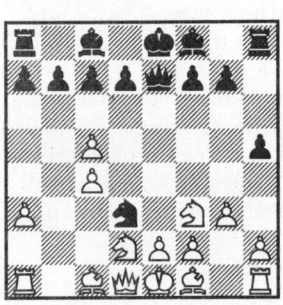

Totale Finsternis!

369
Nicoleanu–Georgescu
Bukarest 1960

1.d4 ♘f6 2.c4 e5 3.de ♘e4
4.a3
Zeitverlust. Größere Probleme
stellt dem Nachziehenden
4.♘d2 oder 4.♕c2.
4. ... d6 5.ed ♗:d6 6.g3
Weiß ist mit der Entwicklung
ins Hintertreffen geraten. Der
sechste Bauernzug in Reihe
verdirbt seine Stellung endgültig. Hier war 6.♘d2 unbedingt
erforderlich.

6. ... ♘:f2! Weiß gab auf.
Falls 7.♔:f2, so entscheidet
7. ... ♗:g3+.
Interessant ist, daß diese Partie gleich zwei Vorgänger hat.
Genau so verliefen die Begeg-
nungen Phipps–Davis (Ha-
stings 1951) und Warren–Sel-
mann (Fernpartie 1930).

370
Turkka–Hänninen
Helsinki 1952

1.d4 ♘f6 2.c4 e5 3.de ♘e4
4.♘c3?!
Der Grund für alle Unan-
nehmlichkeiten. Wie schon
bei den vorangegangenen Partien angemerkt, sind die Züge
4.♕c2 oder 4.♘d2 besser.
4. ... ♗b4 5.♕c2 d5! 6.cd
♗f5
Schwarz ist es gelungen, beide
Läufer ins Spiel zu bringen.
7.♕a4+ ♘c6! 8.♕b3
Es drohte 8. ... ♘:c3. Deshalb
war anstelle von 7.♕a4+
gleich 7.♕b3 besser.
8. ... ♘d4 9.♕a4+ b5
10.♕d1 ♘:c3 11.♕:d4 c5!
Weiß gab auf.

371
Very–Chanteux
Paris 1933

1.d4 ♘f6 2.c4 e5 3.d5
Die beste Spielweise gegen
Gambits ist, sie anzunehmen.
Nach dem Textzug kann
Schwarz seinen Läufer be-
quem in eine starke Stellung
bringen.
3. ... ♗c5 4.♘c3
Ungünstig ist 4.♗g5, worauf
4. ... ♗:f2+ 5.♔:f2 ♘g4+
folgen kann.
4. ... a6 5.♗g5?
Auch hier ist dieser Zug ein
Fehler. Richtig war 5.e3 mit
Entwicklung des Königsflü-
gels.

5. ... ♗:f2+! 6.♔:f2 ♘g4+
7.♔e1 ♛:g5 8.♘f3 ♛e3
9.♛d2 ♛f2+ 10.♔d1 ♘e3+.
Weiß gab auf.

372
Arnold–Hanauer
Philadelphia 1936

**1.d4 ♘f6 2.c4 e5 3.d5 ♗c5
4.♗g5?**
Die Position erforderte 4.♘c3
oder 4.e3.

Die frühzeitige Fesselung ist
schon wegen 4. ... ♗:f2+
5.♔:f2 ♘g4+ (nach 5. ...
♘e4+ 6.♔e3! ♘:g5 7.h4 entstehen unnötige Verwicklungen) 6.♔e1 ♛:g5 fehlerhaft.
Wirkungsvoll und korrekt ist
auch die von Hanauer ge-
wählte Erwiderung.
4. ... ♘e4! 5.♗:d8
Verloren hätte ebenfalls
5.♗e3 ♗:e3 6.fe ♛h4+.
5. ... ♗:f2 matt.

Nimzowitsch-Indische Verteidigung

1.d4 ♘f6 2.c4 e6 3.♘c3 ♗b4

Die Idee dieser Eröffnung
stammt vom herausragenden
Großmeister Nimzowitsch
(1886–1935). Sie besteht in
einem kombinierten Figuren-
Bauern-Spiel gegen das Zentrum mit dem Ziel, e2–e4 zu
verhindern. Gewöhnlich versucht Weiß, am Königsflügel
anzugreifen, während Schwarz
im Zentrum und am Damen-
flügel Gegenmaßnahmen trifft.

373
Capablanca–Colle
Budapest 1929

**1.d4 ♘f6 2.c4 e6 3.♘c3 ♗b4
4.♛b3**
Eine durchaus mögliche ruhige Variante. Weiß erhält dabei keine besonderen Vorteile,
vermeidet aber die Verdopp-
lung des Bauern auf c3.
**4. ... ♗:c3+ 5.♛:c3 ♘e4
6.♛c2 d5 7.♘f3 0–0 8.e3
♘c6**
Aussichtsreicher ist 8. ... b6
und danach ♗b7, ♘d7 und
c7–c5.
9.♗e2 ♖e8 10.0–0 e5?
Schwarz hält an seiner Idee
fest und geht sofort unter. Die
Harmonie zwischen seinen Figuren war aber schon gestört,
wodurch die Wahl eines guten
Planes schwerfiel.

11.cd! Schwarz gab auf. Nach
11. ... ♛:d5 entscheidet
12.♗c4.

374
Dyner–Dreyer
Antwerpen 1934

**1.d4 ♘f6 2.c4 e6 3.♘c3 ♗b4
4.♛b3 c5 5.a3**
Die theoretische Hauptfortsetzung ist 5.dc ♘a6.
5. ... ♛a5 6.♗d2 ♘c6
Im Falle von 6. ... cd 7.♛:b4
♛:b4 8.ab dc 9.♗:c3 besitzt
Weiß das Läuferpaar und gute
Aussichten, seinen Raumvorteil zu vergrößern.
7.♛d1!
Der Turm ist gedeckt, und es
droht 8.ab. Aber warum soll
Schwarz nicht auf d4 schlagen?
7. ... ♘:d4?
Richtig kann nur 7. ... ♗:c3
sein.

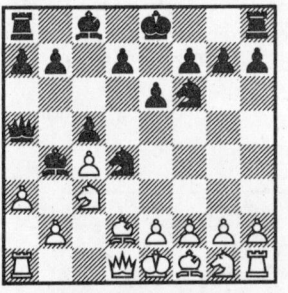

Die Rechnung von Schwarz ist
einfach: Nach 8.ab ♛:a1
9.♛:a1 ♘c2+ 10.♔d1 ♘:a1
entwischt der Springer über
b3. Doch was hat der Anziehende vor?

8.e3!
Weder der Springerrückzug
noch der Abtausch auf c3
(8. ... ♗:c3 9.♗:c3) kann die
Figuren retten. Schwarz gab
auf.

375
Hansen–Jensen
Fernpartie, Schweden 1945

**1.d4 e6 2.c4 ♘f6 3.♘c3 ♗b4
4.♛b3 c5 5.dc**
Ebenso möglich ist 5.♘f3.
**5. ... ♘c6 6.♘f3 ♗e4 7.♗d2
♘:d2 8.♘:d2 ♛a5**
Mit 9.♘de4 konnte Weiß jetzt
bequemes Spiel erlangen.
9.0–0–0? ♘d4. Weiß gab auf.

376
Botwinnik–Sorokin
Leningrad 1933

**1.c4 ♘f6 2.♘c3 e6 3.d4 ♗b4
4.♛c2 d5 5.cd ed 6.♗g5 ♛d6**
Eine unglückliche Idee. Die
Dame kommt zu früh ins
Spiel. Sicherer war 6. ... h6
und nach dem Rückzug des
Läufers die Aufstellung 0–0,
c6, ♘bd7.
7.e3 ♘e4 8.♗f4 ♛g6 9.♛b3
Die Falle 9.♗:c7? ♘:c3! war
recht durchsichtig. Jetzt müssen die schwarzen Figuren
sorgfältig zusammengehalten
werden.
9. ... c5 10.f3! ♘:c3?
Führt zu Figurenverlust. Aber
auch nach 10. ... ♘f6
11.♗:b8! ♖:b8 12.dc ♗:c5

13.♕b5+ ♘d7 14.♘:d5 ist
der geringe Entwicklungsvorsprung von Schwarz keine ausreichende Kompensation für
den verlorenen Bauern (14. ...
0–0 15.♕:c5!).
11.bc ♗a5

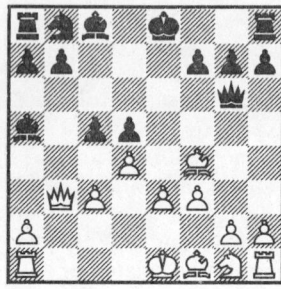

12.♗:b8!
Die Lage ist aussichtslos.
12. ... ♖:b8 13.♕b5+.
Schwarz gab auf.

377
Batik–Siegel
Fernpartie 1929

**1.d4 ♘f6 2.c4 e6 3.♘c3 ♗b4
4.♕c2 d5 5.e3 0–0 6.♘f3 b6
7.♗d3 c5 8.0–0 ♘c6**
Vorsichtiger war es, auf c3 abzutauschen.
9.♘e2! cd?
Weiß beabsichtigte eine At-
tacke gegen den Läufer b4.
Schwarz hätte diesen deshalb
mit 9. ... ♕e7 unterstützen
müssen.
10.cd! ♕:d5 11.e4
Wohin soll die Dame gehen?
Nach d7 ist schlecht wegen

12.♗b5 ♗b7 13.♘e5, und
falls 11. ... ♕d6, so schnappt
die Falle durch 12.a3 und
13.b4 zu. Bleibt noch eins ...
11. ... ♕c5 12.♕d1!
Schwarz gab auf. Mit einfachen Mitteln hat Weiß alle
Probleme gelöst. Es droht
13.a3. Auf 12. ... ♕e7 folgt
13.e5, und wieder sitzt der
Läufer in der Falle. Und nach
12. ... ♕a5 13.a3 ♗e7 14.b4
♕h5 15.♘f4 geht es der
Dame an den Kragen.

378
Quinteros–Garcia
Lanzarote 1974

**1.d4 ♘f6 2.c4 e6 3.♘c3 ♗b4
4.♕c2 c5 5.dc ♘a6**
Gut ist auch 5. ... 0–0.
**6.a3 ♗:c3+ 7.♕:c3 ♘:c5
8.b4**
Mehr verspricht ein Spiel im
Zentrum: 8.f3 a5 9.e4 d6
10.♗e3 nebst ♖d1.
8. ... ♘ce4 9.♕c2 d5! 10.c5
Ein entscheidender Fehler.
Etwa ausgeglichen war der
Kampf nach 10.e3.

10. ... ♘:f2! **11.**♔:f2 ♘e4+
12.♔e1 ♛f6. Weiß gab
auf.

379
Layne–Zwaig
Zonenturnier, Reykjavik 1975

1.d4 ♘f6 **2.c4 e6 3.**♘c3 ♝b4
4.♝g5 **c5 5.e3?**
Der Anziehende gerät in eine
Falle, die auch in der
Cambridge-Springs-Variante
des Damengambits vorkommt.
Er hat nicht berücksichtigt,
daß die Züge 4. ... h6 5.♝h4
nicht ausgeführt wurden und
darin ein wesentlicher Unterschied liegt. Richtig war 5.d5.
5. ... ♛a5 **6.** ♖c1?
Noch konnte sich Weiß mit
einem Bauern „freikaufen":
6.♝:f6 ♝:c3+ 7.♔e2 gf 8.bc.
Jetzt muß er teurer bezahlen.
6. ... ♘e4 **7.**♘f3 ♘:g5
8.♘:g5 **cd.** Weiß gab auf. In
einem Zuge sind beide Springer nicht zu retten.

380
Sämisch–Capablanca
Karlsbad 1929

1.d4 ♘f6 **2.c4 e6 3.**♘c3 ♝b4
4.a3 ♝:c3+ **5.bc d6 6.f3 e5**
7.e4 ♘c6 **8.**♝e3 **b6 9.**♝d3
♝a6??
Ein einmaliger Vorfall im Leben Capablancas. In der Eröffnung verliert er einen Springer. Nicht schlecht war 9. ...
0–0.

10.♛a4 ♝b7 **11.d5.**
Schwarz gab später auf.

381
Reschewski–Margolit
Haifa 1958

1.d4 ♘f6 **2.c4 e6 3.**♘c3 ♝b4
4.e3 c5 5.♘e2 **d5 6.**♝d2
Häufiger wird 6.a3 gespielt.
6. ... ♛a5 **7.a3** ♘c6! **8.ab?**
Vernünftiger ist 8.cd ed 9.dc.
8. ... ♘:b4
Auf 9.♘g3 folgt jetzt 9. ...
♛a1 10.♛:a1 ♘c2+. Wider-
stand konnte Weiß nur mit
9.♛a4+ ♛:a4 10. ♖:a4 ♘d3+
11.♔d1 ♘:f2+ 12.♔e1 (sonst
nimmt der Springer den Turm
und entweicht über f2) 12. ...
♘d3+! 13.♔d1 ♘:b2+
14.♔c2 ♘:a4 15.♘:a4 leisten,
aber er hat noch nicht begrif-
fen, warum er die Dame abtauschen soll.
9. ♖:a5? ♘d3 matt!

Damenindische Verteidigung

1.d4 ♘f6 2.c4 e6 3.♘f3 b6

Nach den Erfolgen von Schwarz mit der Nimzowitsch-Indischen Verteidigung fand auch die Damenindische Verteidigung weite Verbreitung. Weiß strebt hier nicht danach, schnell das Zentrum zu besetzen, sondern entwickelt zuerst seinen Königsflügel. Charakteristisch für die Damenindische Verteidigung ist die Fianchettierung des weißfeldrigen schwarzen Läufers. Der Kampf verläuft gewöhnlich in ruhigen positionellen Bahnen.

382
Kärner–Maß
Bjelzy 1971

1.d4 ♘f6 2.c4 e6 3.♘f3 b6 4.g3 ♗b7 5.♗g2 ♗e7 6.0–0 0–0 7.♘c3 d6 8.♕d3
Ein guter, aber harmloser Zug. Weiß bereitet e2–e4 vor. Gewöhnlich wird dazu 8.♖e1 gespielt und die Damenstellung noch nicht festgelegt. Nach dem Partiezug muß Schwarz 8. ... ♘bd7 9.e4 e5 ziehen. In diesem Falle kann sich die ungünstige Damenstellung auf d3 auswirken, weil der schwarze Springer nach dem Abtausch auf d4 ein Tempo für die Besetzung

des Feldes c5 oder e5 gewinnt.
8. ... ♘fd7? 9.♘g5!
Schwarz gab auf. Angegriffen sind h7 und b7.

383
O'Sullivan–Rossolimo
Hilversum 1947

1.d4 ♘f6 2.c4 e6 3.♘f3 b6 4.g3 ♗b7 5.♗g2 ♗e7 6.0–0 0–0 7.♘c3 ♘e4 8.♕c2 ♘:c3

Es scheint, daß dieselbe Konstruktion wie in der vorangegangenen Partie vorliegt. Auch hier zieht Weiß mutig den Springer.
9.♘g5?
Es droht Matt, und der Läufer b7 ist ungedeckt. Ist Schwarz verloren? Nein!
9. ... ♘:e2+! 10.♕:e2 ♗:g2.
Weiß gab auf. Nach 11.♔:g2 ♗:g5 hat er eine Figur weniger.

184

384
Nikolić – Anderssen
Hamburg 1979

1.c4 ♞f6 2.♞f3 e6 3.d4 b6
4.g3 ♝b7 5.♝g2 ♝e7 6.0–0
0–0 7.♞c3 ♞e4 8.♞:e4 ♝:e4
9.♞e1 ♝:g2 10.♞:g2
Alles verläuft in korrekten
theoretischen Bahnen.
10. ... f5 11.d5
Zum Ausgleich genügte jetzt
11. ... ♝f6.
11. ... e5? 12.d6!

Eine Figur, Läufer oder Turm,
geht verloren.

385
Alexandrin – Kuklow
Belgorod 1983

1.d4 ♞f6 2.c4 e6 3.♞f3 b6
4.g3 ♝b7 5.♝g2 ♝e7 6.0–0
c5 7.d5 ed 8.♞g5 0–0 9.♞c3
Die Ereignisse entwickeln sich
natürlich und logisch. Jetzt
mußte Schwarz 9. ... d6 ziehen und danach den Springer
b8 ins Spiel bringen. Zu seinem Pech hatte es der Springer zu eilig.

9. ... ♞c6? 10.cd.
Schwarz gab auf. Figurenverlust läßt sich nicht vermeiden,
weder nach 10. ... ♞a5 11.d6
noch bei 10. ... ♞:d5 11.♛:d5
♞a5 12.♛f5 g6 13.♛f4.

386
Vadasz – Dely
Zalaegerszeg 1969

1.d4 ♞f6 2.♞f3 e6 3.g3 b6
4.♝g2 ♝b7 5.0–0 ♝e7 6.c4
0–0 7.♞c3 ♞e4
Der Nachziehende muß den
Zug e2–e4 verhindern.
8.♛c2 ♞:c3 9.♛:c3 c5
Sicherer ist 9. ... d5.
10.♖d1 ♝f6 11.♛c2 cd?
Verliert die Partie. Notwendig
war 11. ... ♞c6.
12.♞g5! Schwarz gab auf.

387
Tarrasch – Bogoljubow
Göteborg 1920

1.d4 ♞f6 2.c4 e6 3.♞f3 b6
4.♝g5 ♝b7 5.e3 h6 6.♝h4
♝b4+ 7.♞bd2?
Richtig ist nur 7.♞c3. Es war
jedoch schwer vorauszusehen,
daß Weiß nun eine Figur ein-
büßt.
7. ... g5! 8.♝g3 g4
Falls jetzt 9.♞e5, so gewinnt
9. ... ♞e4.
9.a3 gf 10.ab fg 11.♝:g2
♝:g2. Weiß hat eine Figur
verloren.

1.d4 ♘f6 2.♘f3 e6 3.c4 ♗b4+ 4.♗d2 ♗:d2+ 5.♕:d2 b6 6.g3 ♗b7 7.♗g2 0–0 8.♘c3 ♘e4 9.♕c2
Hier war wohl 9. ... d5 am besten. Schwarz entschloß sich jedoch, zuerst die Springer abzutauschen.
9. ... ♘:c3

Der tschechoslowakische Meister nahm an, daß Weiß nur 10.♕:c3 oder 10.bc ziehen kann. Dieser fand jedoch etwas Stärkeres.
10.♘g5!
Schwarz gab auf. Seine Lage ist hoffnungslos, z. B. 10. ... ♘e4 11.♗:e4 ♗:e4 12.♕:e4 ♕:g5 13.♕:a8 ♘c6 14.♕b7 ♘:d4 15.♖d1 ♕e5 16.e3 ♘c2+ 17.♔f1, und für die Qualität hat er keinerlei Kompensation.

1.c4 b6 2.♘f3 ♗b7 3.d4 e6 4.g3 ♗:f3!? 5.ef d5 6.♘c3 dc
Dieser Zug hatte noch Zeit. Einfacher ist 6. ... ♘f6.
7.♗:c4 c6
Die richtige Strategie – nach dem Abtausch des weißfeldrigen Läufers stellt der Nachziehende seine Bauern auf die weißen Felder.
8.d5!?
Eine unerwartete, aber völlig harmlose Aktion.
8. ... ed
Das war unnötig. Ein altes Rezept lautet: Unter sonst gleichen Umständen muß man mit dem Bauern zum Zentrum schlagen. Hier gab 8. ... cd 9.♘:d5 ♘d7 dem Nachziehenden gute Aussichten, die Initiative zu übernehmen.
9.♘:d5! ♘e7 10.♘f6+ gf 11.♗:f7+ ♔:f7 12.♕:d8 ♘d5.

Die Spieler einigten sich auf Remis, da auf 13.0–0 (es

drohte 13. ... ♗b4+) die Zug-
wiederholung 13. ... ♗g7
14.♛d6 ♗f8 folgt.

390
Uhlmann–Andersen
Olympiade, Tel Aviv 1964

**1.d4 ♘f6 2.c4 e6 3.♘f3 b6
4.♘c3 ♗b4 5.♛c2 ♗b7
6.♗g5 h6 7.♗h4 d6??**
Ein häufiger und lehrreicher
Fehler. Seinen eigenen Gedanken nachhängend, vergißt
Schwarz, daß der Läufer b4
nicht gedeckt ist. Richtig war
7. ... 0–0 oder 7. ... c5.
8.♛a4+ ♘c6 9.d5.
Die Figur ist verloren.
Schwarz gab auf.

391
Aljechin–N. N.
Simultanpartie 1933

1.d4 ♘f6 2.c4 e6 3.♘c3 b6?
Ein typischer Fehltritt. In die
Damenindische Verteidigung
kann Schwarz nach 3.♘f3
übergehen, aber bei 3.♘c3
muß er zwischen 3. ... ♗b4
und 3. ... d5 wählen. Jetzt
baut der Anziehende ein starkes Bauernzentrum auf.
4.e4 ♗b4
Sicherer ist 4. ... ♗b7, um
nach 5.e5 über die Antwort
5. ... ♘e4 zu verfügen.
5.e5 ♘e4 6.♛g4! ♘:c3 7.bc
Für eine Simultanpartie ein
gefährlicher Angriff, sehr gut
war auch 7.a3.

7. ... ♗:c3+ 8.♔d1 ♔f8
Hartnäckiger war 8. ... 0–0.
Im Falle von 8. ... ♗:a1
konnte die Partie so enden:
9.♛:g7 ♖f8 10.♗g5 f6
11.♗:f6 (nicht gut ist 11.ef?
wegen 11. ... ♗:d4!) mit ent-
scheidendem weißem Übergewicht.
9.♗a3+ ♔g8?
Der letzte Fehler. Notwendig
war 9. ... c5 10.dc ♘c6.
10.♖b1 ♘c6 11.♖b3 ♗:d4

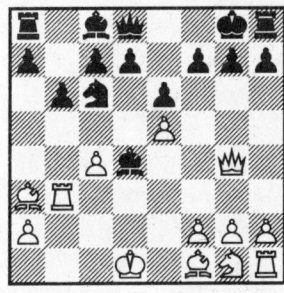

12.♛:g7+! ♔:g7 13.♖g3+.
Schwarz gab auf. Nach 13. ...
♔h6 14.♗c1+ muß er 14. ...
♛g5 ziehen (14. ... ♔h5
15.♗e2+ ♔h4 16.♖h3 matt),
und nun gewinnt Weiß mit
15.♗:g5+ ♔g7 16.♗f6+
einen Turm.

392
Poljak–Kan
Moskau 1928

**1.d4 ♘f6 2.c4 e6 3.♘f3 ♘e4
4.♘fd2**
Ein ungewöhnlicher, aber
durchaus möglicher Plan.
4. ... ♗b4

187

Ein natürlicher Entwicklungszug, mit dem Schwarz gleichzeitig eine versteckte Falle
stellt.
5.a3?
Unheilvoller Automatismus.
Richtig ist 5.♕c2!

5. ... ♕f6! Weiß gab auf. Der
Punkt f2 ist nicht mehr zu halten. Auf 6.f3 folgt 6. ...
♕h4+ 7.g3 ♘:g3.

Grünfeld-Indische
Verteidigung

1.d4 ♘f6 2.c4 g6 3.♘c3 d5

Sie wurde von dem österreichischen Großmeister Grünfeld (1893–1962) in die inter-
nationale Praxis eingeführt.
Schwarz gestattet dem Gegner,
ein starkes Bauernzentrum zu
bilden, um es danach mit Figuren und Bauern anzugreifen.

393
Gurewitsch–Woloschin
Swenigorod 1976

**1.d4 ♘f6 2.c4 g6 3.♘c3 d5
4.♘f3**
Heute wird häufiger 4.cd
♘:d5 5.e4 gespielt.
4. ... ♗g7 5.♗g5 dc 6.e3
Dynamischer und nachhaltiger
ist 6.e4.
**6. ... ♗e6 7.♘e5 ♘d5
8.♗:c4?**
Weiß hat sich eine schöne Variante mit herrlichem Finale
ausgedacht und vergißt dabei
völlig die Sicherheit seines
eigenen Königs. Richtig war
8.♘:c4.
**8. ... ♘:c3 9.bc ♗:c4 10.♘:c4
♕d5 11.♕f3 ♕:c4 12.♕:b7**
Nach den weißen Plänen
sollte das Spiel jetzt mit 12. ...
♕:c3+ 13.♔f1 ♕c4+ 14.♔g1
♕c6 15.♕c8 matt zu Ende gehen.
12. ... 0–0!
Weiß gab auf. Was ihm vor-
schwebte, war nur eine Fata
Morgana. Auf 13.♕:a8 folgt
13. ... ♘c6 14.♕b7 ♖b8
15.♕:c7 ♖b2, und den wei-
ßen König ereilt die Höchst-
strafe.

394
Gligorić–Langeweg
IBM-Turnier, 1971

**1.d4 ♘f6 2.c4 g6 3.♘c3 d5
4.♗g5 ♘e4 5.♗h4 c5 6.e3
♕a5 7.♕b3 ♘c6 8.♘f3 cd
9.ed ♗g7?**

Schwarz wählt eine scharfe Fortsetzung, hat sich aber dabei verrechnet. Nicht schlecht war 9. … dc 10.♗:c4 ♘d6. **10.cd ♘:c3 11.bc ♗:d4** Vielleicht hat der Nachziehende erst hier bemerkt, daß er die Partie im Falle von 11. … ♘:d4 12.♘:d4 ♗:d4 durch 13.♕b5+ verliert.

6. … ♘:g5 7.♘:g5 e6 Hier konnte Weiß schon aufgeben, aber in seiner Verzweiflung machte er noch einige Züge. **8.♘f3 ed 9.e3 0–0 10.b4 dc.** Weiß gab auf.

12.♖c1. Schwarz gab auf. Manchmal genügt zum Sieg ein ganz einfacher Zug.

395
Lischka–Charju
Fernpartie 1981

1.d4 ♘f6 2.c4 g6 3.♘c3 d5 4.♘f3 ♗g7 5.♗g5 ♘e4 6.♘:d5?
Notwendig war der Läuferrückzug oder 6.cd.

396
Michaltschischin–Romanischin
Frunse 1981

Als in der sechsten Runde der 49. Meisterschaft der UdSSR der Großmeister Michaltschischin seinen 12. Zug ausführte, ging ein Raunen durch den Saal.
1.d4 ♘f6 2.c4 g6 3.♘f3 ♗g7 4.♘c3 d5 5.cd ♘:d5 6.e4 ♘:c3 7.bc c5 8.♗e3 ♕a5 9.♕d2 ♘c6 10.♖b1 cd 11.cd 0–0 12.d5??
Auch Großmeister sind Menschen. Einen kleinen Eröffnungsvorteil sicherte 12.♕:a5 ♘:a5 13.♗e2.
12. … ♗c3. Weiß gab auf.

Grünfeld–Nagy
Debrecen 1924

1.d4 ♘f6 2.c4 g6 3.g3 d5
Gewöhnlich zieht man 3. ...
♗g7, um erst nach 4.♗g2 mit
4. ... d5 zu antworten.
4.cd ♕:d5?
Die Grundidee der Eröffnung
besteht in einem Figurenspiel
gegen das weiße Bauernzentrum. Dem entsprach 4. ...
♘:d5 5.e4 ♘b6.
**5.♘f3 ♗g7 6.♗g2 0–0 7.♘c3
♕h5?**
Ein gefährlicher Platz für die
Dame. Sicherer stand sie auf
dem anderen Flügel: 7. ...
♕a5 8.0–0 ♖d8 9.♕b3 ♘c6,
obwohl auch dann die weißen
Aussichten nach 10.♖d1 vorzuziehen sind.
8.h3
Stellt die Drohung 9.♘e5 auf.
Hier war die letzte Möglichkeit, die Dame nach a5 zu
führen.
8. ... ♘c6?

**9.♘g5! ♖d8 10.♗f3 ♖:d4
11.♕b3!** Schwarz gab auf.

Königsindische Verteidigung

1.d4 ♘f6 2.c4 g6 3.♘c3 ♗g7

In der Königsindischen Verteidigung überläßt Schwarz dem
Anziehenden freiwillig das
Zentrum, um danach ein
Druckspiel mit Figuren und
Bauern zu organisieren. Im
Unterschied zu vielen anderen
Eröffnungssystemen strebt
Schwarz in der Königsindischen Verteidigung weniger
den Ausgleich als die Initiative in der Spielführung an.

398

Wladimirow–Tschechow
Sotschi 1975

**1.d4 ♘f6 2.c4 g6 3.♘c3 ♗g7
4.e4 d6 5.♗e2 0–0 6.♘f3 e5
7.d5 ♘bd7 8.0–0 ♘c5 9.♕c2
a5 10.♘e1**
Die klassische Variante der
Königsindischen Verteidigung,
die in jedem Eröffnungslehrbuch zu finden ist.
10. ... b6 11.♖b1?
Weiß möchte seine Damenflügelbauern in Bewegung setzen
und den Springer c5 von seinem guten Platz vertreiben.
Dieser Plan mußte jedoch mit
11.a3 oder 11.b3 eingeleitet
werden.

11. ... ♘c:e4!
Ein völlig unerwarteter Schlag.
Nach 12.♘:e4 ♘:e4 13.♕:e4
spricht der Läufer das letzte
Wort – 13. ... ♗f5. Weiß gab
deshalb auf.

399
Norman–Vidmar
Hastings 1925

**1.d4 ♘f6 2.c4 g6 3.♘f3 ♗g7
4.♘c3 0–0 5.e4 d6 6.♗d3**
Dieser Zug ist noch kein Fehler, er wird aber Weiß bald in
seinem Handlungsspielraum
einschränken. Gebräuchlicher
sind die Fortsetzungen 6.♗e2
oder 6.♗e3.
**6. ... ♗g4! 7.h3 ♗:f3 8.♕:f3
♘c6 9.♗e3 ♘d7! 10.♘e2?**
Weiß möchte nicht 11.d5 ziehen, da die schwarzen Springer dadurch bequeme Stand-
orte auf c5 und e5 erhalten.
Das war aber die einzige Möglichkeit, das Problem des Zentrumsbauern zu lösen.
**10. ... ♘ce5! 11.de ♘:e5
12.♕g3 ♘:d3+.** Weiß gab
auf.

400
Lichatschow–Jelagin
Barnaul 1977

**1.d4 ♘f6 2.c4 g6 3.♘c3 d6
4.e4 ♗g7 5.♘ge2 e5 6.d5
♘d4 7.g3??**
Der Anziehende ist von der
Idee befangen, die Entwicklung zu beenden. Zuerst
mußte er jedoch die Springer
tauschen.
7. ... ♘f3 matt. Eine Tragödie!

401
Eingorn–Kupreitschik
Schnellturnier, Moskau 1987

**1.d4 ♘f6 2.♘f3 g6 3.c4 ♗g7
4.♘c3 0–0 5.e4 c5 6.♗e2 cd
7.♘:d4 ♘c6 8.♗e3 d6 9.0–0**

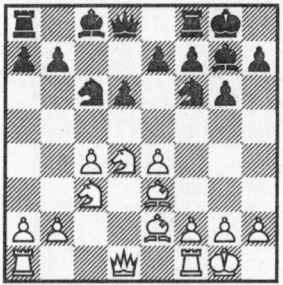

Auf Umwegen ergab sich das
Maróczy-System der Sizilianischen Verteidigung. Schwarz
mußte jetzt 9. ... ♗d7 nebst
10. ... ♖c8 mit Druck auf den
Bauern c4 ziehen. Zu seinem
Unglück erinnert er sich an
ein typisches Verfahren, das
häufig nach 1.e4 c5 2.♘f3

♘c6 3.d4 cd 4.♘:d4 g6 5.c4 ♗g7 6.♗e3 ♘f6 7.♘c3 angewendet wird: 7. ... ♘g4 8.♕:g4 ♘:d4 mit beiderseitigen Möglichkeiten.
9. ... ♘g4? 10.♗:g4 ♗:g4
Nicht mehr geholfen hätte auch 10. ... ♘:d4 wegen 11.♗:c8.
11.♘:c6! Der entscheidende Unterschied. Jetzt gewinnt Weiß eine Figur sowohl bei 11. ... ♗:d1 12.♘:d8 als auch nach 11. ... ♕d7 12.♘:e7+ ♔h8 13.f3. Schwarz gab deshalb auf.

402
Spitker–Ilis
Belgrad 1953

1.d4 ♘f6 2.c4 g6 3.♘c3 ♗g7 4.e4 0–0 5.e5 ♘e8 6.f4 d6 7.♘f3 ♘d7
Diese Variante gilt als bequem für Schwarz. Er kann leicht das bedrohlich aussehende Bauernzentrum des Gegners zerschlagen und eine gute Stellung erreichen.
8.♗e2 de 9.fe c5 10.dc ♕c7?
In einer scharfen Stellung ist unbedingte Exaktheit erforderlich. Richtig war 10. ... ♕a5, wonach der Springer c3 vorerst nicht ziehen kann.
11.♘d5 ♕:c5 12.b4!
Schwarz gab auf.

Königsindisch im Anzuge

1.♘f3 d5 2.g3

Diese Eröffnung stellt den Versuch des Anziehenden dar, mit einem Mehrtempo die aktive Königsindische Verteidigung zu spielen.

403
Stawizki–Ponomarjow
Swerdlowsk 1982

1.♘f3 d5 2.g3 ♘c6 3.♗g2
Gut ist 3.d4, und das Spiel geht in die für Weiß bequeme Tschigorin-Variante des Damengambits über.
3. ... e5 4.d3 ♗g4 5.♘bd2 ♘f6 6.b3?
Der Anziehende hat ganz und gar das Zentrum vergessen. Um gute Figurenstützpunkte zu erhalten, mußte 6.e4 geschehen.
6. ... e4 7.♘g1
Die ersten Auswirkungen des ungenauen Spiels.
7. ... ♗c5 8.f3
Das kleinere Übel bestand in 8.♗b2 e3 9.fe ♗:e3 10.♘f1.
8. ... ♕e7! 9.fe ♕e5!
Es droht 10. ... ♕d4.
10.b4 ♗:g1 11.♘b3 ♗:h2 12.♗f4 ♗:g3+.
Weiß gab auf.

Benoni-Verteidigung

1.d4 c5 2.d5

Charakteristisch für diese Eröffnung ist ein komplizierter Kampf bei geschlossenem Zentrum mit dem weißen Bauern auf d5. Man unterscheidet zwischen der klassischen Variante mit 2. ... e5 3.e4 d6, dem Modernen Benoni 1.d4 ♞f6 2.c4 c5 3.d5 e6 4.♞c3 ed 5.cd und dem Wolga-Gambit 1.d4 ♞f6 2.c4 c5 3.d5 b5.

404
Schereschewski–Gussew
Lwow 1977

1.d4 ♞f6 2.♞f3 c5 3.d5 e6 4.♞c3

Häufiger wird 4.c4 gespielt, um den Bauernkeil im Zentrum zu festigen.

4. ... ed?

Befreit den Anziehenden von vielen Problemen. Für diesen Abtausch war es noch zu früh, besser ist 4. ... d6.

5.♞:d5 ♞:d5 6.♛:d5 ♝e7 7.♝g5! 0–0 8.0–0–0

Die Ergebnisse des übereilten Abtauschs 4. ... ed sind deutlich erkennbar: Weiß hat ohne Anstrengungen ein großes positionelles Übergewicht erlangt.

8. ... ♞c6

Das Unglück von Schwarz besteht darin, daß er den Bauern d7 nicht ziehen kann. Eine gewisse Hoffnung darauf gab der

Zug 8. ... ♞a6, z. B. 9.a3 ♞c7 10.♝:e7 ♛:e7 11.♛d6 ♛:d6 12.♖:d6 ♖d8! 13.e4 ♞e8 14.♖d2 d6. Die schwarze Position ist schlechter, aber der eigentliche Kampf steht noch bevor.

9.a3

Beugt der Drohung 9. ... ♞b4 vor.

9. ... b5 10.e3 ♖b8?

Jetzt ist schon keine Zeit mehr für Bauern. Erwünschte Verwicklungen wären nach 10. ... c4 11.♛:b5 c3! entstanden.

11.♝d3 c4

Läßt eine Standardkombination zu, die in diesem Falle auf interessante Weise versteckt ist. Der Nachziehende steht aber ohnehin schlechter.

12.♝:h7+!

Schwarz gab auf. Nach 12. ... ♚:h7 13.♝:e7 ♞:e7 14.♛h5+ ♚g8 15.♞g5 ♖e8 16.♛:f7+ ♚h8 17.♖d4 sind die Drohungen nicht mehr abzuwehren, z. B. 17. ... ♖b6 18.♖h4+ ♖h6 19.♖:h6+ gh 20.♛h7 matt.

405
Banhaci–Videk
Budapest 1982

1.d4 ♘f6 2.c4 c5 3.d5 b5 4.cb a6 5.e3 e6 6.♘c3 ♗b7?
In solchen scharfen Eröffnungssystemen muß jede Feinheit beachtet werden. Richtig war 6. … ed 7.♘:d5 und erst danach 7. … ♗b7, wodurch Weiß zum Abtauschen gezwungen wird.
7.e4 ♕a5 8.♗d2 ♕b4?
Die Dame beginnt ein gefährliches Duell mit dem Läufer. Vorsichtiger war 8. … ab
9.♘:b5 ♕b6.
9.♕c2 ♗e7 10.e5! ♘g4 11.♘e4 ♕d4 12.♘f3!
Schwarz gab auf.

Die Dame ist verloren. Auf 12. … ♕:d5 erwartet sie 13.♘c3.

406
Spassow–Adorjan
Sotschi 1977

1.d4 ♘f6 2.c4 c5 3.d5 d6 4.♘f3 g6 5.g3 ♗g7 6.♗g2 b5 7.cb a6 8.ba ♕a5+

Die üblichen Motive des Wolga-Gambits. Bis jetzt zeugt nichts vom baldigen Ende der Partie.
9.♘c3?
Notwendig war die Umgruppierung 9.♗d2 ♕:a6 10.♗c3.
9. … ♘e4 10.♕c2 ♘:c3 11.♗d2
Darauf hatte Weiß gehofft. Die Figur scheint er zurückzugewinnen.

11. … ♕a4! Weiß gab auf.
Auf 12.b3 folgt 12. … ♕e4.

407
Combe–Hasenfuß
Olympiade, Folkestone 1933

1.d4 c5 2.c4
Dem Geist der Eröffnung entsprach 2.d5.
2. … cd 3.♘f3 e5
Weiß sollte jetzt im Gambitstil fortfahren und 4.e3 ziehen. Für den Bauern hätte er eine bestimmte Kompensation durch die besser entwickelten Figuren und den Druck auf den zentralen Linien erhalten.

4. ♘:e5?? ♛a5+. Weiß gab
auf. Das ist die kürzeste resul-
tative Partie, die je auf einer
Olympiade gespielt wurde.

408
Charosh–Jaffe
New York 1936

1.d4 c5 2.d5 ♘a6?
In den indischen Systemen
wird der Springer tatsächlich
manchmal über a6 nach c7 gebracht, um b7–b5 vorzubereiten. Allerdings geschieht das
nicht in den allerersten Zügen,
sondern nach der Erfüllung
wichtigerer Aufgaben wie der
Entwicklung der Figuren des
Königsflügels und der Ro-
chade.
3.♘f3 d6 4.e4 ♗g4?
Jetzt war 4. ... ♘f6 schon unbedingt notwendig. Mit dem
verfrühten 2. ... ♘a6? hat der
Nachziehende die Diagonale
a4–e8 geschwächt, insbesondere die Deckung des Punktes
d7. Die Entwicklung des Da-
menläufers vergrößert diesen
Mangel noch.
5.♘e5!
Die beste Antwort von
Schwarz war nun 5. ... ♗d7,
um nach 6.♘:d7 ♛:d7 nur mit
positionellen Verlusten davonzukommen. Im Falle von 5. ...
de 6.♛:g4 ♘c7 7.♛g3 ♛d6
8.f4 oder 5. ... ♗:d1 6.♗b5+
♛d7 7.♗:d7+ ♔d8 8.♘:f7+
♔:d7 9.♔:d1 wären dagegen
die Einbußen wesentlich hö-
her.

**5. ... ♛a5+ 6.♗d2 de 7.♗:a5
♗:d1 8.♗b5 matt!**

Holländische Verteidi-
gung

1.d4 f5

Erstmals wurde diese Eröffnung in der Schrift des holländischen Meisters Stein (1789)
untersucht.
Schon mit dem ersten Zug
schafft Schwarz die Voraus-
setzungen zu einem aktiven Spiel
am Königsflügel. Als Antwort
darauf strebt Weiß nach aktivem Spiel im Zentrum und am
Damenflügel. Da Weiß auf
1. ... f5 auch das für den
Nachziehenden recht unangenehme Staunton-Gambit 2.e4
wählen kann, wird die Holländische Verteidigung oft durch
die Zugumstellung 1.d4 e6
2.c4 f5 erreicht.

409
Blaszczak–Swiecicki
Wroclaw 1959

**1.♘f3 f5 2.e4 fe 3.♘g5 ♘f6
4.d3 ed?**
Zum Schlagen des Damenbauern hat Schwarz keine Zeit.
Seine Hauptaufgabe ist, Figuren zu entwickeln und die Position zu befestigen. Eine gute
Fortsetzung war 4. ... ♘c6
5.de e6.
5.♗:d3

Es droht 6.♗:h7. Schwarz muß sich nun noch mehr öffnen.

5. ... g6 5.h4! d5 7.h5 gh 8.♗:h7 ♗g4

Es ist klar, daß 8. ... ♘:h7 9.♕:h5+ ♔d7 10.♘:h7 dem Nachziehenden keine Freude macht.

9.♗g6+ ♔d7 10.f3 ♖g8?

Ein Versehen, aber auch nach 10. ... ♗e6 11.♕e2 ♗g8 12.♗f7! steht Schwarz aussichtslos.

11.♘f7! ♕c8 12.fg.

Schwarz gab auf. Auf das geplante 12. ... ♖:g6 folgt 13.♘e5+.

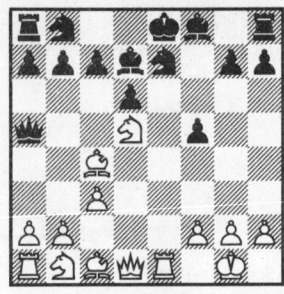

Es droht 12.b4 und 12.♕e2. Keine Abhilfe verspricht z. B. 11. ... c5 wegen der möglichen Antworten 12.♘:e7 ♗:e7 13.♕:d6 oder 12.b4 cb 13.cb ♕d8 14.♕h5+ g6 15.♘f6 matt. Schwarz gab daher auf.

410
Sherlukow–Aweritschew
Moskau 1979

1.d4 f5 2.e4 e6

Das Staunton-Gambit sollte besser angenommen werden, da jetzt nicht nur der Bauer f5 schwach wird, sondern auch der ganze Felderkomplex um ihn herum.

3.ef ef 4.♗d3 d6 5.♘e2 ♕f6?

Dringend geboten war, mit ♘f6, ♗e7 und 0–0 den König aus dem Zentrum zu evakuieren.

6.0–0 ♘e7 7.♖e1 ♗d7 8.♘f4

Hier war die einzige Möglichkeit, sich zu verteidigen, der Zug 8. ... c6.

8. ... ♕:d4? 9.c3 ♕b6 10.♘d5 ♕a5 11.♗c4!

411
Teed–Delmar
New York 1896

1.d4 f5 2.♗g5

Schüchtert den Gegner wegen der Möglichkeit 2. ... ♘f6 3.♗:f6 ein.

2. ... h6 3.♗h4 g5 4.♗g3 f4?

Zu lebhaft. Richtig ist 4. ... ♘f6.

5.e3! h5 6.♗d3 ♖h6
7.♕:h5+ ♖:h5 8.♗g6 matt.

412
Klotschkow–Serkin
Saporoshje 1955

1.c4 f5 2.♘c3 ♘f6 3.e4!? fe
4.d3!
Die Idee des Staunton-Gam-
bits. Dieses Opfer sollte
Schwarz natürlich nicht annehmen. Nach dem ruhigen 4. ...
e5 kann er sich gut entwickeln
und in der Folge das schwache
Feld d4 mit dem Springer besetzen.
4. ... ed? 5.♗:d3 d6
Mit 5. ... e6 mußten die weißen Felder abgesichert werden, z. B. 6.♗g5 ♗e7, und
der Angriff 7.♗:f6 ♗:f6
8.♕h5+ g6 9.♗:g6+ hg
10.♕:g6+ ♔f8 kann sich als
verfrüht erweisen.
6.♗g5 ♗g4 7.♕c2 ♘bd7
Kein großer Fehler mehr, da
die schwarze Position schon
sehr schlecht ist.
8.♗g6+. Schwarz gab
auf.

413
Robatsch–Jansa
Sotschi 1974

1.c4 f5 2.♘f3 ♘f6 3.g3 g6
4.b3 ♗g7 5.♗b2 0–0 6.♗g2
d6 7.d4 c6 8.0–0 ♔h8?
Ein erprobter und sicherer
Plan ist 8. ... ♕c7 nebst
e7–e5, aber Schwarz hat sich
zu seinem Leidwesen eine –

wie ihm scheint – schlaue
Falle ausgedacht.
9.d5 ♕a5
Die Netze sind ausgeworfen.
Nach dem schwarzen Plan
folgt jetzt auf 10.♘c3 die Antwort 10. ... ♘:d5. Weder
11.cd ♗:c3 noch 11.♘:d5
♗:b2 (der König ist gerade
deshalb nach h8 gegangen, um
die Möglichkeit 12.♘:e7+
♔h8 13.♘:c8 auszuschalten)
rettet Weiß vor materiellen
Verlusten.
10.♘c3! ♘:d5 11.cd! ♗:c3
12.♕d2!!

Eine Bilderbuchstellung. Lei-
der hatte der Nachziehende
noch keine Lust aufzugeben.
Dies tat er erst nach 12. ...
♕:d5 13.♕:c3+ e5 14.♘:e5
(auf 14. ... ♕:e5 entscheidet
das ruhige 15.♕d2).

414
Bangijew–Malanjuk
Simferopol 1984

1.♘f3 f5 2.g3 d6 3.♗g2 g6
4.0–0 ♘f6 5.c4 ♗g7 6.♘c3
0–0 7.b4 a5

197

Die Stellung von Weiß ist nicht schlecht. Aber jetzt mußte er 8.ba ziehen, um nach 8. ... ♖:a5 9.♖b1 Druckspiel gegen den Bauern b7 zu erhalten. Anstelle dessen vergibt er die Partie in zwei Zügen.
8.♗a3? ab 9.♗:b4 c5.
Weiß gab auf.

415
Pfeiffer—Batlouni
Olympiade, Leipzig 1960

1.d4 d5 2.c4 c6 3.♘c3 e6 4.e3 f5
Ein durchaus möglicher Übergang zur Holländischen Verteidigung.
5.♘f3 ♗d6 6.♘e5
Das ist keine Falle. Weiß möchte lediglich diesen Springer mit f2—f4 auf e5 befestigen.
6. ... ♘d7??
In solchen Fällen muß ein Schachspieler fast automatisch zu 6. ... ♘f6 greifen.
7.♕h5+
Es ist klar, daß den Nachziehenden nach 7. ... g6 8.♘:g6 ♘gf6 9.♕h4 ein langsamer, aber sicherer Untergang erwartet.
7. ... ♔f8 8.♕f7 matt.

Damenbauernspiel

1.d4 d5

Zu dieser Eröffnung gehören verschiedene Entwicklungssysteme, die mit dem Vorrücken der beiden Damenbauern beginnen, ohne daß es darauf durch den bald folgenden Zug c2—c4 zum Damengambit kommt. Schwarz gelingt es gewöhnlich ohne größere Schwierigkeiten, das Spiel auszugleichen.

416
Najdorf—Donner
Amsterdam 1950

1.d4 d5 2.♘f3 ♘f6 3.e3 e6 4.♗d3 ♘bd7
Dieser Zug ist kein Fehler, er legt jedoch den Grundstein für die spätere Falle des Gegners.
5.b3 ♗b4+ 6.c3 ♗d6
Eine dem Anschein nach völlig harmlose Stellung. Wer denkt, daß die Partie in fünf Zügen beendet sein wird!
7.c4 e5
Dem weißen Vorgehen konnte Schwarz am besten mit den Zügen 7. ... c5 oder 7. ... c6 begegnen.
8.c5 ♗:c5 9.dc e4
Gewinnt die Figur anscheinend zurück. Jedoch wird Schwarz sogleich das Opfer einer raffinierten Falle.

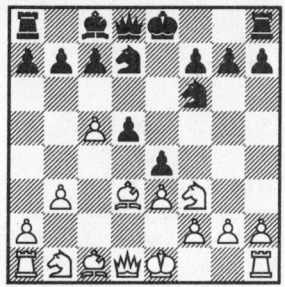

10.c6! bc?
Erforderlich war 10. ... ♘b8.
11.♘d4!
Schwarz gab auf. Wegen der
Drohung 12.♘:c6 kann er den
Läufer nicht nehmen.

417
Pollard–Browne
England 1902

1.d4 d5 2.♘f3 ♘f6 3.c3
Mit so einem bescheidenen
Verhalten kann man im
Schach nicht die Initiative
übernehmen.
3. ... ♗f5 4.♗f4 e6 5.e3 c5?
Durch das ruhige gegnerische
Spiel darf sich Schwarz nicht
zu unbedachten Handlungen
verleiten lassen. Recht gut war
5. ... ♗e7.
6.♗:b8! ♕:b8 7.♕a4+ ♘d7
Auf das Rochaderecht will
Schwarz nicht verzichten.
8.♘e5 ♕c7 9.♘:d7.
Schwarz gab auf. Nach 9. ...
♕:d7 10.♗b5 ist weiterer Widerstand zwecklos.

418
Helbig–Schröder
Hamburg 1933

1.d4 d5 2.♘f3 ♘f6 3.♘bd2
Es ist klar, daß Weiß die Eröffnungsinitiative so nicht behalten kann.
3. ... e6 4.a3
Es war an der Zeit, an die
Entwicklung zu denken, etwa
mit 4.e3.
4. ... c5 5.dc ♗:c5 6.b4?
Hier war 6.e3 schon unbedingt
erforderlich.

6. ... ♗:f2+! 7.♔:f2 ♘g4+
8.♔g3
Einen Weg zurück gibt es
nicht. Gleichermaßen schlecht
ist 8.♔e1 ♘e3 und 8.♔g1
♕b6+ .
8. ... h5!
Mit der Drohung 9. ... h4+
10.♔:g4 e5 matt.
9.♘h4 ♕c7+ 10.♔f3 ♕c3+
11.♔f4 ♕e3 matt.

419
Schuhmacher–Sugimoto
Olympiade, Malta 1980

1.d4 ♘f6 2.♘f3 e6 3.♗g5 d5 4.e3 ♗e7 5.♗d3 ♘bd7 6.♘bd2 b6 7.c3 ♗b7 8.♕a4
Ein recht ungefährlicher Überfall, was Schwarz am einfachsten mit 8. ... a6 beweisen konnte.
8. ... c6 9.0–0 0–0 10.♘e5 ♘:e5?
Führt zu materiellen Einbußen. Wenn dem Nachziehenden das kategorische 10. ... b5 nicht gefiel, so konnte er mittels 10. ... ♕c7 den Bauern decken.
11.de ♘d7
Schwarz hat die Falle immer noch nicht bemerkt. Doch nach 11. ... ♘e4 müßte er mit einem Bauern weniger kämpfen.

12.♕h4! Ein sehr eleganter Doppelangriff. Schwarz gab auf.

420
Jaya–Diop
Frauen-Olympiade, Luzern 1982

1.d4 d5 2.♘f3 ♘c6 3.e3
Energischer ist 3.c4.
3. ... ♗g4 4.♗b5 ♕d6
Der Grund der schnellen Niederlage, da die Dame zu früh im Spiel gebracht wird. Richtig war 4. ... e6 nebst ♗d6 und ♘e7.
5.0–0 ♘f6 6.c4 e6
Größere Aussichten auf eine erfolgreiche Verteidigung versprach 6. ... dc.
7.c5 ♕d7 8.♘bd2 a6 9.♕a4! 0–0–0 10.♘e5! Schwarz gab auf.

421
Romanischin–Kupreitschik
48. Meisterschaft der UdSSR,
Vilnius 1981

1.♘f3 d5 2.g3 ♘c6 3.d4
Durch Zugumstellung ist das Damenbauernspiel entstanden.
3. ... ♗f5 4.♗g2 ♘b4?
Nach diesem Zeitverlust bekommt Schwarz Probleme, seine Figuren zu entwickeln.
5.♘a3 ♘f6 6.c3 ♘c6 7.♕b3 b6 8.♗f4 ♘a5 9.♕d1 e6?
Die schwarze Stellung ist kritisch. Gerade noch zu halten war sie nur mit 9. ... c6.
10.♕a4+!
Jetzt verliert Schwarz sowohl nach 10. ... c6 11.b4 als auch bei 10. ... ♘d7 11.♘b5 einen Bauern. Er wählt eine dritte

Verteidigung, die aber noch weniger befriedigend ist.
10. ... ♛d7 11.♘b5!
Schwarz gab auf. Er hat keine Rettung mehr, z. B. 11. ... ♗d6 12.♗:d6 cd 13.♘:d6+ ♔e7 14.♛:d7+ ♘:d7 15.♘:f5+ ef 16.♘h4, und es geht ein weiterer Bauer verloren, da 16. ... ♔e6 mit 17.♘:f5! ♔:f5 18.♗h3+ beantwortet werden kann.

10.♖:a7! ♖:a7 11.c7.
Schwarz gab auf.

422
Kan–N. N.
Moskau 1929

1.d4 ♘f6 2.g3 d5 3.♘f3 c6 4.♗g2 h6
Schwarz beabsichtigt, den Läufer nach f5 zu stellen, und schafft zuvor ein Rückzugsfeld für den Fall von ♘h4. Aber die ganze Idee ist mit Zeitverlust verbunden. Solider ist der gebräuchliche Plan e6, ♗e7 und 0–0.
5.c4 ♗f5 6.♛b3 ♛b6 7.cd ♛:b3 8.ab ♗:b1?
An 8. ... cd gefiel Schwarz die Antwort 9.♘c3 nebst ♘b5 nicht. Möglich war aber 8. ... ♘:d5.
9.dc! ♗e4
Der Nachziehende wollte den Bauernverlust 9. ... ♘:c6 10.♖:b1 vermeiden. Jetzt ist scheinbar alles gedeckt.

423
Bogoljubow–Grekow
Kiew 1914

1.d4 d5 2.♘f3 ♗g4
Nach diesem schwachen Zug erhält der Anziehende eine bequeme Möglichkeit, seine Springerstellung zu verstärken.
3.♘e5 ♗h5 4.c4
Ohne Läufer ist der schwarze Damenflügel erheblich geschwächt. Dort beginnt Weiß seinen Angriff.
4. ... dc 5.♘c3 ♗d7 6.♘:c4 ♘b6 7.♛b3! ♛:d4?
Weiter in diesem zu optimistischen Stil. Der richtige Weg ist 7. ... ♘f6 mit darauffolgendem 8. ... e6.
8.e4 ♘f6 9.♗e3 ♛d7
Auch 9. ... ♛d8 verliert wegen 10.♗:b6 ab 11.♘:b6! cb 12.♗b5+ ♘d7 13.f3 ♛c7 14.0–0–0 ♖d8 15.♖:d7! ♖:d7 16.♖d1.

10.♗:b6 ab 11.♘:b6!
Schwarz gab auf. Nach 11. …
cb 12.♗b5 geht die Dame verloren.

424
Ed. Lasker – Wood
London 1914

**1.d4 d5 2.♘f3 ♗f5 3.c4 c6
4.♕b3 ♕c7 5.cd cd 6.♘c3 e6
7.♗f4! ♕b6 8.♗:b8 ♖:b8
9.♕a4+ ♔d8 10.♘e5 ♕c7?**
Erforderlich war 10. … ♘f6,
da 11.♘:f7+ ♔e7 12.♘:h8
♕:b2 zu der für Schwarz er-
wünschten Verschärfung des
Kampfes führt.
11.♘b5 ♕e7 12.♕a5+.
Schwarz gab auf. Nach 12. …
b6 folgt 13.♘c6+ ♔d7
14.♕a4 ♔:c6 15.♖c1+.

425
Regan – Michel
London 1905

1.d4 d5 2.♗f4 c5 3.♗:b8?
Die freiwillige Hergabe des
Läuferpaares war nicht notwendig. Die normale Fortsetzung ist 3.e3.

3. … ♖:b8 4.dc
Die Position durfte nicht geöffnet werden. Nach dem Abtausch des schwarzfeldrigen
Läufers mußte der Anzie-
hende seine Bauernkette auf
den schwarzen Feldern befestigen, z. B. mit 4.c3.
4. … e6 5.♕d4
Führt direkt in die Katastrophe. Die Verteidigung dieses
Bauern kostet den König. Die
normale Fortsetzung war
5.♘f3 ♗:c5 6.e3.
**5. … ♕c7 5.b4 b6 7.cb ♖:b6
8.c3 ♖:b4! 9.cb ♕c1+
10.♕d1 ♗:b4+ 11.♘d2 ♗:d2**
matt.

So ein Mattbild kommt selten
zustande.

426
N. N. – Schlechter
Wien 1913

**1.d4 d5 2.♗f4 ♘f6 3.♘f3 e6
4.e3 c5 5.c4 ♘c6 6.♘c3 a6**
Bis hierher entwickeln sich die
Ereignisse normal. Oft kommt
es jedoch vor, daß ein Schachspieler, der eine Eröffnungsva-

riante auswendig gelernt hat, nach den Buchzügen nicht weiß, wie er weiter spielen soll. Auch der Partner Schlechters findet keinen Plan. Durchaus logisch war jetzt 7.cd ed 8.♗e2 mit darauffolgender Rochade und gegebenenfalls der Bildung eines isolierten schwarzen Bauern auf d5 (8. ... ♗e7 9.dc ♗:c5 10.0–0 usw.).

7.♕a4? ♗d7 8.♕d1 ♕a5 9.♕b3?

Mit drei planlosen Zügen ist die ganze Partie verdorben.

9. ... dc 10.♕:b7 ♖a7.

Weiß gab auf.

427
Spencer–Fairhurst
Tenby 1928

1.d4 d5 2.♗g5

Der Nachziehende setzt am besten ruhig seine Entwicklung fort. Und dies tut er auch.

2. ... ♘f6 3.♘d2 ♗f5 4.c4 e6 5.♘gf3 ♘bd7 6.♘h4

Auf krummen Wegen kann man nicht zur Wahrheit vorstoßen. Richtig ist 6.e3.

6. ... ♗e4!

Erstens ein guter Zug und zweitens keine schlechte Falle.

7.cd ed 8.♘:e4?

Auch hier war 8.e3 besser.

8. ... ♘:e4! 9.♗:d8 ♗b4+ 10.♕d2 ♗:d2+ 11.♔d1 ♖:d8 12.f3 ♗g5. Weiß gab auf.

428
Popow–Benderew
Sofia 1943

1.d4 ♘f6 2.♘f3 e6 3.♗g5 ♗e7 4.♘bd2 d5 5.e3 ♘bd7 6.♗d3 c5 7.c3 b6

Vielleicht ist dieser Zug hier etwas verfrüht. Besser war, den König mit 7. ... 0–0 in Sicherheit zu bringen.

8.♕a4 0–0

Der erste Teil des Fehlers. Ein konkretes Herangehen an die Position hätte Schwarz zur Einschaltung von 8. ... h6 veranlaßt.

9.♘e5! ♘:e5

Die zweite und wichtigste Komponente des Fehlers. Natürlich wird 9. ... ♗b7 10.♘c6 kaum jemandem gefallen, aber etwas Besseres gab es schon nicht mehr.

10.de ♘d7 11.♕h4!

Der gleichzeitigen Bedrohung von Läufer und König kann Schwarz nur mit 11. ... f6 entgegentreten, aber dann wird er in zwei Zügen matt gesetzt. Er gab deshalb auf.

Sonstige Systeme nach 1.d4

Wir vereinigen hier eine Gruppe von Systemen, die nicht den üblichen Eröffnungen zugeordnet werden können.

429
Sangla–Karpow
Riga 1968

**1.d4 ♘f6 2.♘f3 e6 3.♗g5 c5
4.c3 cd 5.cd ♛b6 6.♛b3 ♘e4
7.♗f4 ♘c6 8.e3 ♗b4+
9.♘bd2?**
Einer der Fälle, in denen besser der andere Springer auf d2 dazwischengestellt wird –
9.♘fd2.
9. ... g5! 10.♗:g5
Wenn der Läufer wegzieht, rückt der Bauer weiter vor.
10. ... ♗:d2+.
Weiß gab auf. Nach 11.♘:d2 entscheidet der Doppelangriff
11. ... ♛a5! (nicht aber 11. ... ♘:g5 wegen 12.h4, und Schwarz muß den Springer zurückgeben).

430
Springe–Gebhardt
München 1927

1.d4 ♘f6 2.♘f3 e6 3.♗g5 c6
Für sich genommen ist dieser Zug nicht der entscheidende Fehler. Schwarz verbindet ihn jedoch mit einem falschen Plan. Natürlicher war 3. ... d5.
4.e4 ♛b6
Verliert wertvolle Zeit mit dem Angriff auf einen Bauern. Noch konnte Schwarz von dieser Idee ablassen und 4. ... ♗e7 ziehen.
**5.♘bd2! ♛:b2 6.♗d3 d5
7.0–0 ♛b6 8.♛e2 de 9.♘:e4
♘:e4 10.♛:e4 ♘d7 11.c4 h6?**
Schwarz hat schon große Pro-

bleme. Er mußte mit 11. ... ♘f6 fortsetzen.

12.♛:e6+!! fe 13.♗g6
matt.

431
Halics–Lanz
Wien 1932

1.d4 ♘f6 2.♘f3 c5 3.♗f4
Logischer war der Übergang zu indischen Positionen mit 3.d5.
3. ... cd 4.♘:d4??
Mittels 4.♛:d4 ♘c6 5.♛a4 konnte Weiß das materielle Gleichgewicht noch aufrechterhalten.
4. ... e5! 5.♗:e5 ♛a5+.
Weiß gab auf. Ein anschauliches Lehrbeispiel. Zug für Zug wiederholte es sich in der Partie Agsamow–Weremeitschik (Jugendmeisterschaft der UdSSR 1968). Nur gab Weiß hier schon nach 4. ... e5 auf.

432
Gibaud–Lazard
Paris 1924

1.d4 ♘f6 2.♘d2 e5 3.de ♘g4
Natürlich kommt in dieser
Stellung niemand auf die Idee,
den Bauern f2 zu ziehen. Von
den übrigen zwanzig möglichen Zügen führt nur einer
sofort zum Verlust.
4.h3??
Merci, Monsieur Gibaud, das
ist er!
4. ... ♘e3!

Weiß gab auf. Um die Dame
und auch um den König ist es
schade (5.fe ♕h4+). Die be-
rühmteste Minipartie.

433
Galachow–Marussenko
Feodossija 1980

**1.d4 ♘f6 2.♗g5 ♘e4 3.♗f4
c5 4.c3 cd 5.♕:d4 d5 6.♗:b8?**
Gewinnt einen Bauern, ver-
nachlässigt aber das Wichtigste, die Entwicklung der Figuren.

**6. ... ♖:b8 7.♕:a7 ♗d7 8.e3
e5!**
Die agressive Dame ist in Gefahr, es droht 9. ... ♗c5.
9.b4

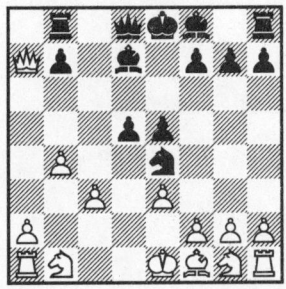

**9. ... ♘:c3! 10.♘:c3 ♗:b4
11.♘e2 ♕c7 12.♔d1 0–0!**
Weiß gab auf. Gegen 13. ...
♖a8 hat er keine Verteidigung.

434
Wehnert–Metschkarow
Bulgarien 1970

**1.d4 ♘f6 2.c4 d6 3.♘f3 ♘c6
4.♘c3 ♗g4 5.d5 ♘e5**
Es ist unfaßbar, aber bis zum
Ende der Partie ist es nur
noch ein Zug!
6.♘d2??
Alles war möglich, nur das
nicht! Am einfachsten war das
Schlagen auf e5.

6. ... ♘d3+! Weiß gab auf.

435
Palau–Kalabar
Olympiade, London 1927

1.d4 ♞f6 2.c4 e6 3.♞f3
♝b4+ 4.♝d2
Bis hierher ist alles gut und
richtig.

4. ... ♔e7??
Der jugoslawische Meister war
sicher, daß er 4. ... ♛e7 gezogen hatte. Deshalb spielte er
nach **5.♝:b4+**, ohne nachzudenken ...,
5. ... ♔:b4!??
Und erst als er das bestürzte
Gesicht seines Partners sah,
bemerkte Kalabar, was er an-

gestellt hatte. Das ist eines der
unglaublichsten Ereignisse in
der Schachpraxis des 20. Jahrhunderts.

436
Kraus–Costin
Fernturnier 1938

1.d4 c5 2.dc ♛a5+ 3.♞c3
♛:c5 4.e4 e5 5.♞f3 d6 6.♞d5
♞e7?
Ein klarer Fehler. Dringend,
mehr als dringend mußte das
Feld b5 unter Kontrolle genommen werden – 6. ... a6.
7.b4!
Es ist schwer zu erklären, aber
dem Bauern b2 gelingt es häufiger als anderen Schachfigu-
ren, die gegnerische Dame ge-
fangenzunehmen. Es ist offen-
bar wie im Fußball oder Hok-
key – für ein Tor muß man
den richtigen Punkt auswählen
können. Schwarz gab auf. Im
Falle von 7. ... ♛c6 folgt
8.♝b5.

Englische Eröffnung

1.c4

Die strategische Idee dieses
Zuges ist die Kontrolle über
das wichtige Zentrumsfeld d5.
Mitte des 19. Jahrhunderts
wurde er erfolgreich von dem
hervorragenden englischen
Schachspieler Staunton
(1810–1874) angewendet und
später auch von anderen engli-

schen Meistern. Daher resultiert die Bezeichnung.
Heute ist die Englische Eröffnung eine der populärsten Spielweisen, da die Vielfalt der sich ergebenden Positionen dem Geschmack von Schachanhängern der verschiedensten Stilrichtungen entspricht.

437
Supnik–Sadykow
Donskoi 1983

1.c4 c5 2.♘f3 ♘f6 3.d4 cd
4.♘:d4 ♘c6 5.♗g5?
Die weiße Aufstellung ist sehr instabil. Ohne Zweifel ist der gebräuchliche Zug 5.♘c3 solider.
5. ... ♘e4 6.♗h4?
Um den Ausgleich konnte Weiß noch kämpfen, wenn er den Läufer nach e3 oder c1 zurückgezogen hätte.
6. ... ♕a5+ 7.♘c3 ♘:c3
8.♘:c6 dc 9.♕d2 ♕h5! 10.bc
♕:h4 11.0-0-0 e5. Weiß gab auf.

438
Lossa–Moritz
BRD 1966

1.c4 c5 2.♘c3 ♘f6 3.g3 g6
4.♗g2 ♗g7 5.♘f3 0-0 6.0-0
♘c6
Die symmetrische Variante führt gewöhnlich zu einem kleinen, aber spürbaren Übergewicht für Weiß, da er größeren Handlungsraum erhält.

7.d4 d6 8.h3 cd 9.♘:d4 ♗d7
10.♖e1
Ein rätselhafter Zug. Richtig war sofort 10.e4.
10. ... ♕c8!
Lockt den König nach h2.
11.♔h2?
Welch eine Naivität! Die Situation ließ sich nur mit dem Abtausch auf c6 retten.
11. ... ♘:d4. Weiß gab auf.
Nach 12.♕:d4 entscheidet
12. ... ♘g4+.

439
Lipinski–Schinzel
Warschau 1977

1.♘f3 c5 2.c4 ♘f6 3.d4 cd
4.♘:d4 e6 5.♘c3 ♘c6 6.g3
♕b6 7.♘db5
Solider ist der Springerrückzug nach b3, da Schwarz jetzt vorteilhaft 7. ... d5 ziehen konnte, z. B. 8.cd ♘:d5
9.♘:d5 ed 10.♕:d5 ♗b4+
11.♘c3 ♗e6 mit ausreichender Initiative für den geopferten Bauern.
7. ... ♗c5?! 8.♗g2! ♗:f2+
9.♔f1 ♘g4
Zur Rochade war schon keine Zeit mehr wegen 10.♘a4.
10.♕d6! ♖b8
Die letzte Rettungschance bestand in 10. ... ♗c5 11.♘c7+
♔d8 12.♘:a8 ♗:d6 13.♘:b6
ab.
11.♘a4 ♕a5 12.♗d2.

Die Dame kann sogar den Springer nehmen, aber nach 12. ... ♛:a4 13.b3 ist ihr Schicksal vorbestimmt. Schwarz gab auf.

440
Wdowin–Lewin
Moskau 1982

1.c4 ♞f6 2.♞c3 c5 3.g3 e6 4.♗g2 d5 5.cd ed 6.d4
In dieser Situation war es besser, sich mit dem bescheidenen Zug 6.d3 zu begnügen.
6. ... cd 7.♛:d4 ♞c6 8.♛d3?
Das ist schon ein grober Fehler. Richtig war 8.♛a4.
8. ... ♞b4 9.♛b1
Auf 9.♛d1 ist 9. ... ♗f5 unangenehm.
9. ... d4 10.♞e4 d3! 11.e3 ♞c2+ 12.♔d1 ♗g4+!

Jetzt geht 13.f3 nicht wegen 13. ... ♞:e4, und auf 13.♔d2 folgt 13. ... ♞:e4+ 14.♗:e4 ♗b4 matt. Weiß gab auf.

441
Tschechow–Rasuwajew
Moskau 1982

1.♞f3 c5 2.c4 g6 3.d4 ♗g7 4.e4 ♞c6 5.dc ♛a5+ 6.♗d2 ♛:c5 7.♞c3 ♞f6 8.♗e2 d6 9.0–0
Planloses Spiel in der Eröffnung brachte Schwarz unerwartet in Schwierigkeiten. Seine größte Sorge ist die unsichere Stellung der Dame. Jetzt mußte er mittels 9. ... ♞e5 ihren Rückzug absichern.
9. ... 0–0 10.h3
Hier war schon 10.♞a4 gut. Schwarz läßt nun die letzte Chance aus, die Dame zu erlösen.
10. ... ♗e6?

208

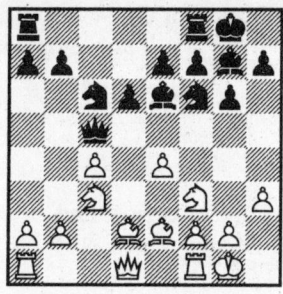

11.♘a4! Schwarz gab auf.
Nach 11. ... ♕h5 wird der
Kampf durch 12.♘g5 ♕h4
13.g3 entschieden.

442
Afek–Katz
Bejerschew 1977

**1.♘f3 g6 2.g3 ♗g7 3.♗g2 c5
4.c4 ♘c6 5.♘c3 ♖b8**
Eine solche frühzeitige Flügel-
aktion wird manchmal in geschlossenen Positionen prakti-
ziert. Falls jedoch der Angriff
nicht gelingt oder sich die
Stellung plötzlich öffnet, dann
wirken sich unweigerlich die
verlorenen Tempi aus.
6.0–0 a6 7.a4 ♘h6
Vorzuziehen war wohl die übliche Entwicklungsweise 7. ...
♘f6. Unter Ausnutzung der
Springeraufstellung kann Weiß
das Zentrum öffnen.
8.d4! cd 9.♘:d4 ♘:d4?
Die Jagd nach dem Bauern
führt in den Untergang. Richtig war 9. ... 0–0.
10.♗:h6 ♘:e2+
Konsequent und schlecht.
Aber auch nach 10. ... ♗:h6

11.♕:d4 f6 12.♕a7! ♕c7
13.♘d5 ♕d6 14.♖ad1 ist die
schwarze Lage kritisch.
11.♕:e2 ♗:h6 12.♕e5!

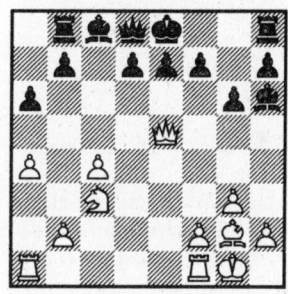

Beide Türme sind angegriffen.
Schwarz gab auf.

443
Adorjan–Zsinka
Budapest 1982

**1.c4 ♘f6 2.♘c3 e6 3.♘f3 c5
4.d4 cd 5.♘:d4 b6?**
Eine Neuerung, die sofort
wieder in der Versenkung verschwinden muß.
**6.♘db5! d6 7.♗f4 e5 8.♗g5
♗e7?**
Schwarz steht schlecht. Aber
mit 8. ... ♗b7 9.♗:f6 gf
10.♘d5 ♘a6 ließ sich die Position gerade noch halten.
9.♗:f6 gf 10.♕d5.
Schwarz gab auf.

444
Fraenkell–N. N.
Helsingfors 1934

1.c4 c5 2.♘c3 e6 3.♘f3 ♘e7
Die Verfinsterung beginnt.
Warum nicht 3. ... ♘f6?

4.♘e4 f5??
Schwarz erwartet 5.♘:c5 ♛c7
6.d4 b6 7.♘c3 ♛:c4.
5.♘d6 matt!

445
Masel—Botwinnik
Leningrad 1938

**1.c4 ♘f6 2.♘c3 e6 3.e4 c5
4.f4**
Der Anziehende will zu viel.
Der Zug 4.f4 schwächt seine
Königsstellung und gibt die
Eröffnungsinitiative aus der
Hand.
**4. ... ♘c6 5.♘f3 d5 6.e5 ♘g4
7.cd ed 8.♛b3?**
Übereilte Aktivität. Solider
war 8.d4.
**8. ... ♘b4 9.a3 c4 10.♛a4+
♗d7 11.♛d1 ♛b6!**
Weiß gab auf. Seine Dame ist
nicht in der Lage, gleichzeitig
die Felder c2 und f2 zu schützen.

446
Kortschagin—Smorodinski
Tallinn 1980

**1.c4 ♘f6 2.♘c3 e5 3.♘f3
♘c6 4.d4 ed 5.♘:d4 ♗b4
6.♗g5 0—0 7.e4?**
Weiß hat kein Gefühl für die
Position. Seine Zentrumsstellung ist recht wackelig, und
das mußte er mit dem Ab-
tausch 7.♘:c6 in Ordnung
bringen.
7. ... ♖e8 8.f3 ♘:e4! 9.♘:c6
Es ist klar, daß Weiß nach 9.fe
♖:e4 nichts Gutes erwartet.

**9. ... ♘:c3+ 10.♘e7+
♖:e7+.** Weiß gab auf.

447
Müller—Duchamp
Olympiade, Den Haag 1928

**1.c4 e5 2.♘f3 ♘c6 3.♘c3
♘f6 4.d4 ed 5.♘:d4 ♗b4
6.♗g5 h6 7.♗h4**

7. ... ♘e4?
Wer möchte nicht gern ein
Meisterwerk schaffen! Aber
Schwarz hat sich gewaltig verrechnet. Er gerät nun zwar tatsächlich in die Historie, aber
als Unterlegener! Gut spielbar
war 7. ... ♗:c3+ 8.bc d6 9.f3
♘e5 10.e4 ♘g6 11.♗f2 0—0
12.♛d2 c6 13.♗e2 d5!
8.♗:d8 ♘:c3
Im Falle von 9.bc ♗:c3+
10.♛d2 ♗:d2+ 11.♔:d2 ♘:d8
oder 9.♛b3 ♘:d4 könnte
Schwarz zufrieden sein,
aber ...
9.♘:c6! ♘:d1+
Auch 9. ... bc rettet nicht wegen 10.♛b3.
10.♘:b4.
Schwarz gab auf.

448
Petrosjan–Ree
Wijk aan Zee 1971

1.c4 e5 2.♘c3 ♘f6 3.♘f3
♘c6 4.g3 ♗b4 5.♘d5 ♘:d5
Erprobt wurde auch das ver-
pflichtendere 5. ... e4, worauf
Weiß wahrscheinlich in der
Variante 6.♘h4 ♗c5 7.♗g2
Eröffnungsvorteil suchen muß.
6.cd e4?
Die Niederlage. Richtig war
6. ... ♘d4, da das Schlagen
des Bauern e5 unvorteilhaft
ist – 7.♘:e5 ♛e7 8.f4 (bei
8.♘d3 bedankt sich Schwarz
mit 8. ... ♘f3 matt) 8. ... d6
9.♘d3 ♛e4, und nach 7.♘:d4
ed hat Schwarz gute Möglichkeiten, die Partie auszugleichen.
7.dc ef 8.♛b3!

Schwarz gab auf. Einer seiner
beiden Läufer geht verloren.
Auf 8. ... a5 folgt prosaisch
9.a3, und der Rückzug des
Läufers b4 ist wegen 10.cb
nicht möglich.

449
Poldauf–Steudtmann
Rerik 1980

1.c4 e5 2.♘c3 ♘f6 3.♘f3
♘c6 4.g3 ♗c5
Der Läufer steht auf c5 nicht
gerade bequem, und Weiß
kann in der Folge wichtige
Entwicklungstempi gewinnen.
Erprobter ist 4. ... ♗e7.
5.♘:e5
Natürlich und stark ist 5.♗g2.
5. ... ♘:e5 6.d4 ♛e7
Schlau ausgedacht. Interessant
ist die Variante 7.de ♛:e5
8.♗f4 ♛e7 9.♘:c7 d6 10.♗a5
b6 11.b4 ♗:f2+ 12.♔:f2
♘g4+ mit deutlichem schwarzem Vorteil.
7.dc?? ♘f3 matt!

450
Rasuwajew–Kupreitschik
Dubna 1970

1.c4 e5 2.♘c3 ♘c6 3.♘f3 f5
4.d4 e4 5.♗g5 ♘f6 6.d5?
Ein Versehen. Nach dem richtigen 6.♘e5 geht der Kampf
erst los.
6. ... ef 7.dc fg 8.cd+?
Mit 8.♗:g2 dc 9.♛:d8+ ♔:d8
10.♗:f6+ gf 11.0–0–0+ ♔e8
12.e3 entstände ein annehmbares Spiel, und im Falle von
8. ... bc 9.♛d3 kann Schwarz
den Bauern nicht halten: 9. ...
g6 10.♗:c6!; 9. ... h6 10.♗f4
g6 11.♘b5 oder 11.e4.
8. ... ♘:d7!! Weiß gab auf.

211

Es ist nicht schwer, einen solchen Zug zu finden, wenn man sein Existieren für möglich hält. Kurze Zeit vor dieser Partie erlitt der Meister Katalymow im Halbfinale zur Meisterschaft der UdSSR das gleiche Schicksal im Treffen gegen Woronin. Einige Monate nach der Veröffentlichung der Partie Rasuwajew–Kupreitschik endete die Begegnung Doroschkewitsch–Tukmakow (38. Meisterschaft der UdSSR, Riga 1970) mit demselben Finale.

451
Craddock–Mieses
London 1939

1.c4 e5 2.♘c3 ♘c6 3.g3 ♘f6 4.♗g2 ♗b4 5.e3 d6 6.♘ge2 ♗g4 7.♕b3
Hier ist 7.a3 logischer, weil der Gegner dann auf c3 tauschen muß.
7. ... ♖b8 8.♘d5 ♗c5 9.♘:f6+
Einerseits vergibt dieser Zug die Eröffnungsinitiative (gut war das ruhige 9.♘ec3), und

andererseits ist er mit einem taktischen Versehen verbunden.
9. ... ♕:f6! 10.♗:c6+?
Auch jetzt war 10.♘c3 die normale Fortsetzung.
10. ... bc 11.♕:b8+ ♔d7 12.♕:h8 ♕f3! 13.♔d1 ♕:e2+ 14.♔c2 ♕:c4+ 15.♔b1 ♕d3 matt.

452
Ozols–Reid
Olympiade, Stockholm 1937

1.c4 e5 2.♘c3 ♘c6 3.g3 ♗c5?
Ein ungünstiger Platz für den Läufer. Er gerät hier zwangsläufig in das gegnerische Schußfeld, wenn Weiß die natürliche Besetzung des Zentrums mit e2–e3 und d2–d4 wählt. Besser war die bescheidenere Aufstellung ♘f6, ♗e7 nebst 0–0.
4.♗g2 d6 5.e3 ♘f6 6.♘ge2 ♗e6?
Der zweite unglückliche Läuferzug. Erforderlich war die Rochade.
7.♘d5?
Beide Partner übersehen, daß Schwarz nach 7.d4 eine Figur verloren hätte.
7. ... ♘b4??
Totale Unaufmerksamkeit.
8.♘:b4 ♗:b4 9.♕a4+.
Schwarz gab auf.

453
Reschko–Koz
Tula 1951

**1.c4 ♘f6 2.♘c3 e6 3.e4 d5
4.cd ed 5.e5 d4 6.ef dc**
Diese Variante ist für Schwarz
durchaus spielbar, aber er muß
auf der Hut sein.
7.♗b5+ ♘c6!?
Im Falle von 7. … c6 8.♕e2+
♗e6 9.♗c4 erlangt Weiß
einen kleinen, aber dauerhaften Endspielvorteil.
8.♕e2+ ♗e6 9.♘f3 cd+?
Richtig ist 9. … ♕:f6 mit darauffolgendem 10. … ♗d6, um
möglichst schnell den König
aus der Mitte herauszuführen.
10.♗:d2 ♕:f6 11.♖c1 ♗d6?
Die schwarze Lage ist schon
kompliziert, aber das ist ein
Versehen. Ein gewisser Ausweg bestand in 11. … a6.
12.♖:c6!
Schwarz gab auf. Jetzt hilft
12. … a6 schon nicht mehr
wegen 13.♖:a6+, und nach
12. … bc 13.♗:c6+ muß er
13. … ♔f8 ziehen, da sich
13. … ♔e7 wegen 14.♗g5
verbietet.

454
Lehmann–Schulz
Westberlin 1950

1.c4 d5
Diese Verbindung der Englischen Eröffnung mit der Skandinavischen Verteidigung wird
wohl kaum Anhänger finden.
2.cd ♘f6 3.e4 ♘:e4?

Der Nachziehende konnte versuchen, mit 3. … c6 positionelle Kompensation für den
Bauern zu erhalten.
4.♕a4+. Schwarz gab auf.

Réti-Eröffnung

1.♘f3 d5 2.c4

Sie wurde Anfang der 20er
Jahre von dem hervorragenden
tschechoslowakischen Großmeister Réti (1889–1929) ausgearbeitet. Der Anziehende
nimmt von den ersten Zügen
an die zentralen Felder unter
Kontrolle, wobei er gewöhnlich einen der beiden Läufer
fianchettiert. Die Réti-Eröff-
nung führt zu einem komplizierten positionellen Kampf.

455
Torre–Ed. Lasker
Chicago 1926

1.♘f3 d5 2.c4 dc 3.♘a3 e5!?
Die Partner spielen die Eröffnung unkonventionell und le-
gen von den ersten Zügen an
viel Einfallsreichtum und
Phantasie an den Tag.
4.♘:e5 ♗:a3 5.♕a4+ b5!
Deshalb hat der Nachziehende
den Zentrumsbauern hergege-
ben. Jetzt geht 6.♕:b5+ nicht
wegen 6. … c6 7.♘:c6 ♕d7!
8.♕e5+ ♗e7 9.♘:b8 ♕b7
mit Figurenverlust für Weiß.
6.♕:a3 ♘f6 7.b3 ♕d6
Die logischste Fortsetzung des

Kampfes war jetzt 8.♕:d6 cd 9.♘f3 d5 10.♗b2 mit beiderseitigen Möglichkeiten. Aber Weiß ahnt nichts Böses und bringt den Läufer sofort ins Spiel.
8.♗b2

Dieser Zug sieht ebenfalls natürlich und solide aus, aber ...
8. ... c3!! Weiß gab auf.

456
Judowitsch–Bokitsch
Uhren-Simultanveranstaltung,
1960

1.♘f3 d5 2.c4 d4 3.e3 ♘c6 4.ed ♘:d4 5.♘:d4 ♕:d4 6.d3 e5 7.♘c3 c5?
Schwarz möchte den weißen Bauern auf d3 fixieren, schwächt aber das Feld d5, was dem Anziehenden gefährliche taktische Möglichkeiten gibt. Gut war 7. ... ♗c5, und falls 8.♗e3 ♕d6 9.♘b5, so 9. ... ♕e7, oder auch 7. ... c6 8.♗e3 ♕d6 9.d4 ed 10.♗:d4 ♗f5 nebst 0–0–0.
8.♘d5! ♗d6 9.♗e2 ♘e7 10.♘c3!

Jetzt droht 11.♘b5, und auf 10. ... a6 ist 11.♘e4 mit der Drohung 12.♗e3 möglich.
10. ... ♕h4
Es scheint, daß die Dame erfolgreich der Falle ausgewichen ist.
11.♘e4 ♘f5 12.♗g5.
Schwarz gab auf.

457
Saitschik–Sicharulidse
Tbilissi 1976

1.♘f3 d5 2.c4 ♘f6 3.g3 ♗f5 4.cd ♘:d5?
Eine Nachlässigkeit. Richtig war 4. ... ♗:b1 5.♖:b1 ♕:d5.

Welche Gefahr kann hier drohen?
5.e4! Schwarz gab auf. Im Falle von 5. ... ♗:e4 folgt 6.♕a4+.

458
Deutsch–Koni
Wien 1925

1.♘f3 d5 2.c4 dc 3.e3 ♘f6 4.♗:c4 ♗g4?
Ein impulsiver Zug, der leicht

mit 5.♗:f7+ ♔:f7 6.♘e5+
widerlegt werden konnte. Der
Anziehende wählt einen anderen
ren Weg.
5.♘e5 ♗h5?

Gerade noch zu halten war die
Position mit 5. ... ♗e6.
6.♕:h5! Schwarz gab auf.

459
Smejkal–Boll
Val Thorens 1978

1.♘f3 ♘f6 2.c4 g6 3.♘c3 d5
4.♕a4+
Dieser Zug ist für Schwarz ungefährlich,
gefährlich, aber er muß richtig
darauf reagieren (4. ... c6).
4. ... ♘c6?
Der Hauptgrund für die Niederlage.
derlage.
5.cd ♘:d5 6.♘e5 ♗d7
Das Schachleben verlängert
hätte 6. ... ♕d6. Allerdings
muß Schwarz dann 7.♘:c6 mit
7. ... bc beantworten, weil
7. ... ♘:c3 8.dc ♗d7 wegen
9.♕d4 unmöglich ist.
7.♘:f7! ♘cb4 8.♕b3 ♔:f7
9.♘:d5 ♘:d5 10.♕:d5+ e6
11.♕:b7 ♗c5 12.♕f3+.
Schwarz gab auf.

460
Sokolow–Wekschenkow
Nowosibirsk 1974

1.♘f3 d5 2.g3 ♗g4
Ein ungenauer Zug. Da der
Springer noch nicht gefesselt
ist, kann er vorteilhaft vorrükken.
ken.
3.♘e5 ♗f5 4.♗g2 ♘d7 5.f4
e6 6.c4 ♘gf6 7.♘c3?
Die Eröffnungsinitiative hätte
7.d4 gesichert. Seinen eigenen
Gedanken nachgehend, übersieht
sieht Weiß einen wirkungsvollen
len Gegenschlag.
7. ... d4! 8.♗:b7 dc 9.♘c6 c2!

Beide Damen sind verloren,
aber die schwarze Falle ist
ökonomischer aufgebaut.
10.♘:d8 cd♕+ 11.♔:d1
♖:d8. Weiß gab auf.

461
Plachetka–Zinn
Děčin 1974

1.♘f3 c5 2.b3 ♘c6 3.♗b2
♘f6 4.e3 d5 5.♗b5 e6 6.♘e5
♕c7 7.0–0 ♗d6 8.♗:c6+ bc
9.f4 0–0 10.♖f3 ♘d7?

215

Der Nachziehende beachtet die gegnerischen Pläne nicht. Mit 10. ... ♘e8 mußte er den Königsflügel stärken, wonach er dem Angriff 11.♖h3 g6 12.♘g4 mit 12. ... f6 entgegentreten konnte.

11.♖h3 g6?
Der letzte Fehler. Gerade noch möglich war 11. ... ♘:e5 12.fe ♗e7 13.♕h5 h6. Natürlich hätte Schwarz dann in den nächsten Zügen eine neue Angriffswelle ertragen müssen, aber das Leben wäre eben weitergegangen.
12.♕h5!

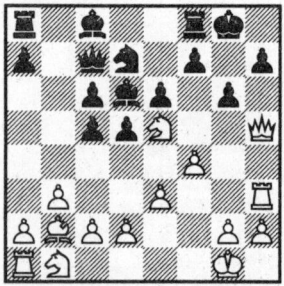

Schwarz gab auf. Die Dame ist wegen Matt in zwei Zügen tabu, und die Verteidigung 12. ... ♘f6 reicht nicht mehr aus wegen 13.♘g4!, z. B. 13. ... gh (13. ... ♘:h5 14.♘h6 matt) 14.♘:f6+ ♔g7 (nach dem besseren 14. ... ♔h8 erlangt Weiß durch 15.♖:h5 h6 16.♘:d5+ ♔h7 17.♘:c7 ♗:c7 18.♖:c5 einen Vorteil von drei Bauern) 15.♘e8+ ♔h6 16.♗g7+ ♔g6 17.♖g3+ ♔f5 18.♖g5+ ♔e4 19.♘c3 matt.

Im Zusammenhang mit dieser Partie ist folgende Miniatur interessant: 1.c4 f5 2.d4 ♘f6 3.♘c3 e6 4.♘f3 ♗b4 5.♕c2 0–0 6.e3 b6 7.♗e2 ♗b7 8.0–0 ♗:c3 9.♕:c3 ♘e4 10.♕c2 ♖f6 11.♘d2? (11.♖d1 ♖h6 12.d5) 11. ... ♖h6 12.g3 ♕h4! 13.♘f3 ♘g5!, und Weiß gab auf – dieselbe Episode mit vertauschten Farben (Litwinow–Weressow, Minsk 1958).

Seltene Eröffnungen

Dieser Abschnitt enthält Partien zu Eröffnungen, die in der Praxis recht selten gespielt werden.

Sokolski-Eröffnung

1.b4

Diese Eröffnung wurde einige Male in Partien des 19. Jahrhunderts angewendet, ihre volle Anerkennung erhielt sie jedoch erst nach den langjährigen Analysen des sowjetischen Meisters Sokolski. Weiß verfolgt das Ziel, Raumvorteil am Damenflügel zu erlangen. Das Paradoxe dieses Zuges braucht Schwarz nicht zu beunruhigen, und für das Erreichen eines vollwertigen Spiels verfügt er über exakte Gegenpläne.

462
Sokolski–Krupski
Witebsk 1960

**1.b4 d5 2.♗b2 ♕d6 3.a3 e5
4.♘f3 ♘d7 5.e3 ♗e7 6.c4 c6
7.cd cd 8.♘c3 ♗f6?**
Sehr unvorsichtig. Erforderlich
war, dem Anziehenden mittels
8. ... a6 das Feld b5 zu nehmen.
**9.♘b5! ♕b8 10.♖c1 ♗d8
11.♖:c8!** Schwarz gab auf.

463
Katalymow–Iliwizki
Frunse 1959

1.b4 e5 2.♗b2 f6 3.e4!
Das Bauernopfer ist völlig be-
rechtigt. Es ergibt sich eine
Position im Geiste der Offenen Spiele, aber mit dem ungünstigen Zug f7–f6.
3. ... ♗:b4
Schwarz sollte das Opfer nicht
sofort annehmen. In Betracht
kam 3. ... d5 und erst nach
4.ed die Antwort 4. ... ♗:b4.
**4.♗c4 ♘e7 5.♕h5+ ♘g6
6.f4 ef 7.a3 d5**
Schwarz versucht, sich mit
einem Bauern freizukaufen
und die Entwicklung irgendwie zu beenden.
8.♗:d5 c6 9.♗b3 ♕a5 10.e5!
Plant einen feinen taktischen
Schlag. Jetzt mußte Schwarz
unbedingt 10. ... ♗c5 ziehen,
was nach 11.♗c3 zu deutlichem weißem Übergewicht geführt hätte.
10. ... ♗e7?

Was kann hier eigentlich drohen?
11.♗f7+! Schwarz gab auf.
Wenn der König wegzieht, so
folgt 12.♗:g6, und nach 11. ...
♔:f7 12.e6+ geht plötzlich
die Dame verloren.

464
Matjuchin–Gibaidulin
Fernpartie, UdSSR 1979

1.b4 e5 2.♗b2 ♗:b4 3.♗:e5
Vom Standpunkt der allgemeinen Strategie ist die Situation
günstig für Weiß, der einen
Flügelbauern gegen einen zentralen schwarzen Bauern abtauschen konnte.
3. ... ♘f6 4.♘c3
Weitsichtiger ist 4.♘f3, um
dem Läufer e5 nicht die Möglichkeit des Rückzuges zu
nehmen.
4. ... ♘c6 5.♗:f6 ♕:f6
Nun sind die Aussichten
schon ausgeglichen.
6.♘d5 ♕e5 7.♘:b4 ♘:b4
Jetzt droht 8. ... ♕:a1 9.♕:a1
♘:c2+, wogegen die einfach-
ste Verteidigung in 8.♖b1 bestand.
8.c3?? ♘d3 matt.

217

465
Tschernyschew – Les
Chabarowsk 1970

**1.b4 ♘f6 2.♗b2 e6 3.a3 ♗e7
4.e3 0–0 5.♗d3**
Weiß beabsichtigt einen scharfen Angriff am Königsflügel und möchte deshalb dem Läufer b2 nicht mit 5.♘c3 oder 5.d4 die Sicht versperren. Dieser Plan ist aber nicht genügend vorbereitet, und deshalb war das übliche 5.♘f3 besser.
5. ... h6?
Bisher verfügte der Anziehende über keine Drohungen. Aus diesem Grunde war die Schwächung des Königsflügels unnötig. Solider ist 5. ... d5, und danach ♘bd7 nebst c5 mit Gegenspiel.
6.♘f3 b6 7.g4
Das sind schon die Folgen des unvorsichtigen Zuges 5. ... h6. Der weiße Angriff wird schnell bedrohlich.
**7. ... ♗b7 8.g5 hg 9.♘:g5!
♗:h1 10.♗:f6 g6**
Die Antwort 10. ... ♗:f6 war wegen 11.♕h5 unmöglich, aber Weiß kann auch jetzt die Dame wirkungsvoll einsetzen.
11.♕h5!! Schwarz gab auf.

466
Fischman – Gaile
Riga 1976

**1.b4 e6 2.♗b2 ♘f6 3.b5 d5
4.e3 c5 5.f4 ♘bd7 6.♘f3 b6
7.♗e2 ♗e7 8.0–0 0–0 9.d3
♗b7**

Noch sind alle 32 Akteure des Schachtheaters auf der Bühne, und es ist schwer zu glauben, daß Weiß diese Position praktisch in einem Zuge verlieren kann.
10.♘bd2? ♘g4! 11.e4 ♘e3.
Weiß gab auf.

Blackmar-Diemer-Gambit

1.d4 d5 2.e4

Dieses Gambit wurde in seiner ursprünglichen Form (2. ... de 3.f3) im Jahre 1882 von Blackmar vorgeschlagen. Nachdem die überzeugende Erwiderung 3. ... e5! gefunden wurde, verband Diemer die Idee Blackmars mit den Zügen 3.♘c3 ♘f6 4.f3. Ziel des Bauernopfers ist, Linien für die weißen Figuren zu öffnen und Entwicklungsvorsprung zu erlangen.

467
Bartsch–Jennen
1948

1.d4 d5 2.e4
In heutigen Turnieren ist dieses Gambit praktisch nicht anzutreffen. Der wichtigste Einwand – wozu einen wertvollen zentralen Bauern opfern und dann dafür einen Ersatz suchen, wenn Weiß über gute und aktive Fortsetzungen ohne jegliche Opfer verfügt!
2. ... de 3.♘c3 ♘f6 4.f3 ef
5.♕:f3
Auch im Falle von 5.♘:f3 g6 6.♗c4 ♗g7 7.♘e5 0–0 8.♗g5 ♘bd7 9.0–0 c6 besitzt der Nachziehende eine normale Stellung mit einem Mehrbauern.
5. ... ♕:d4 6.♗e3 ♕b4?
Solche Stellungen müssen sehr vorsichtig behandelt werden. Richtig ist 6. ... ♕g4 7.♕f2 e6 8.♘f3 ♗b4, und Schwarz beendet allmählich die Entwicklung und vertreibt die gegnerischen Figuren von ihren aktiven Feldern. Das von Schwarz beabsichtigte 7. ... ♗g4 wird mit kombinatorischen Mitteln widerlegt, da Weiß schon einige Figuren mehr im Spiel hat.
7.0–0–0! ♗g4

8.♘b5!
Der Siegeszug! Es droht nicht nur Matt, sondern auch der Bauer b7 ist angegriffen.
8. ... e5 9.♘:c7+ ♔e7
10.♕:b7! ♕:b7 11.♗c5 matt.

468
Nesterow–Matwejew
Syktywkar 1981

1.d4 d5 2.e4 de 3.♗c4 ♘c6
4.c3 ♘f6 5.f3 e6 6.♗g5 ef
7.♘:f3 ♗e7 8.0–0 0–0 9.♗d3
h6 10.♘e5! hg
Nach 10. ... ♘:e5 11.de ♘h7 fiele es Weiß schwer, den Angriff fortzusetzen.
11.♖:f6 ♗:f6?
Noch brauchte der Nachziehende nicht zu verlieren:
11. ... ♘:e5 12.♕h5 g6 13.♗:g6 ♘:g6 14.♖:g6+ fg 15.♕:g6+ ♔h8, und Weiß muß Dauerschach bieten.
12.♕h5. Schwarz gab auf.

**1.d4 d5 2.e4 de 3.♘c3 ♘f6
4.f3 e3**
Ein durchaus möglicher Zug.
Der Anziehende hat jetzt weniger Aussichten auf Eröffnungsinitiative.
5.♗:e3 ♗f5
Diese Läuferstellung ist recht
instabil und kann dem Gegner
helfen, einen Bauernangriff
am Königsflügel einzuleiten.
Vielleicht hatte Schwarz die
lange Rochade beabsichtigt.
6.h4
Ein nützlicher Zug und nebenbei eine auf Automatismus
hoffende Falle.
6. ... e6?
Der Angriff mußte mit 6. ...
h5 aufgehalten werden, um
danach den König zum Da-
menflügel zu evakuieren.
7.g4 ♗g6 8.h5. Schwarz gab
auf.

Richter-Weressow-Eröffnung

1.d4 d5 2.♘c3

Diese Eröffnung löste sich aus
dem Damenbauernspiel nach
den Untersuchungen von
Richter und Weressow heraus.
Weiß beabsichtigt nach ent-
sprechender Vorbereitung den
Vorstoß e2–e4 mit aktivem Figurenspiel im Zentrum und
am Königsflügel.

1.d4 d5 2.♘c3 ♘f6 3.♗g5 c6
Wenn Schwarz den Doppel-
bauern vermeiden möchte, so
kann er zu 3. ... ♘bd7 greifen.
4.♗:f6 gf 5.e3 e5
Dieser Bauernvorstoß überläßt
dem Gegner die Initiative.
Richtig war die Aufstellung
f6–f5 und e7–e6. Der einge-
zwängte Läufer c8 wird dann
nach b7–b6 auf a6 zum Ab-
tausch angeboten.
6.♕h5 e4
Bleibt dem falschen Plan treu.
Erforderlich war, z. B. mit
6. ... ♕d6, den Punkt e5 nach
Möglichkeit zu halten.
7.f3 f5 8.fe fe?
Natürlich ist die schwarze
Lage nach 8. ... de 9.♗c4!
♕e7 10.♘ge2 nebst 0–0 und
♘g3 schlecht, aber die Partie
ginge weiter.
9.♕e5+. Schwarz gab auf.

Bird-Eröffnung

1.f4

Diese Spielweise wurde vom
englischen Meister Bird
(1830–1908) in die Turnierpraxis eingeführt. Des öfteren
antwortet der Nachziehende
1. ... e5 – ein von dem dänischen Meister From empfohle-
nes Gambit.

471
Smith–Crepeaux
Holland 1923

**1.f4 d5 2.e3 ♘c6 3.♘f3 ♗g4
4.b3 e5 5.fe ♘:e5 6.♗e2
♗:f3 7.♗:f3 ♘f6 8.♗b2 ♗d6
9.0–0 ♘e4**
Schwarz fühlt die Unsicherheit
des Gegners und möchte die
Ereignisse deshalb forcieren.
Psychologisch ist das richtig,
obwohl 9. ... ♕e7 nebst
10. ... 0–0–0 logischer und
genauer war.
10.♘c3
Besser war 10.d3 mit Vertreibung des Springers. In diesem
Falle geht weder 10. ... ♕h4
11.de ♘g4 12.h3 ♕g3 13.hg
noch 10. ... ♘:f3+ 11.♖:f3
(bei 11.gf ist 11. ... ♗:h2+
mit Remis möglich) 11. ...
♕h4 12.g3, und Schwarz hat
nur Verluste.
10. ... ♕h4! 11.♘:d5?
Den Vorzug verdiente
11.♘:e4. Nach 11. ... ♘:f3+
12.♖:f3 ♗:h2+ 13.♔f1 ♕:e4
14.♗:g7 ♖g8 15.♗c3 0–0–0
bleiben die schwarzen Aussichten allerdings besser.

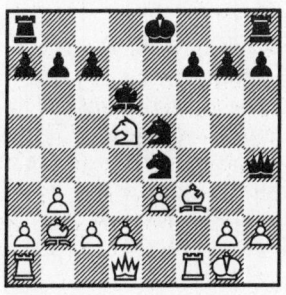

**11. ... ♕:h2+!! 12.♔:h2
♘:f3+.**
Weiß gab auf. Er verzichtete
darauf, Mitakteur des effektvollen Finales 13.♔h3 ♘eg5+
14.♔g4 h5+ 15.♔f5 g6+
16.♔f6 ♔f8! mit undeckbarem
17. ... ♘h7 matt zu sein.

472
Quabeck–Heuäcker
Frankfurt am Main 1936

**1.f4 ♘f6 2.c4 d5 3.cd ♘:d5
4.d3?**
Überläßt dem Gegner die Initiative. Sicherer und aussichtsreicher ist 4.e3.
**4. ... e5! 5.fe ♗b4+ 6.♗d2
♘e3! 7.♕a4+?**
Die letzte Chance, die Partie
zu halten, war 7.♕c1, aber
Weiß sieht die Gefahr nicht.

**7. ... b5! 8.♕:b5+ ♗d7
9.♕b7 ♗c6.**
Weiß gab auf. Eine zauber-
hafte Falle. Der Läufer b4 ist
wegen 10. ... ♘c2+ tabu.

473
Bird–Gelbfuhs
Wien 1873

1.f4 f5
Nicht zu empfehlen. Schwarz
besaß eine gute Auswahl zwischen den Zügen 1. … d5,
1. … e5 und 1. … ♘f6.
2.e4 fe 3.d3 ed
Das From-Gambit mit ver-
tauschten Farben.
4.♗:d3 ♘f6 5.♘f3 e6 6.♘g5
Stellt die Drohung 7.♘:h7!
♘:h7 8.♕h5+ ♔e7 9.♗:h7
auf.
**6. … g6 7.h4! ♗h6 8.h5
♗:g5 9.fg ♘d5**
Schwarz steht auf verlorenem
Posten, aber er hätte sich auf
9. … ♘:h5 10.g4 ♘g7
11.♗:g6+ ♔e7 einlassen müssen.
**10.hg ♕e7 11.♖:h7 ♖:h7
12.gh.** Schwarz gab auf.

474
*Bird und Dobell–Gunsberg und
Locock*
Hastings 1897

1.f4 e5!? 2.fe d6 3.ed ♗:d6
Die Analysen des dänischen
Meisters From wurden erstmals im Jahre 1862 veröffent-
licht. Schwarz möchte mit dem
Gambit die Initiative ergreifen
und die geschwächte gegnerische Königsstellung ausnut-
zen.
4.♘f3 g5
Der Lasker-Angriff, der im
Jahre 1892 auftauchte. Seine

Grundstellung ergibt sich nach
5.d4 g4 6.♘e5 (oder 6.♘g5
♕e7 7.♕d3 h5 8.h3 ♘c6 mit
zweischneidigem Spiel) 6. …
♗:e5 7.de ♕:d1+ 8.♔:d1
♘c6 9.♘c3 ♗e6 mit etwa
gleichen Aussichten.
**5.c3? g4 6.♕a4+ ♘c6 7.♘d4
♕h4+ 8.♔d1 g3! 9.b3**

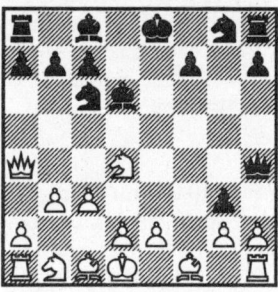

Weiß hat die Dame gedeckt
und möchte nach 10.♘:c6 die
vorangegangenen Fehler vergessen machen, aber …
9. … ♕:h2!! Weiß gab auf.
Genauso endete die Partie
Lidler–Joppen (Schüssenried
1950).

475
Natapow–Rasdobarin
Krasnojarsk 1969

**1.f4 e5 2.fe d6 3.ed ♗:d6
4.♘f3 g5 5.e4?**
Ein häufiger Eröffnungsfehler.
Notwendig ist 5.d4 oder 5.g3.
5. … g4 6.♘g1 ♕h4+ 7.♔e2
Das Spiel hat gerade erst begonnen, und schon sind solche Züge notwendig!
7. … g3! 8.♘c3 ♕:h2!

Ausgezeichnet! Dieser Einschlag wäre auch auf 6.♘d4
gefolgt.
9.♖:h2 gh 10.♘f3 h1♕.
Weiß gab auf. Dasselbe geschah in der Partie Jewremow–Kukis (Perm 1978).

476
Schalajew–Worobjowski
Kungur 1983

**1.f4 e5 2.fe d6 3.ed ♗:d6
4.♘f3 g5 5.e4?**
Notwendig ist 5.d4.
5. ... g4 6.e5
Erzwungen, da sonst 6. ...
♕h4+ folgt.
**6. ... gf 7.ed ♕h4+ 8.g3
♕e4+ 9.♔f2**
Auf 9.♗e2 hätte 9. ... ♗g4!
gewonnen. Jetzt macht
Schwarz kurzen Prozeß.
**9. ... ♕d4+ 10.♔e1 f2+
11.♔e2 ♗g4 matt.**

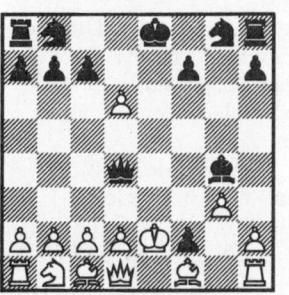

Unvergängliche Romantik des
Schachspiels!

477
Eliaschew–Molnar
Paris 1948

**1.f4 e5 2.fe d6 3.ed ♗:d6
4.♘f3 g5 5.d4 g4 6.♘g5 f5
7.e4 ♗e7?**
Die präzise Verteidigung besteht in 7. ... h6 8.e5 ♗e7
9.♘h3 gh 10.♕h5+ ♔f8
11.♗c4 ♖h7 12.♕g6 ♗b4+!
13.c3 ♖g7, und 14.♗:h6 ist
schlecht wegen 14. ... ♕h4+.
**8.♘h3! gh 9.♕h5+ ♔f8
10.♗c4 ♕e8?**
Nach dem richtigen 10. ...
♗b4+ 11.c3 ♕e7 12.e5! be-
sitzt Weiß gefährlichen Angriff, aber das Leben ginge
weiter.

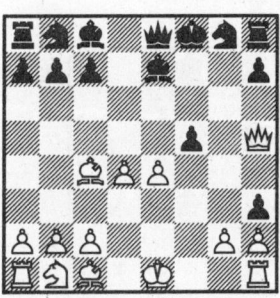

11.♕h6+ ♘:h6 12.♗:h6
matt.

478
Bordversson–Olafsson
Island 1947

**1.f4 e5 2.fe d6 3.ed ♗:d6
4.♘f3 ♘c6**
Energischer ist 4. ... g5.
5.h3??

Was für ein Zug! Normale
Fortsetzungen waren 5.b4,
5.d4 oder 5.♘c3.
5. ... ♗g3 matt.

479
Frays–Schlechter
Wien 1897

1.f4 e5 2.fe ♘c6
Auch diese Version ist möglich.
**3.♘f3 d6 4.ed ♗:d6 5.d4 ♘f6
6.♗g5**
Der weiße Aufbau ist sehr
wackelig. Solider war 6.♘c3.
6. ... h6 7.♗h4
Zweifellos war es besser, auf
f6 abzutauschen.
**7. ... g5! 8.♗f2 ♘e4 9.e3 g4
10.♗h4**

Weiß hat sich schon zu viele
Schwächen geleistet. Am
schlimmsten ist die Verzögerung der Entwicklung.
**10. ... gf! 11.♗:d8 f2+
12.♔e2 ♗g4+.**
Weiß gab rechtzeitig auf,
sonst wäre er elegant matt gesetzt worden: 13.♔d3 ♘b4+
14.♔:e4 f5 matt!

480
Folkmann–Seibold
Fernpartie 1934

1.f4 e5 2.fe d5
Mehr verbreitet ist der Zug
2. ... d6, um mit einem Bauernopfer die Initiative zu übernehmen.
3.d4 f6 4.♘c3
Natürlich wäre 4.ef ♘:f6 günstig für Schwarz, der den
Punkt e4 sowie die Möglichkeit zu einem Druckspiel auf
den Linien e und f erhält.
**4. ... fe 5.e4! ♘f6 6.♘:d5
♘g4**
Schwarz sucht die ganze Zeit
nach einer Gelegenheit, das
Spiel zu verschärfen. Jetzt
geht 7.de nicht wegen 7. ...
♗c5, und auf 7.♗e2 ist 7. ...
♗d6 8.♗:g4 ♕h4+ möglich.
Am konsequentesten war wohl
7.♘f3.
7.♗g5?
Ein typischer Fehler. Der Anziehende erhält zwar zeitwei-
lig materiellen Vorteil, überläßt aber dem Gegner völlig
die Initiative.
**7. ... ♕:g5 8.♘:c7+ ♔d8
9.♘:a8 ♕e3+ 10.♘e2**
Auf 10.♕e2 gewinnt die Fortsetzung 10. ... ♗b4+ 11.c3
♗:c3+.
10. ... ♘f2 11.♕c1?
Mit dem Ziel, nach dem Damentausch das Feld f2 unter
Kontrolle zu behalten.
11. ... ♗b4+. Weiß gab auf.
Der Zug 12.c3 geht nicht wegen 12. ... ♘d3+.

Grob-Eröffnung

1.g4

Ein Zug des Schweizer Meisters Grob. Analog zur Sokolski-Eröffnung 1.b4 besteht sein Ziel in der Erringung eines Raumvorteils am Königsflügel. Jedoch wird die eigene Königsstellung spürbar geschwächt. Diese Eröffnung erfreut sich keiner Popularität.

481
Grob–Sperling
London 1952

1.g4 d5 2.♗g2 c6 3.g5
Ganz gleich, wie man über diese Eröffnung denkt, aber der Springer g8 kann vorerst nicht ziehen.
3. ... e5 4.h4 ♗c5 5.d3 d4?
Dafür vielen Dank! Schwarz hatte eine Menge guter Züge zur Auswahl: 5. ... ♗e6, 5. ... ♗g4(!), 5. ... ♘e7.
6.♘f3 ♛d6 7.♘bd2 ♗e6 8.♘e4 ♛d5
Akkurater war 8. ... ♛e7.
9.♘fd2 ♔e7
Eine bessere Verteidigung gegen 10.♘f6+ ist nicht zu finden.
10.♔f1! ♗b6 11.♘c4 ♘d7?
Auch hier war es zum Rückzug 11. ... ♛d8 noch nicht zu spät.

12.♘ed6. Schwarz gab auf. Erst jetzt entdeckte er die Variante 12. ... ♛c5 13.b4 ♛:b4 14.c3! dc (14. ... ♛:c3 15.♗d2) 15.♗a3.

482
Nemet–Knežević
Jugoslawien 1972

1.g4 d5 2.g5 e5 3.c4 dc 4.♘a3
Weiß behandelt die Eröffnung sehr oberflächlich, und es ist nicht verwunderlich, daß sein Gegner eine Möglichkeit zu konkreten Aktivitäten findet.
4. ... ♗:a3! 5.ba?
Verliert sofort, aber auch nach dem besseren 5.♛a4+ ♘c6 6.♛:a3 ♛:g5 7.d3 ♛e7 ist die weiße Lage ganz und gar nicht prächtig.
5. ... ♛d4!

Weiß gab auf. Nach 6.♖b1
werden mittels 6. ... ♛e4
beide Türme in die Zange genommen.

483
Eduardo–von Lagerström
Westberlin 1956

1.g4 e5 2.♗g2 h5 3.♘f3
Es scheint, daß der Anziehende vorteilhaft einen Flügelbauern gegen einen zentralen
abtauscht. Hierbei öffnet sich
jedoch eine wichtige Linie,
und der Bauer g4 hängt unangenehm über der weißen Königsstellung.
3. ... hg 4.♘:e5 d6! 5.♘:g4
Nimmt den Fehdehandschuh
auf. Bei 5.♘c4 ♛h4 hätte
Schwarz mühelos eine An-
griffsstellung erhalten.
5. ... ♗:g4 6.♗:b7 ♘d7
7.♗:a8 ♛:a8 8.f3 ♘e5 9.♔f2
Es drohte die herrliche Gabel
9. ... ♘:f3+ 10.ef ♗:f3. Auf
9.♖f1 genügt 9. ... ♖:h2 10.fg
♛g2 11.d3 ♘f3+! zum Sieg,
noch überzeugender ist aber
9. ... ♗e7.
9. ... ♗e7!

10.fg?
Es war noch zu früh, die
Flagge ganz zu senken. Nach
10.d4! ♗h4+ 11.♔g2 fällt es
nicht leicht, den Angriff fortzusetzen.
10. ... ♘:g4+ 11.♔g3
♗h4+!
Schwarz gab auf. Er kann dem
Matt nicht entweichen:
12.♔h3 ♘f2 matt; 12.♔:g4
♛e4+ 13.♔h3 ♗e1 matt;
12.♔f4 g5+ 13.♔f5 ♘h6
matt.

Polnische Verteidigung

1.d4 b5

Ihrem Wesen nach ist sie die
Sokolski-Eröffnung mit einem
Tempo weniger. Mit der vor-
rangigen Entwicklung des Damenflügels ist Schwarz bestrebt, die ausgetretenen theoretischen Wege zu verlassen.
Die Polnische Verteidigung
führt zu einem für Schwarz
schwierigen Spiel und erfor-
dert von ihm große Aufmerksamkeit und Vorsicht.

484
Euwe–Abrahams
Bournemouth 1939

**1.d4 b5 2.e4 ♗b7 3.f3 a6
4.c4! bc 5.♗:c4**
Es droht 6.♗:f7+ und 6.♕b3.
5. ... e6 6.♘c3 d5?
Der Auftakt zu einem großen
und gefährlichen Kampf. Sicherer ist 6. ... c5.
7.♕b3! ♘c6 8.ed
Weiß geht nicht in die Falle
8.♕:b7 ♘a5 9.♗b5+ ♔e7!
8. ... ♘:d4 9.♕:b7 ♖b8
Auf 9. ... ♘c2+ 10.♔f1 ♘:a1
ist 11.de fe 12.♕c6+ unangenehm.
10.♕:a6 ♖a8 11.♗b5+ ♔e7
Jetzt ist auf 12.♕b7 schon
12. ... ♘c2+ recht stark. Also,
wer gewinnt denn nun?

12.d6+!
Und doch kommt Weiß zu-
erst! Die Varianten 12. ... ♔f6
13.dc oder 12. ... cd
13.♗g5+! f6 14.♕b7+ sind
überzeugend. Schwarz gab auf.

485
Husain–Zabasaja
Luzern 1982

**1.d4 b5 2.e3 a6 3.c4 bc
4.♗:c4 ♗b7??**
Das war es schon. Für die Sicherheit des Königs war 4. ...
e6 erforderlich.
5.♕b3!

Doppelangriff auf den Läufer
b7 und den Bauern f7 mit
Mattdrohung. Schwarz konnte
hier schon aufgeben.
**5. ... e6 6.♕:b7 ♘c6 7.♕b3
♖b8 8.♕d1.** Schwarz gab auf.

486
Lungmuss–Meyer
Fernpartie 1946

1.d4 ♘f6 2.♘f3 b5 3.e4
Eine der entschiedensten Er-
widerungen auf die Polnische
Verteidigung. Obwohl Weiß
einen zentralen Bauern gegen
einen Flügelbauern abtauscht,
so erhält er doch die Möglichkeit, seinen Gegner in der
Entwicklung zu überflügeln

und seine Eröffnungsinitiative zu festigen.

3. ... ⚘:e4 4.⚘:b5 c5
Verfrühte Aktivität. In scharfen Stellungen muß man immer an die Entwicklung denken. Am besten war die Aufstellung 4. ... e6 nebst ⚘e7, ⚘b7 und 0–0.

5.0–0 e6 6.d5 ♛b6 7.♖e1!
Weiß ist bestrebt, um jeden Preis die Initiative zu behalten. Auf die günstigste Antwort 7. ... ♛:b5 beabsichtigte er 8.♖:e4 ⚘b7 9.⚘c3 mit Angriff am Königsflügel.

7. ... ⚘:f2? 8.♛e2 ⚘e7 9.de fe 10.⚘c3 ⚘g4 11.⚘d5! ♛d6 12.♛:e6! Schwarz gab auf.

Nach 12. ... ♛:e6 13.♖:e6 ⚘c6 14.⚘:c6 dc 15.♖:e7+ ⚔d8 16.⚘c7 ⚔:e7 17.⚘:a8 kommt der Springer wieder aus der Ecke heraus, und Weiß behält eine Mehrfigur.

Unregelmäßige Eröffnungen

In dieses abschließende Kapitel wurden Spielweisen aufgenommen, die bisher keine allgemein anerkannten Bezeichnungen erhielten, jedoch von Zeit zu Zeit in der Turnierpraxis zu sehen sind.

487
Ljubojević–Stein
Las Palmas 1973

**1.b3 e5 2.♗b2 d6 3.e3 ♘f6
4.c4 g6 5.d4 ♗g7 6.♘c3**
Falls 6.de, so ist das typische Vefahren 6. ... ♘g4 möglich.
6. ... ed 7.♛:d4
Vorsichtiger ist 7.ed.
**7. ... 0–0 8.♘f3 ♘bd7 9.♗e2
♘c5 10.♖d1?**
Dringend geboten war der Rückzug der Dame. Weiß hängt jedoch mit seinen Gedanken der schönen Variante 10. ... ♘fe4 11.♛:g7+!! ♔:g7 12.♘:e4+ f6 13.♘:c5 nach. Das ist alles richtig, aber die Not kommt von der anderen Seite.
10. ... ♘g4! 11.♛d2

11. ... ♘:f2!
Es zeigt sich, daß 12.♔:f2 mit 12. ... ♗:c3 nebst 13. ... ♘e4+ beantwortet wird.
12.0–0 ♘:d1. Weiß gab auf.

488
Henningsen–Borik
Dortmund 1979

1.d3
Man kann nicht sagen, daß dieser Zug schlecht ist – er schadet vorerst nicht. Aber als gut kann man ihn nicht bezeichnen, dazu ist er zu inaktiv.
1. ... f5 2.e4 fe 3.de d6 4.♗c4
Hier muß automatisch 4. ... e6 mit Befestigung der weißen Felder folgen.
4. ... ♘f6 5.e5! d5?
Der Nachziehende hat gesehen, daß 5. ... de wegen

6.♗f7+ nicht geht. Aber daß
der Läufer durch einen Bauern
ersetzt werden kann, ist ihm
entgangen. Richtig war 5. ...
♘fd7.
6.ef dc 7.f7+!

Schwarz gab auf. Eine ausge-
zeichnete Karriere des Bauern
d2.

490
Kusin–Warfalamejew
Rjasan 1973

1.e3
Ein bescheidener Zug. Weiß
verzichtet freiwillig auf den
Kampf um die Eröffnungsinitiative.
1. ... e5 2.d4 d5
Die Französische Verteidigung
mit vertauschten Farben und
einem Mehrtempo für Weiß.
3.♕f3?
Ein typischer Fehler vieler
Anfänger. Die Dame kommt
zu früh ins Spiel und gerät in
den Angriff der gegnerischen
Figuren, die dabei wichtige
Entwicklungstempi gewinnen.

3. ... e4 4.♕f4?
Hier konnte die Dame noch
umkehren.
4. ... ♗d6! Weiß gab auf. Der
schnellste Damenfang!

490
Moll–Falkbeer
Wien 1864

1.e3 e5 2.c3 d5 3.d4
Es ist eine Position des Da-
menbauernspiels entstanden,
nur mit dem Unterschied, daß
Schwarz ohne Schwierigkeiten
den wichtigen Zug e7–e5
durchgesetzt hat.
**3. ... ♗d6 4.♗d3 ♘c6 5.♘e2
♘f6 6.0–0 e4**
Das positionelle Übergewicht
von Schwarz wird deutlich.
7.♗c2 ♘g4
Schwarz möchte kein Risiko
eingehen (auf 8.h3 folgt 8. ...
♘h2 9.♖e1 ♕g5 mit Angriff),
aber hier war schon der typische Einschlag 7. ... ♗:h2+!
8.♔:h2 ♘g4+ 9.♔g3 (9.♔g1
♕h4) 9. ... h5! mit undeckba-
ren Drohungen möglich.
**8.♘g3 h5 9.f3 ♘:h2!
10.♔:h2 h4 11.fe hg+
12.♔g1 ♖h1+ 13.♔:h1
♕h4+ 14.♔g1 ♕h2 matt.**

491
Baturina–Beljajewa
Jurmala 1976

1.e4 b6 2.d4 ♗b7 3.♘c3
Ein solider Zug. Weiß weicht
den sich nach 3.♗d3 f5 ergebenden Verwicklungen aus.

3. ... e6 4.♗d3 f5
Leichter waren die Eröffnungsprobleme mit 4. ... ♗b4 zu lösen.
5.♘f3 fe 6.♘:e4 ♘f6
7.♘eg5!
Ein Abtausch wäre nur günstig für die Partnerin.
7. ... ♗e7 8.♘e5 0–0

9.♕h5!
In solchen Stellungen findet sich immer irgend etwas. Die Dame ist wegen Matt in zwei Zügen tabu.
9. ... h6 10.♘ef7! ♕e8
Die Hergabe der Qualität durch 10. ... ♖:f7 ist keine Freude, aber jetzt geht es noch schneller zu Ende.
11.♗g6 hg 12.♕h8 matt.

492
Pillsbury–Magana
Paris 1902

Eine Partie aus einer Blind-Simultanveranstaltung, die im „Philidor-Klub" stattfand und fünf Stunden dauerte. Das Ergebnis: +10, =5, –1.
1.e4 f5 2.ef ♔f7

Den Sinn des schwarzen Unternehmens zeigt die Variante 3.♕h5+ g6 4.fg+ ♔g7 5.gh ♖:h7 6.♕g4+ ♔h8. Für zwei Bauern hat Schwarz die Initiative übernommen. Eine der einfachsten Kampfesmethoden gegen diese extravagante Idee besteht in 3.♗c4+ e6 4.fe+ de 5.♘f3, da 3. ... d5 wegen 4.♕h5+ g6 5.fg+ ♔g7 6.♕:d5 ganz schlecht ist.
3.d4 d5 4.♕h5+ g6 5.fg+ ♔g7 7.♗d3 ♘f6 8.♗h6+ ♔g8 9.gh+ ♘:h7 10.♕g6+ ♔g7 11.♕:g7 matt.

493
Heltay–Janny
Budapest 1916

1.d4 e5? 2.d5
In solchen Fällen sollte man nicht nachdenken. Die beste Reaktion auf Extravaganz ist Natürlichkeit. Richtig und stark war deshalb 2.de.
2. ... f5 3.c4 ♘f6 4.♘c3 ♗c5 5.♘h3?
Nachdem Weiß die günstige Gelegenheit ausgelassen hat, beginnt er selbst zu künsteln.

231

Gut war das ruhige 5.e3 nebst
♘f3, ♗e2 und 0–0.
**5. ... 0–0 6.a3 d6 7.b4 ♗d4
8.♗b2 f4 9.♘g5**
Weiß hat schon Schwierigkeiten. Zur Konsolidierung
möchte er den Springer nach
e4 stellen, ihn ereilt jedoch
ein typischer taktischer Schlag.
**9. ... ♗:f2+! 10.♔:f2 ♘g4+
11.♔g1 ♕:g5 12.h4 f3!**
Weiß gab auf. Ein hübsches
Finale.

494

*Bayte–Martenot
Frankreich 1982*

1.d4 e5
Warum schlechte Eröffnungen
spielen, wenn es so viele gute
gibt?
2.de ♘c6 3.♘f3 ♕e7 4.♗g5
Die Mängel der von Schwarz
gewählten Aufstellung waren
am einfachsten mit 4.♘c3
♘:e5 5.♘:e5 ♕:e5 6.e4 aufzu-
decken. Früher oder später
wird sich der schwarze Entwicklungsrückstand auswirken.
Der Anziehende wollte jedoch
mehr.
**4. ... ♕b4+ 5.♗d2 ♕:b2
6.♗c3?**
Gutes Spiel erhielt Weiß nach
6.♘c3 ♗b4 7.♖b1 ♕a3
8.♖b3.
6. ... ♗b4! 7.♕d2 ♗:c3.
Weiß gab auf. Das Finale
8.♕:c3 ♕c1 matt machte ihm
keine Freude mehr.

495

*Subota–Hudrka
Fernpartie 1982*

1.d4 ♘f6 2.f3
Entbehrt nicht der Logik und
ist mit einem Bauernopfer verbunden.
2. ... d5 3.e4 de 4.♘c3 e5?
Der falsche Weg. Extravagante
Eröffnungszüge werden am
besten mit der klassischen Methode widerlegt; der schnellen
Entwicklung. Gut geeignet
dazu war das bescheidene
4. ... e6.
**5.de ♕:d1+ 6.♔:d1 ♘fd7
7.♘d5! ♔d8 8.♗g5+.**
Schwarz gab auf.

496

*Subota–Kusmischkin
Wolgograd 1982*

**1.d4 ♘f6 2.f3 d5 3.e4 de
4.♘c3 ♗f5 5.♕e2**
Die Damenstellung ist unge-
wöhnlich, aber mit einer konkreten Idee verbunden.
5. ... ♕:d4?
Gut ist das solide 5. ... c6.
**6.♕b5+ ♗d7 7.♕:b7 ♗c6
8.♗b5!** Schwarz gab auf.

497

*Saulson–Philipps
Chicago 1907*

**1.d4 ♘c6 2.e4 e5 3.d5 ♘ce7
4.f4 d6 5.♘f3 ♗g4 6.♘c3
♘g6?**
Schwarz hat die Eröffnung
nachlässig gespielt und begeht

hier schon seinen letzten Fehler. Erforderlich war der Abtausch auf f4.

7.h3! ♗:f3

Auf den Rückzug 7. ... ♗d7 folgt 8.f5, und den Springer rettet weder 8. ... ♘f4 9.g3 noch 8. ... ♘h4 9.♘h2.

8.♗b5+! c6 9.dc ♗:d1

Durch 9. ... ♕h4+ 10.♔f1 bc 11.♗:c6+ ♔d8 12.♕:f3 ♖c8 konnte der Nachziehende mit Bauernverlust davonkommen, aber ist das etwa ein Leben?

10.cb+ ♔e7 11.♘d5+ ♔e6 12.f5 matt.

498

Hausner–Wiese
Frauen-Olympiade, Luzern 1982

1.♘f3 d5 2.e4 de 3.♘g5 ♘f6 4.♘c3 ♗f5 5.♕e2

Das Budapester Gambit mit vertauschten Farben, ein für Weiß nicht gerade seriöses Unternehmen.

5. ... ♘c6 6.♘g:e4 ♘d4! 7.♕d3 ♕d7

Freiwillig und eigentlich ohne Kampf ist Weiß in eine absurde Lage geraten.

8.♗e2 0–0–0 9.0–0 ♘:e4 10.♘:e4 ♕c6. Weiß gab auf. Die Drohungen 11. ... ♗:e4 und 11. ... ♘:c2 sind nicht abzuwenden.

499

Schroeder–Blake
Brooklyn 1912

1.♘f3 d5 2.e4?! de 3.♘g5 ♘f6

Eine der tückischen Ideen dieses vergessenen Gambits zeigt sich in der Variante 3. ... ♕d5 4.d3! ed 5.♗:d3 ♕:g2 6.♗e4 ♕g4 7.♕:g4 ♗:g4 8.♗:b7.

4.♘c3 ♗f5 5.♕e2 c6 6.♘g:e4

Um gutes Spiel zu erreichen, hätte nun 6. ... e6 genügt.

6. ... ♘bd7?? 7.♘d6 matt!

500

Weressow–Fain
Minsk 1930

1.♘f3 d5 2.e4?! d4?!

Solche Gambits muß man annehmen.

3.♗c4 c5 4.d3 h6?

Natürlich und gut war 4. ... ♘c6. Die offensichtliche Schwäche der weißen Felder zwingt den Gegner regelrecht zu einer typischen Kombination.

5.♗:f7+ ♔:f7 6.♘e5+ ♔f6 7.♕h5 g5 8.♕g6+! ♔:e5 9.f4+ gf 10.♗:f4+ ♔:f4 11.♕g3 matt.

Bitte beachten Sie
die folgenden Seiten

Juri Awerbach

Erfolg im Endspiel

Ullstein Buch 34802

Die Bedeutung des Endspiels
wird von Anfängern häufig
unterschätzt. Der sowjetische
Großmeister, dessen Werke
über das Endspiel weltweit
anerkannt sind, zeigt, wie man
sich ohne große Vorkennt-
nisse die richtige Behandlung
von Endspielen aneignen
kann. Im ersten Teil erläutert
Awerbach auf leicht verständ-
liche Weise Grundbegriffe
und elementare Endspiele.
Der zweite Teil bietet einen
systematischen Kurs der
verschiedenen Endspielarten.

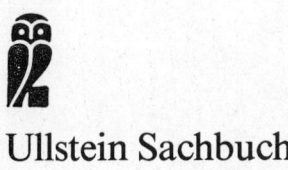

Ullstein Sachbuch

Emil Gelenczei

200
Eröffnungs-
fallen

Ullstein Buch 34803

Zuversichtlich beginnt man
eine Partie und hat
unversehens verloren, bevor
der Kampf richtig begonnen
hat. Nur weil man die
Eröffnungsfalle nicht erkannt
hat. Dagegen gibt es nur eins:
Man muß die wichtigsten den
Eröffnungsfallen zugrunde-
liegenden Ideen kennen.
Diese Kenntnisse zu
vermitteln, ist das Anliegen
des Autors, der die
interessantesten Kurzpartien
aus Vergangenheit und
Gegenwart gesammelt hat:
200 Beispiele mit eleganten
Wendungen und
verblüffenden Pointen.

Ullstein Sachbuch